内定者はこう話した！

面接
自己PR・志望動機
【完全版】

坂本直文　著

面接次第で一流企業に受かります！

　採用試験では、所属の学部・学科、大学の偏差値・知名度にかかわらず一流企業の内定が取れます。なぜなら、近年の選考は「面接重視」。どんな学生でも意識を変え、面接に受かるノウハウを実行すると、超人気企業に受かっています。本書では、効果的な面接ノウハウをすべて解説します。

 「論理的な話し方」が簡単に身に付く！

　本書では、日本の学校教育ではきちんと教えていない「他人を説得する話し方」を20種類学べます。どれも短時間で身に付けられます。特におすすめなのが巻頭で紹介する「ロジカル話法」と第1章（P.36）の「ロジカルキーワード話法」。どちらも簡単に実行できて効果絶大です。

 「個性が光る」自己PR・志望理由が簡単に作れる！

　あらゆるタイプ（性格、経歴）の内定者の実例を多数掲載し、どんな内容を話せば受かるかを丁寧に説明しました。内定者の実例を、自分自身の具体的な体験談に置き換えれば、個性が光る自己PR・志望動機が簡単に作れます。説得力が高く、しかも自分らしさの印象付けもできます。

 7万人以上の内定者の「面接ノウハウ」を集結

　私は20年間にわたり、全国80以上の大学で就職指導担当の講師を務め、面接で悩む7万人以上の学生たちを指導するかたわら、企業側の採用活動のお手伝いもしてきました。これから得た大学の偏差値、知名度、場所、本人の学部・学科・性格にかかわらず、一流企業の内定が獲得できる面接ノウハウを、この本に集結しました。

面接通過までのステップ

ステップ1 話し方を学ぶ → **ステップ2** 話す内容を作る → **ステップ3** 面接の模擬体験

ステップ1 話し方を学ぶ

1章では、社会人がビジネスの場で使っている「説得力のある20話法」を、簡単に身に付けられるようわかりやすく解説しました。面接では、巻頭の「ロジカル話法」を軸に、自分に合ったものを3つ程度使えば圧倒的な高評価が得られます。

ステップ2 話す内容を作る

2章では、面接でのさまざまな質問にどう答えれば高評価が得られるのかを解説しています。特に熟読してほしいコーナーは、P.160〜183の「こんなエピソードでも自己PRになる」。いままで自己PRとして使えない、と思っていた小さなエピソードが、内定が取れる自己PRにどのように変身するかを紹介しています。

ステップ3 面接の模擬体験（シミュレーションしてみる）

3章では、各企業の面接試験をリアルに再現しました。内定者の実際の受け答えが具体的にわかります。この章では、面接官の質問を読み、自分の返答を考えた後、内定者の返答とアドバイスを読んでください。実践的な面接模擬体験となり、面接力が飛躍的に高まります。

心をつかむ話し方
「ロジカル話法」で内定をつかむ！

話し方はたった3要素で論理的になる

「話が論理的でないとよく言われます。改善方法を教えてください」——こんな質問が多くの学生から寄せられます。論理的に話せていない人には共通の問題があります。それは、話に<u>結論・理由・根拠</u>の3要素が盛り込まれていないことです。ここさえ改善すれば話し方が論理的になり、あっという間に面接官の心をつかめるようになります。

フレームワークであっという間に「ロジカル話法」になる！

論理的に話すコツは、①<u>結論</u>②<u>理由</u>③<u>具体例・数字（客観的な事実）による根拠</u>の3要素を明確にすることです。この話し方を<u>「ロジカル話法」</u>と呼びます。「ロジカル話法」は、フレームワークで簡単に作れます。以下の例で、それがどのように成り立っているかを確認しましょう。

フレームワークの成り立ち

自己PR・志望動機における【結論】は「私は御社に貢献できます！」ということ。それを補強するのが【理由】【根拠】です。特に重要なのは具体例・数字による【根拠】で、これが欠けると説得力はゼロです。フレームワークの詳しい書き方はP.6〜9に掲載しています。

・例（自己PRの場合）

結論	※発言の結論（主題）

私は御社で貢献できます

理由	※結論に対する理由

なぜなら強靭な体力があるからです

根拠	※理由の根拠（客観的な事実）

サッカー歴9年、
地区大会で2位になりました

4

効果的に使い分けたい！　文章構成2パターン

「ロジカル話法」の基本構成は**「結論ファースト」**。要するに、面接での発言は結論から述べるということです。ただし、話のインパクトを強めたい場合や個性を強く印象付けたい場合は、根拠（具体例・数字）から述べる**「根拠ファースト」**が効果大です。

> **1. 結論ファースト：「A結論 → B理由 → C根拠」の文章構成**
> 例：「私は_A御社の仕事で貢献できます。理由は、_B強靭な体力があるからです。_Cサッカー歴9年で、地区大会で2位になったことがあります」
> ⇒ 結論を強調する場合に使う。理由と根拠の順番は逆でも良い。
>
> **2. 根拠ファースト：「C根拠 → B理由 → A結論」の文章構成**
> 例：「私は_Cサッカー歴9年で、地区大会で2位になったことがあり、_B強靭な体力があります。ですから、_A御社の仕事で貢献できます」
> ⇒ 根拠を強調する場合に使う。個性を強く印象付けられる。

基本の「結論ファースト」に加え、「根拠ファースト」も使いこなせるとアピール力が飛躍的に高まります。新聞記事やニュース、テレビCMでは、具体例・数字、客観的な事実・データから述べる「根拠ファースト」の文章構成が頻繁に使われています。

例えば「株価800円上昇（結論：だから業績が回復しています）」「発泡酒売上ナンバーワン！（結論：だから当社の商品を買ってください）」です。

このように、根拠（具体例・数字）から述べる文章構成はインパクトを強め興味をかき立てる効果があるのです。ぜひ使ってみてください。

心をつかむ話し方

自己PRをロジカルに話す

フレームワークを書くコツ

説得力を高めるには、志望企業の志望職種で必要な能力をリサーチしておくことと、その「仕事能力」を持っていることを具体例・数字で根拠付けることが大切です。

結論

私は ABC 社に 営業 職の仕事で貢献できます。

● このフレーズは口に出さなくても良いが、フレームワークを組み立てる際は、「志望企業に貢献できること」を軸にすることが大事。

理由 ※仕事能力(仕事で役立つスキル・知識・経験・資格・資質・考え方)を挙げる

なぜなら、私には 営業職で役立つプレゼン力 があるからです。

● 「志望職種で必要な能力」が自分にあることをアピールする。会社説明会や会社訪問、店舗見学、OB訪問で、どんな仕事能力が必要かを聞いておこう。合計5種類程度の仕事能力を言えるようにしておくと、面接の質問に幅広く対処できる。

根拠（具体例・数字） ※①〜③の中で重要なものを最初に話す

根拠①
私は スーパーの実演販売のアルバイト において売上1位を達成しました。
根拠②
私は サークルの広報係 において 新歓イベントで12人の勧誘 を達成しました。
根拠③
私は ゼミのプレゼン大会 において 最高評価S獲得 を達成しました。

● 志望職種で必要な仕事能力が自分にあると思う根拠（具体例・数字などの客観的事実）を述べる。根拠が3つあると説得力が大幅に高まる。過去を振り返って3つ探そう。

書いてみよう

●結論ファーストの場合

結論
私は＿＿＿＿＿＿社に＿＿＿＿＿＿職の仕事で貢献できます。

理由 ※仕事能力を挙げる
なぜなら、私には＿＿＿＿＿＿＿＿＿＿＿＿＿＿＿があるからです。

根拠（具体例・数字） ※3つあると説得力が格段に高くなる

根拠①
私は＿＿＿＿＿＿＿において＿＿＿＿＿＿＿
＿＿＿＿＿＿＿＿＿＿＿＿＿を達成しました。

根拠②
私は＿＿＿＿＿＿＿において＿＿＿＿＿＿＿
＿＿＿＿＿＿＿＿＿＿＿＿＿を達成しました。

根拠③
私は＿＿＿＿＿＿＿において＿＿＿＿＿＿＿
＿＿＿＿＿＿＿＿＿＿＿＿＿を達成しました。

●根拠ファーストの発言例

私は、スーパーの実演販売のアルバイトで売上1位を達成したことがあります。実践的なプレゼン力がありますので、御社の営業職の仕事で貢献できます。

※面接で話すときはフレームワークをもとに状況に合わせた言い方、自分の気持ちがこもる言葉遣いにすることが重要です

心をつかむ話し方

志望動機をロジカルに話す

フレームワークを書くコツ

志望企業への熱意を、いかに伝えるかが重要。その企業で何がしたいかという具体的な目的を社員の言葉や新聞などを根拠に考え、述べましょう。

［結論］
私は <u>ABC</u> 社の <u>企画</u> 職を志望します。

● 志望企業の志望職種や志望部署名を具体的に挙げる。

［理由］
なぜなら、<u>ABC</u>社の <u>企画</u> 職で、<u>炭酸飲料の商品企画</u> に携わり、<u>ヒット商品を生み出すことで炭酸飲料部門における御社のシェアをトップにすること</u>を実現したいと考えているからです。

● 数ある同業他社の中でなぜその企業を志望しているかを伝えるため、志望企業の業務内容をしっかりと調べ、そこで何を実現したいかを具体的に伝えよう。

［根拠］ ※3つあると説得力大幅UP

根拠① ※会社説明会、会社訪問、OB・OG訪問、インターン、店舗見学など
<u>会社説明会</u> の際、社員の <u>佐藤一郎</u> 様から <u>ヒット商品を企画する苦労とヒットしたときの喜び</u> (仕事のやりがい・努力内容 など)をうかがいました。

根拠② ※WEBサイト、IR情報（経営計画、プレスリリース、アニュアルレポート) など
<u>御社のHP</u> で、<u>ヒット商品が生み出される経緯、炭酸飲料部門の拡大を経営計画で挙げていること</u> を調べました。(仕事内容・経営計画 など)

根拠③ ※新聞、ビジネス誌、書籍など
<u>△△新聞</u> の <u>過去1年間の記事</u> で、<u>炭酸飲料の市場で占める割合が増えていることやヒットの傾向</u> を調べました。(志望企業の関連記事 など)

● 根拠は、上記3種類（①②③）の情報ソースの調査にもとづいたものであると説得力は格段に高くなります。最初の発言で重要なものを1つ述べ、残りは、面接官の追及質問に返答する際に順次述べると効果的。

書いてみよう

●結論ファーストの場合

結論
私は_____社の_____職を志望します。

理由
なぜなら、_____社の_____職で、_____に携わり、
_____を実現したいと考えているからです。

根拠 ※3つあると説得力大幅UP

根拠①※会社説明会、会社訪問、OB・OG訪問、インターン、店舗見学など
_____の際、社員の_____様から
_____（仕事のやりがい・努力内容 など）をうかがいました。

根拠②※WEBサイト、IR情報（経営計画、プレスリリース、アニュアルレポート）など
_____で、
_____（仕事内容、経営計画など）を調べました。

根拠③※新聞、ビジネス誌、書籍など
_____で、
_____（志望企業の関連記事など）を調べました。

●根拠ファーストの発言例

<u>会社説明会の際、社員の佐藤一郎様から新商品を企画する苦労とヒットしたときの喜びをうかがいました。</u>その結果、私はABC社の企画職で炭酸飲料の商品企画に携わりたいと思いました。炭酸飲料部門における御社のシェアトップ達成を目標に頑張ります。

※面接で話すときはフレームワークをもとに状況に合わせた言い方、自分の気持ちがこもる言葉遣いにすることが重要です

9

いま、知っておきたい

就職人気企業100社の質問例

※過去に各企業で出た特徴的な質問の一例です。掲載外の質問についてはこれらから類推し、第2章"よく出る質問項目と答え方"と併せて対策を練りましょう。

金融	三井住友銀行	▶仕事がルーティンワークになった時、どのようにモチベーションを維持するか ▶他の銀行からも内定が出たらどうするか
	三菱UFJ銀行	▶銀行、証券、生保、損保の違いを説明せよ ▶なぜ金融なのか、なぜ銀行なのか、なぜ当行なのか
	三菱UFJ信託銀行	▶他行と比較しての印象は ▶志望している職種でどのように力を発揮できるか
	みずほフィナンシャルグループ	▶なぜ金融を志望するのか　▶なぜ銀行なのか ▶お客様から信頼を得るためにはどうしたら良いか
	りそなホールディングス	▶なぜ他行（メガバンク）ではなく当行なのか ▶金融以外に志望業界はあるか
	京都銀行	▶就職活動で成長したことと反省したことは何か ▶当行と他行、地銀とメガバンクの違いは
	日本生命保険相互会社	▶生保と損保の違いを説明できるか ▶今までどんな人生を歩んできたか
	第一生命保険	▶なぜ生保なのか
	損害保険ジャパン	▶家から当社まで何分かかったか、どうやって来たか ▶友人との付き合い方で自分の役割は
	三井住友海上火災保険	▶仕事とプライベートでどちらを重要視するか
	東京海上日動火災保険	▶なぜ保険業界の中でも当社を志望するのか ▶小学校時代から今の自分について、その自己評価は ▶面接官にいくつか質問せよ
	大和証券グループ本社	▶なぜ金融なのか、なぜ証券なのか、なぜ大和証券なのか ▶両親は証券会社を志望していることについて何と言っているか
	野村證券	▶関心をもっているニュースは、その理由は
マスコミ	フジテレビジョン	▶フジテレビに足りないところは何か ▶今後のテレビ業界はどうなると思うか ▶最近笑ったことは何か
	テレビ朝日	▶当社と他のテレビ局の違いは ▶最近気になったニュースは何か、意見も述べよ
	日本テレビ放送網	▶テレビドラマをより多くの人に見てもらうためにはどうすべきか
	日本放送協会 （NHK）	▶NHKでやりたいことは　▶好きな番組は ▶どんな番組を作りたいのか、具体的なイメージはあるか ▶公共放送のNHKと民放の違いは何か

マスコミ	テレビ東京	▶やりたい仕事ができなかったらどうするのか
	小学館	▶出版の仕事をするうえで大変だと思うことは何か ▶志望部署以外でやりたいことは ▶好きな漫画とその漫画のベストな最終回の案を述べよ
	講談社	▶講談社でやりたい仕事とその理由は ▶志望する部署に配属されなかったらどうするか ▶志望部署の書籍で読んだことがあるものは何か、その感想は
	集英社	▶最近の本・雑誌についてどう思うか ▶ファッション誌担当か漫画誌担当になったら、それぞれどんな企画を立てるか
	KADOKAWA	▶当社でやってみたい企画は ▶他社の商品、サービス、コンテンツで気になるものは ▶当社のWEBサイトの印象は
	朝日新聞社	▶最近気になった記事は ▶今誰を取材したいか、その人への質問を3つ挙げよ
	電通グループ	▶電通人に必要な素質は何か、その素質を持っているか ▶あなたの好きな広告は何か、その理由は ▶就職活動を通じて電通のイメージはどう変わったか
	博報堂/博報堂DYメディアパートナーズ	▶なぜ自分が広告業界に向いていると思うのか ▶好きなCMは何か、そのCMを見て実際に商品を買ったか ▶当社と電通の違いは何か
	サイバーエージェント	▶当社で働くうえで3年目、10年目のビジョンは ▶当社でなければいけない理由は
印刷・取次	大日本印刷	▶他社ではなくなぜ当社を志望するのか ▶企業は学生に何を求めていると思うか
	トーハン	▶当社の今後の役割は ▶ヒットする本や雑誌にはどんな要素があるか
	凸版印刷	▶当社を色に例えると何色か
音楽	エイベックス	▶当社に対してどんな貢献ができるか。その根拠は ▶あなたの夢は。なぜ他社でなく当社なのか
	ソニー・ミュージックエンタテインメント	▶当社の印象は受験前と後とではどう変わったか ▶現在の当社のビジネスモデルについてどう思うか。そして、今後はどうなるか ▶影響を一番受けた音楽は
	ポニーキャニオン	▶クラブミュージックを広げるためにはどうすれば良いか
メーカー（食品・化粧品）	カゴメ	▶自己PRと志望動機をそれぞれ1分間で述べよ ▶あなたの好きなカゴメの商品を5つほど挙げよ
	味の素	▶自分を国に例えると何か ▶自分を色に例えると何か ▶味の素が改善すべき点は ▶企業の社会的責任とは

メーカー（食品・化粧品）	日清食品ホールディングス（日清食品）	▶当社の弱点は何だと思うか、それをどう克服すれば良いか ▶自分を日清食品の商品にたとえると何か、その理由は ▶カップヌードルを超える新商品を提案せよ
	Mizkan Holdings	▶当社の商品であなたが好きなものは ▶他人から信頼を得るためにはどうすれば良いか
	アサヒビール	▶アサヒビールに足りないものは ▶あなたの人生で一番達成感のあった経験は ▶アサヒビールで働くうえで一番大事だと思うものは
	麒麟麦酒（キリンホールディングス）	▶新商品を考えよ　▶当社の仕事を通して実現したい夢は
	サントリーホールディングス	▶どんな仕事がしたいか　▶自分の長所と短所を3つずつ挙げよ
	カルピス	▶最近気になるニュースは　▶好きな商品は ▶短所克服法は　▶最近興味あることは
	江崎グリコ	▶グリコで好きな商品は　▶社会人として何が一番重要か
	ロッテ	▶今後の菓子業界はどうなっていくと思うか ▶ロッテのチョコは他社の製品とどう違うと思うか
	明治ホールディングス（Meiji Seika ファルマ）	▶10年後どのような仕事をしていたいか ▶ストレスを感じるのはどんなときか、ストレス解消法は
	森永製菓	▶当業界の課題を複数挙げよ ▶今後どんな食品が求められるか ▶最近の食品業界の動きについてどう思うか
	山崎製パン	▶知っている商品をできるだけ多く挙げよ ▶自社の新商品名と食べた感想は
	カネボウ化粧品	▶今までの人生で自分を変えた経験は ▶自分が使っているお気に入りの化粧品は
	資生堂	▶自分の行動特性をもとに、当社の仕事で生かせることをアピールせよ ▶当社の商品を使ってみた感想は ▶自分を色に例えると何色か
	花王	▶当社でどんなことがしたいか
	コーセー	▶長所と短所は　▶尊敬する人物とその理由は ▶今まで自分のお金で買ったもので印象深いものを1分間でプレゼンせよ
メーカー（その他）	アシックス	▶アシックスのブランド価値を上げるにはどうしたら良いか ▶自分が思い入れのある商品について3分間プレゼンせよ
	アディダス　ジャパン	▶仕事で壁に当たったら、どう対処するか ▶リーダーシップはあるか
	美津濃（ミズノ）	▶ミズノでどんな仕事をしたいか ▶最近の世の中についてどう思うか
	ワコールホールディングス	▶自分のアルバイト先を他の人が行きたくなるように自慢せよ ▶ワコールの印象を漢字一文字で表すと何か

就職人気企業100社の質問例

メーカー（その他）	三起商行 （ミキハウス）	▶自分の強みを当社の仕事でどのように生かせるのか ▶受験した企業の中で印象が良かった企業と悪かった企業は ▶あなたの特技をみんながやりたくなるように紹介せよ
	LVMHグループ	▶自分を食べ物に例えると何か
	タカラトミー	▶子どもの頃に遊んだ玩具は ▶タイムマシンがあったら、どこに何をしに行きたいか ▶嫌いな人のタイプは　▶人生を一文字で表すと
	バンダイ	▶面接官にあだなをつけよ ▶今の子どもの欠点は何か、そういった子どもをターゲットにしたオモチャを考えよ ▶ここまでの選考に通過した理由は何だと思うか ▶自分以外にもう1人内定を出すとしたら誰か
	バンダイナムコ エンターテインメント	▶コンテンツビジネスの今後についてどう思うか ▶当社で5年後、どんな貢献をしているか ▶当社の弱点は何か。それに対して、あなたはどうするか
	カプコン	▶最近のゲームはビジネスとしてどう思うか ▶好きなゲーム、映画、漫画は ▶あなたの好きなゲームの不満な点と改善策は
	ニトリ	▶ニトリの魅力を3つ挙げよ ▶当社のロマンとビジョンに共感できるか
	パナソニック	▶興味のある当社の製品は ▶最近一番感動したことは何か、なぜ感動したのか
	ソニー	▶これからのソニーをどうしたいか、その理由は ▶インターネットを通してのコミュニケーションのあり方は今後どうなると思うか
	キーエンス	▶新規事業を立ち上げるうえで必要なポイントを3つ述べよ
	コクヨ	▶あなたの理想とするオフィスとは
	アニメイト	▶今までに心を打たれた商品は何か　▶アニメ化したい漫画は
	トヨタ自動車	▶数ある自動車メーカーの中でなぜトヨタなのか ▶今まで一番頑張ったことは何か、その理由と成果は
商社・物流・建設・不動産・通信	伊藤忠商事	▶伊藤忠商事に何か聞きたいことはあるか ▶理想の上司とは　▶最近、関心のある社会問題は何か
	三井物産	▶エネルギー資源、原油価格の今後の展望は ▶何を目指して仕事をするのか ▶やりたいことを実現するために最も大切なことは
	丸紅	▶他の総合商社と比較して丸紅の長所と短所は何か ▶あなたが注目している国はどこか、その理由は
	三菱商事	▶当社でやりたいことをどのように実現させていきたいか ▶なぜ他社ではなく三菱商事なのか

商社・物流・建設・不動産・通信	住友商事	▶なぜ他の商社ではなく住友商事なのか ▶無人島に何か1つだけ持っていけるとしたら何を持っていくか
	日本アクセス	▶当社と同業他社との相違点は　▶あなたの企業選びの基準は
	九州旅客鉄道 （JR九州）	▶高速道路の割引制度をどう思うか ▶最近の当社のニュースで関心があることは
	東海旅客鉄道 （JR東海）	▶あなたが新幹線に求めることは ▶自分をキャラクターに例えると何か
	西日本旅客鉄道 （JR西日本）	▶なぜ鉄道業界なのか、なぜ当社なのか ▶上司や部下とはどのように接するのが良いと思うか
	東日本旅客鉄道 （JR東日本）	▶学生時代に頑張ったことは何か、それは当社の仕事にどう生かされるのか ▶JR東日本の良い点・悪い点は何だと思うか ▶あなたの当社でのキャリアプランは
	東京地下鉄	▶メトロに関して改善すべき点は ▶最近怒ったことはどんなことか
	小田急電鉄	▶当社と他の鉄道会社との違いは ▶当社は今後、どうあるべきか ▶最近の鉄道のニュースで印象に残っていることは
	大和ハウス工業	▶他社と比べて当社の良い点・悪い点を挙げよ ▶当社の売上高はどれくらいか
	積水ハウス	▶なぜ住宅業界を志望するのか、なぜ積水ハウスなのか ▶当社の住宅展示場を見学したことはあるか、その感想は
	セキスイハイムグループ	▶他社と比べて当社の志望度はどれくらいか、その理由は ▶どんな家に住みたいか
	一条工務店	▶将来の目標は何か
	NTTドコモ	▶マルチメディアマーケティングで何がやりたいのか
小売	セブン-イレブン・ジャパン	▶5分間の自己プレゼンテーションをせよ ▶当社の発展の歴史を述べよ
	髙島屋	▶学生時代に打ち込んだことは何か
	三越伊勢丹ホールディングス	▶自分で何かを生み出した経験はあるか、それは何か
人材・教育	パーソルキャリア	▶どんな大人になりたいか、なぜそう思うのか
	さなる	▶あなたの理想の教師像と理想でない教師像は ▶学習塾ではなく教育塾であるということの意味は
	ベネッセコーポレーション	▶現在の教育の問題点は何だと思うか ▶自分らしさを最もよく表すエピソードは何か（5分間でプレゼンする）
レジャー！サービス	エイチ・アイ・エス	▶今まで行った中で印象に残った国は

就職人気企業100社の質問例

レジャー・サービス	JTB	▶他社と比べてJTBに足りないと思うサービスは何か ▶JTBの店舗を見学したことがあるか ▶クライアントからクレームを言われたらどう対処するか ▶あなたが住んでいる町をアピールせよ
	日本旅行	▶5分間のプレゼンをせよ（テーマは自由）
	KNT-CTホールディングス	▶なぜ当社なのか、当社で何がしたいのか ▶良いサービスとは ▶当社の支店に行ってみたことはあるか
	帝国ホテル	▶帝国ホテルをお客様にどのように薦めるか ▶日本の文化について説明せよ
	ミリアルリゾートホテルズ	▶あなたが他人に負けないことは　▶同業他社と当社の相違点は ▶他社のホテルで優れた点は　▶英語に自信はあるか ▶入社後の目標を具体的に
	Plan・Do・See	▶今までの人生のターニングポイントは ▶5年後、10年後の自分の姿はどうなっているか
	高見 （TAKAMI BRIDAL）	▶面接官に似合うドレスは何色か、着たくなるように薦めよ ▶当社に対する情熱を述べよ
	アイ・ケイ・ケイ	▶社会人に求められる資質とは ▶悩みごとは誰に相談するか　▶リーダー経験はあるか
	ノバレーゼ	▶就職活動を通して、職業意識はどう変化したか ▶あなたが一番感動したことは何か
	オリエンタルランド	▶オリエンタルランドと聞いてどんなイメージか ▶ディズニーリゾートには何回来たことがあるか、また好きなアトラクションとその理由は ▶当社の事業内容をお年寄りにもわかるように説明せよ
	全日本空輸（ANA）	▶10年後、20年後、どんな仕事をどのようにやっていたいか ▶アルバイトで大変だったことと、嬉しかったことは ▶ANAにあったら良いサービスは　▶ANAの改善点は
その他	アミューズ	▶普段はどんな雑誌を読んでいるか ▶当社の仕事で必要な資質は何か ▶あなたなら誰をマネジメントしたいか　▶好きな役者は
	東宝	▶最近の映画、演劇業界の動きで注目していることは何か、またその理由は ▶泣いたことがある映画作品は
	日本郵政	▶民間の金融機関との違いは ▶当社の商品、サービスを売り込んでみよ
	国際協力機構（JICA）	▶なぜ国際協力の仕事がしたいのか ▶日本のODAの使い方をどう思うか
	全国農業協同組合連合会 （JA全農）	▶食に対してどんな興味があるか ▶今の農業の課題、その解決策は

15

WEB面接チェックリスト

WEB面接で合格評価を得るために必要なことをチェックリストにしました。

準備❶ 〈手元資料〉

☐ 企業から送られてきた面接の諸注意を精読
☐ 回線がつながらなかった場合に備えて、企業の連絡先を確認
☐ 提出したエントリーシートを印刷して、アピール内容を確認し、手元に置いておく
☐ 2回目以降の面接の場合は、それまでの面接の反省点を確認
☐ ノートや筆記用具が用意できているか確認
☐ 面接中に面接官に見せるものがある場合は手に取りやすい場所に配置

準備❷ 〈使用機材・部屋・身支度など〉

☐ インターネットの回線がつながっているか
☐ カメラ、マイクがきちんと機能しているか
☐ カメラのレンズが汚れていないか
☐ 使用アプリケーション（Zoom等）を最新バージョンにアップデートしてあるか
☐ 機材のバッテリーや電源の状態は万全か
☐ 機材のカメラの位置は目線の高さとほぼ同じになるようにセッティング
☐ 背景として映る範囲を整頓
☐ 音楽やゲーム、テレビなどの余計な音がしていないか
☐ スマートフォンの設定を確認。余計な音が鳴らないように
☐ まわりに家族や友人がいる場合は、面接中は静かにしていてもらうよう依頼
☐ 服装は整っているか
☐ 髪形は整っているか

面接開始時〜面接中

☐ 姿勢を正して座る
☐ 回線がつながる前から笑顔でスタンバイ。つながった瞬間にレンズを見て、笑顔で挨拶
　▶ 第一印象が良くなる
☐ 面接官の声が聞こえないなどの不具合があったら、すぐに伝える
☐ 聞くときは、要所要所でしっかりうなずく
　▶ 傾聴姿勢が伝わる
☐ 話すときは、カメラレンズを見て笑顔でアイコンタクト
　▶ 熱意が伝わる
☐ 声は大きめに、ややゆっくりハキハキと
　▶ きちんと聞き取ってもらえる
☐ 「結論→説明」の文章構成で話す
　▶ 内容を理解してもらいやすくなる
☐ 強調したいことは、フリップに書いて伝える
　▶ 着実に伝わる
☐ 特に強調したいことは、内容を端的に示す写真や実物を見せる
　▶ 説得力が高まる

面接終了〜退出後

☐ 面接の終了時は、きちんと挨拶し、お辞儀をする
☐ 退出のタイミングは、相手の許可を頂いてから
☐ 退出後、記憶が鮮明なうちに、ノートに面接内容、反省点を書き留める

Contents

第1章　面接を理解する

- なぜ面接が行われるのか　24
- 面接はどのように行われるのか　25
- 面接12手法　26
- 面接は言葉のキャッチボール　28
- 面接官の集中力の法則　30
- アイコンタクトの法則　31
- 面接で一番大切なこと　32
- 面接12話法　34
  - ▶ロジカルキーワード話法
  - ▶引っぱり落とし話法
  - ▶同意つかみ話法
  - ▶断定つかみ話法
  - ▶異論・新論つかみ話法
  - ▶パフォーマンス話法
  - ▶ビジュアルアタック話法
  - ▶呼びかけ話法
  - ▶Q&A話法
  - ▶プラスつかみ話法
  - ▶マイナスつかみ話法
  - ▶状況描写話法
- ピンチ脱出5話法　48
- あがりをなくす10の方法　54
- グループディスカッションの対策とコツ　58
- グループディスカッションでどんな意見を述べれば受かるのか（社員の視点）　62
- グループディスカッションの進め方（司会進行12鉄則）　64
- チームワークの取れない受験者7タイプ対処法　66
- グループディスカッションのピンチ脱出技　68
- グループディスカッションの小技・裏技　69
- グループディスカッションのテーマの傾向と実例　70
- 企業別グループディスカッションのテーマ例　72
- 失敗リカバリーと不合格決定後の対処方法　76

COLUMN
やる気アップマネジメント！ プラス言葉活用法　78

Contents

第2章 よく出る質問項目と答え方

面接での質問にはこう答える ……………………………… 80

自己PR・志望動機に関する質問

- 自己紹介してください ……………………………… 82
- 自己PRしてください ……………………………… 84
- 志望動機は何ですか？ ……………………………… 88
  - ▶金融業界　　　　　　　　▶情報・通信・ソフトウェア業界
  - ▶マスコミ業界　　　　　　▶メーカー
  - ▶商社　　　　　　　　　　▶小売業界
  - ▶フード・レストラン業界　▶福祉・教育・人材業界
  - ▶旅行・航空業界
- この職種を志望する理由は何ですか？ ……………… 106

学生生活に関する質問

- 学生時代に打ち込んだことは何ですか？ …………… 120
- サークルに入っていますか？ ……………………… 122
- アルバイトをしていますか？ ……………………… 124
- ゼミは何ですか？ …………………………………… 126
- 卒論のテーマは何ですか？ ………………………… 128
- 趣味は何ですか？ …………………………………… 130
- 特技は何ですか？ …………………………………… 132

性格・考え方に関する質問

- あなたの短所は何ですか？ ………………………… 134
- 今までで一番の失敗は何ですか？ ………………… 136

業界・企業・仕事に関する質問

- あなたの企業選びの基準は何ですか？ …………… 138
- 10年後の自分は何をやっていると思いますか？ 140
- 当社の短所は何だと思いますか？ ………………… 142
- この仕事で大切なことは何だと思いますか？ …… 144
- 最近、関心のあることは何ですか？ ……………… 146

こんな質問もよく出る

性格・考え方に関する質問（人物像・価値観） ———— 148

- 自分を色にたとえると何色ですか？
- 自分を一言で表現してください
- 今までで一番感動したことは何ですか？
- 今までで一番成功したことは何ですか？
- あなたの夢は何ですか？
- 職場の雰囲気と仕事のやりがいのどちらが重要ですか？
- 社会人と学生の違いは何だと思いますか？
- 最近、どんな本を読みましたか？
- あなたに影響を与えた人は誰ですか？

性格・考え方に関する質問（対人関係） ———— 151

- 友人は何人いますか？
- あなたは人からどう見られていますか？
- 集団の中であなたはどういう役割ですか？

業界・企業・仕事に関する質問 ———— 152

- 当社の株価は？
- 知っている範囲内で、当社の事業内容を説明してください
- 当社と○○社の違いは何だと思いますか？
- 当社の新商品をどう思いますか？
- 当社のCMをどう思いますか？
- 当社のホームページをどう思いますか？
- 当社の店舗をどう思いますか？（店舗見学をしましたか？）
- OB・OG訪問はしましたか？
- 新商品（新サービス）を作るとしたら、どのようなものを作りたいですか？
- やってみたい仕事はありますか？
- 希望しない部署に配属されたらどうしますか？
- 転勤や異動が多いですが、大丈夫ですか？

Contents

ストレス耐性が試される質問 ································ 156

- 当社の仕事はハードですが耐えられますか？
- 受験した企業に受からなかった原因を分析してください
- あなたは当社に向いていないのではないですか？
- もし不採用だったらどうしますか？
- 結局、何が言いたいのですか？ もっと論理的に話しなさい
- 教職課程をとっていますが、当社に就職したいと本当に思っているのですか？

就職活動・面接に関する質問 ································ 158

- 他にどんな企業を受けていますか？（就職活動の初・中・後期）
- 当社の志望順位は？
- 当社に受かったら就職活動はやめますか？
- 今日の面接に点数をつけるとしたら100点満点で何点ですか？
- 最後に何かアピールしておきたいことはありますか？

自己PR

こんなエピソードでも自己PRになる！ ············· 160

- ▶長続きしていないこと
- ▶大会で惨敗のスポーツ
- ▶通学時間の有効活用
- ▶短期語学留学・TOEIC®600点台
- ▶友人と作った小さなサークル
- ▶小学生時代のスポーツ
- ▶中学時代のスポーツ
- ▶塾講師・家庭教師のアルバイト
- ▶厳しい指導を受けたこと
- ▶就職活動の努力
- ▶仕事のスキルを教わった経験
- ▶経営者目線の働き方
- ▶マネジャー・補欠選手
- ▶転校歴・大学編入
- ▶優の取得率が低い
- ▶簡単な資格・小規模コンテスト
- ▶小学生時代の習い事
- ▶中学時代の文化系課外活動
- ▶ピアノ（音楽の習い事）
- ▶年に1度の成果・みんなの成果
- ▶新聞スクラップ・読書ノート
- ▶アルバイト先の商品研究
- ▶新商品やチラシの企画

フェルミ推定の質問にはこう答える ············· 184

COLUMN
"4つの志望群"チェックシート —————— 186

第3章 企業別面接再現

- 金融 —————————————— 188
- 情報・通信 ——————————— 201
- マスコミ ——————————— 210
- 建設 —————————————— 217
- メーカー ——————————— 220
- 小売 —————————————— 234
- 人材・教育・福祉 ——————— 241
- レジャー・サービス —————— 246

COLUMN
こんなときどうする？ ～面接トラブルQ&A —— 254

付録① 面接前後に役立つマナーと文書

面接マナー ——————————— 256
- ▶入室から着席まで   ▶面接終了から退室まで
- ▶服装と身だしなみの基本   ▶姿勢・表情のポイント
- ▶覚えておきたい敬語表現

Eメール・手紙の基本 —————— 262
お役立ち文例 —————————— 264
- ▶依頼   ▶お礼   ▶お詫び
- ▶選考途中辞退   ▶内定辞退

電話のかけ方の基本 —————— 269

企業名さくいん ———————————————— 270

※第1章～第3章の実例中の 👤 は面接官を、😊 は受験者を表しています。

面接の前に

面接を有利にするエントリーシートとは

　エントリーシートは面接で、参考資料として使われます。面接官は各受験者のエントリーシートに目を通しながら質問します。したがって、自分が質問してほしいことを各欄に配置しておくことをおすすめします。著者はこれを「質問トラップ」と呼んでいます。この工夫により、面接本番で質問を誘導できます。そして、アピールできなかったり、アピールし忘れたりする失敗がなくなります。新聞のテレビ欄に視聴者がそれを見たくなる工夫が施されているように、エントリーシートにも、面接官に質問したくさせる「しかけ」がとても大切なのです。

7つの質問トラップ

❶ 質問してほしい言葉を見出しに盛り込む
❷ アンダーラインを引く
❸ 「　」でくくる
❹ 太字にする
❺ 文字を大きめにする
❻ 書体を変える
❼ 記号で示す

（注意）
- 非常識なほど目立たせない
- 目立たせる箇所を多くしすぎない

質問トラップはさりげなく➡レイアウトのセンスが悪いと、読みにくくなり、質問する気を失わせてしまうこともある。質問トラップは、さりげなくレイアウトのバランスも崩さないようにしかける。

第1章

面接を理解する

面接ってどんなもの？ どうすれば通る？
面接官に強くアピールできる話し方のコツから
グループディスカッション対策まで、
すべてがわかる。

本試験の面接も、インターンシップ選考試験の面接も
面接官のチェックポイントは同じ。
面接を理解すれば、
どちらの面接でも最高評価が得られる！

面接　基本

なぜ面接が行われるのか

● 目的は企業の戦力アップ

面接の目的は「企業の戦力アップ」です。企業は厳しい生存競争の中、戦力になる人材とそうでない人材の入れ替えを行っています。

面接は企業の利益を向上させるための経営戦略のもとに実施されており、たとえ1人の人材を採用するにしてもその背後には綿密な採用計画（人材配置、コスト計算、利益見込みなど）があります。

● 人材ニーズは、育てやすい人材から即戦力になる人材に

10年以上前と近年で、企業の採用方針は大きく変わりました。人材育成のコストを下げるため、育てやすい人材よりも、即戦力となる人材を、より積極的に採用するようになりました。人柄が良いのは当たり前、戦力となる能力・資質も持ち合わせていることが必要不可欠なのです。

面接も従来の「学歴重視」から「人物重視」に変わりました。この結果、全国的には知名度が低い大学からでも、大手テレビ局、新聞社、シンクタンクなどの就職人気ランキング上位の超難関企業に次々と受かるようになってきました。内定獲得に努力は必要ですが、大学名は必要ありません。

● サービスを提供する側の意識と能力があるかチェック

学生から社会人になるということは、サービスを受ける側から、提供する側の立場になるということです。よって面接では、顧客や会社のために努力する意識（サービス精神・貢献精神）と能力（仕事能力・資質・知識・経験など）がチェックされます。

面接はどのように行われるのか

● 面接試験のやり方

　エントリーシートや履歴書などの書類審査、一般常識や作文などの筆記テストである程度人数を絞った後、面接試験となります。一般的に、回数は3回から5回程度、時間は1回当たり10分から30分程度です。

　ただし、回数は少なく、1回当たりに1時間以上かけて、面接する企業もあります。中には、数時間もかけてじっくり面接する企業もあるくらいです。また、エントリーシートや会社説明会の参加態度から、特段に優れていると判断された受験者に対しては、他社に取られないように一般受験者よりも選考プロセスを早めるといった企業もあります。

　面接試験の形式は、個人面接、集団面接、グループディスカッション（グループワークも含む）に大別できます。大企業では、1次面接と2次面接は集団面接、3次面接はグループディスカッション（グループワーク）、4次以降から最終面接は個人面接という組み合わせで行われることが多いようです。

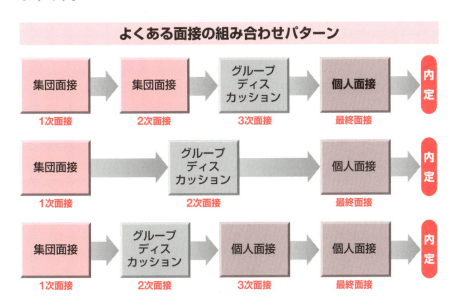

よくある面接の組み合わせパターン

| 面　接 | 基　本 |

面接12手法

● いろいろな手法の面接がある

　面接は面接官と受験者の駆け引きの場とも言えます。なぜなら、受験者の多くは、自分を少しでも良く見せようと誇張したことを言う傾向があるからです。中には、ウソをつく受験者もいるくらいです。

　そこで、面接官もさまざまな面接手法で、受験者の真実の姿と本音を探り出します。大別すると次の12手法になります。

面接12手法

❶ 追及面接：発言に対して、その理由、具体例を掘り下げてチェックする

❷ 圧迫面接：威圧的な態度、言動で接し、受験者のストレス耐性をチェックする

❸ ほめ面接：受験者を何度もほめて安心させ、警戒心を解いて本音を探り出す

❹ プレゼン面接：何かテーマを与えて、プレゼンテーションさせる

❺ 逆質問面接：受験者から面接官に対して質問させ、どんな質問をするかで評価をする

❻ 交流会面接：立食パーティー、OB・OGとの質問会や食事会などの場で、素の姿を探る

❼ ロープレ面接：商品の売り込みなどのロールプレイングをさせる

❽ 終わったふり面接：「面接は終わり」と言って、リラックスさせ、雑談を交わしながら、本音を探り出す

❾ 電話面接：何らかの用事を口実に電話し、受け答えのしかたで評価をする

❿ リクルーター面接：大学の先輩を使って面談をする。同じ大学という安心感などから学生の本音を探りやすい

⓫ 受付面接：試験会場の受付が実は面接官。挨拶のしかた、受け答えのしかたをチェックする

⓬ 待合室面接：待合室の係員や面接室への誘導員、面接室前の係員などが実は面接官。受付面接と同様にチェックする

重要度の高い面接4手法

● 追及面接

- その理由は何ですか ／ その根拠は何ですか
- 具体例をおっしゃってください ／ それと同様の経験はありますか

面接官は、このような質問を繰り返し、受験者のウソや思い込みを見破る。

高評価を得るコツ 企業研究と自己分析を深く行っておき、自信をもって答える。

● 圧迫面接

- 具体性に欠け、話に説得力がないです
- 当社の仕事内容を研究しましたか？
- 当社に落ちたらどうしますか？

面接官は、このような発言を非常に威圧的な態度で繰り返し、受験者の精神面、ストレス耐性の強さを測る（受験者が何を言おうと頭ごなしに否定する）。

NG ➡ シュンとする、ムッとする、黙り込む。

高評価を得るコツ この厳しさは面接官の演技と心得て、真に受けず、笑顔でハキハキ答え続ける。

● 逆質問面接

- あなたから我々面接官に質問してください
- 当社への質問を5つ挙げてください

受験者の質問内容から、仕事内容を能動的に調べたうえで志望しているかなど、志望度・仕事に対する意欲・行動力の高さを判断する。仕事のやりがいなど、企業研究をしていなくても答えられる内容は低評価。

高評価を得るコツ OB・OG訪問や店舗見学、会社訪問、志望企業の新聞記事などから質問を組み立て、積極性を出す。

● リクルーター面接

- 当社に関して、知りたいことを何でも気楽に聞いてください
- 就職活動や企業選択で迷っていることを何でも遠慮なく聞いてください

リクルーターは、さも受験者の味方のように接してくるが要注意。志望度の高さや資質・能力を探り、採用担当者に推薦すべきかをシビアに判断している。

高評価を得るコツ 仕事内容について積極的に質問をし、志望度の高さを感じさせる。

| 面　接 | 対　策 |

面接は言葉のキャッチボール

● 自分を伝える３つのコツ

面接は、面接官に、いかに自分を伝えることができるかで決まります。

自分を伝える３つのコツ

1. 会話を楽しむ気持ちを持とう！

　面接は、演説の場ではなく会話の場である。面接を試験と考えると萎縮して受け答えがぎこちなくなるが、会話の場だと考えると伸び伸びできるようになり、結果的には高評価を得られる。つまり、面接官の質問に対して一方的に話しまくるのではなく、質問を題材に会話をするのだ。

　ここで大切なのは、会話（言葉のキャッチボール）を楽しむという気持ちを持つこと。すると、自分に余裕ができ、心や身体の緊張がほぐれ、脳の働きが良くなり、どんどん考えや言葉が出てくる。

2. ゆっくり間を取って話そう！

　面接官に自分の言葉をしっかりとキャッチしてもらうために、次の2つのことを心がけよう。

　　①ゆっくり話す　　➡相手（面接官）の話の聞き漏らしがなくなる
　　②文節に適度な間を取る➡相手（面接官）が言葉を受け取りやすくなる

　なお、特に重要な単語を言う前には、必ず間を取るようにする。間を取ることでその単語が強調され、印象を強く残すことができる。

3. 気持ちレーダーを働かそう！

　面接官の目・表情をしっかり見て、面接官の気持ちをウオッチする（著者はこれを「気持ちレーダー」と呼んでいる）。要は、面接官が

　　①もっと聞きたいと思っているのか
　　②もう聞きたくないと思っているのか
　　③何か質問をしたいと思っているのか

どれなのかを感じ取り、それに合わせた対処をするということ。これにより、スムーズにコミュニケーションできる。具体的には、発言の際は、ゆっくりと適度な間を置きながら話をし、間の部分で①の気持ちが読み取れたら、さらに話を続け、②か③の気持ちが読み取れたら、切りが良いところで発言を止める。

面接で落ちる主な原因

● 言葉のキャッチボールができず落ちるパターン

緊張落ち
→ 過度に緊張して、面接官の質問を聞き間違えたり、頭の中が真っ白になったりすることがある。あらかじめ受験練習や面接練習を積んで場慣れしておくことが大切。

棒読み落ち
→ 志望動機や自己PRを文章で暗記し、それを思い出しながら棒読み調に話すのは大変不自然。キーワードだけを暗記し、臨機応変に会話調で話すことが大切。

演説落ち
→ 2分も3分も演説のように長々と話すと、面接官は聞き疲れし、イライラしてくる。話は簡潔にし、面接官と言葉のキャッチボールをすることが大切。

できすぎ落ち
→ 面接官よりも知識、能力、発想が格段に高い受験者の場合は、理解してもらえずに落とされることがある。面接官の理解力に合わせた内容で話すことが大切。

● 言葉のキャッチボール以前の原因で落ちるパターン

マイナス思考落ち
→ 面接官にちょっと厳しいことを言われただけで、もうだめだと気落ちし、自滅してしまう人もいる。面接では何を言われてもプラス思考で考える強い精神力が大切。

準備不足落ち
→ 受験企業の主力商品や株価、社長名などの基本的なことすら調べずに受験し、面接官にがっかりされて落ちる人もいる。事前の企業研究はしっかりとしておく。

体調不良落ち
→ 就職活動中はさまざまな予定が立て込むものだ。体調を崩して、面接で本来の力を出せなくなる人もいる。睡眠、栄養を十分に取って、体調管理には万全を期す。

礼儀知らず落ち
→ 挨拶、お辞儀、お礼の言葉、髪型、身だしなみなどが、社会人から見ると、非常識、礼儀知らずとされ、落とされる人もいる（P.256からの面接マナー参照）。

とりあえず内定欲しい落ち
→ 企業が採用したい人材は「この企業で仕事をしっかりしてくれる人」。とりあえず内定が欲しいだけの人は見抜かれて落とされる。
仕事に対する熱意を見せることが大切。

● その他の原因で落ちるパターン

能力・適性の不一致落ち
→ このケースはマイナスなことではない。高い能力があってもその企業との適性が合わなければ落ちることがある。
※適性が合う企業のほうが自己実現しやすい。

面接　対策

面接官の集中力の法則

● 面接官の集中力は15秒しか続かない

　人間の集中力は基本的には15秒しか続きません。面接官の集中力は、15秒刻みで下のように変化していきます。

0秒〜	15秒〜	30秒〜	45秒〜	1分以上
100%集中力状態	半集中力状態	弱集中力状態	上の空状態	いらいら状態
すべての言葉をきちんと受け取ってもらえる	言葉の半分を聞き逃される可能性が出てくる	20%程度の集中力しかない	面接官がほとんど聞いていない	面接官は受験者に早く話し終えてほしいと思うようになる
		➡ 80%の言葉が聞いてもらえていない	➡ 面接官が別のことを考え始める	➡ 話がヘタ、まとめがヘタなどマイナス評価を下す

　これを見ると、質問に対する回答をきちんと受け取ってもらうためには、理想的には15秒、長くても30秒で話さなければならないということがわかるでしょう。それ以上長く話す場合には、よっぽど面接官の興味を引く内容を次から次へと出していかなければだめです。

　ただし、面接官が「自己PRを1分でしてください」などと時間を指定した場合には、上手に話せさえすればその長さの集中力を維持してもらえます。

● 長く話すには話法での工夫が必要

　3分間といった長い時間の場合、面接官に集中力を維持させるには、P.34から解説する話法を取り入れていくことが必要不可欠となってきます。ところどころで面接官に確認することで注意を引き付けるようにしたり（呼びかけ話法→P.43）、より面白くするためにクイズ性を持たせて面接官に答えさせたり（Q&A話法→P.44）、動きを入れて興味を引くようにしたり（パフォーマンス話法→P.41）します。

　一方的に話すのではなく、言葉のキャッチボールになるように会話を進めていくことが重要です。

対策 ● 面接官の集中力の法則／アイコンタクトの法則

面接　　対策

アイコンタクトの法則

● アイコンタクトで熱意を伝える

　質問に答えるときには面接官としっかりとアイコンタクトを取りましょう。すると熱意が伝わります。WEB面接では、スクリーンではなくレンズを見ると、面接官はアイコンタクトしてきていると感じます。

● にこやかな目で真っすぐ見る

　真剣なあまりに、ついきつい目になってしまうと、面接官はにらまれているように感じてしまいます。必ず目にも、にこやかな表情をたたえましょう。そして、返答中は面接官から視線をそらしてはいけません。下方向に視線をそらすと発言に自信がないのかと疑われます。上方向にそらすとウソやハッタリ、出まかせの発言ではないかと疑われることがあります。質問されて考えている間は視線を落としても自然ですが、答え始めるときには、必ず面接官の目を見ましょう。そして話し終わるまで、真っすぐ見ていましょう。

● 面接官が複数いる場合には8割2割でアイコンタクトを取る

　アイコンタクトは基本的に、自分に質問をしてくれた面接官に対してしっかり取ります。別の面接官から質問された場合には、今度はその面接官にアイコンタクトを取って話します。

　ただし、質問した面接官と取るアイコンタクトは全体の8割です。残りの2割はその他の面接官と取ります。質問者以外の面接官を放っておいてはいけません。ときどき他の面接官にも目配りをすることで、面接官全員の気持ちを自分に引き付けられるようにします。

NG

- ●目線をそらして話す　➡ 弱気・自信がない。ウソと疑われる
- ●面接官全員を見ようとしてきょろきょろ見まわす
  - ➡ 落ちつきがないと思われる

第1章　面接を理解する

| 面　接 | 対　策 |

面接で一番大切なこと

● 気持ちを込めることが一番大切

　面接で一番大切なのは「気持ちを込める」ということです。表情や態度、そして言葉に、気持ちを込めるのです。これにより、面接官は熱意を感じ、「この受験者と一緒に働きたい。だから、この受験者を採用したい」と思うのです。表情・態度面に気持ちが込められると、それは爽やかな笑顔やキラキラとした目でのアイコンタクト、生き生きしたボディランゲージとなって表れます。また言葉に気持ちが込められると、それはハキハキした声、重要なキーワードが力強く発声されるなどとなって表れます。

▶気持ちを込める表情・態度面での３つのコツ

　どんなに良いことを言っても、それを無表情でうつむきながら言ったら、面接官に不快感を与えてしまい、高評価は得られません。面接において、表情・態度は大変重要な要素です。

表情・態度面での３つのコツ

1. 爽やかな笑顔
　面接室に入る前から笑顔になり、その表情で入室すると第一印象がとても良くなる。面接中、たとえ厳しいつっ込みをされても笑顔は維持する。すると人柄の良さ、精神力の強さを認められ高評価が得られる。

2. 熱意あふれるアイコンタクト
　目は熱意を最も力強く伝えることができる武器で、面接官の心を大きく揺り動かす力がある。
　逆に視線を合わせないと自信がないのか、あるいはウソをついているのではないかと不審に思われてしまうので要注意。

3. 生き生きしたボディランゲージ
　重要な言葉では、身振りや手振り、ジェスチャーを入れたり、大きくうなずいてみせると、その言葉を面接官の心に強く印象付けることができる。

対策 ● 面接で一番大切なこと

▶気持ちを込める言語面での３つのコツ

暗記してきた内容を棒読みするのでは、まるで機械が話しているようで人間的魅力は全く感じられません。言葉に気持ちを込めて話しましょう。ただしこの際、重要な部分を特に強調すること（メリハリ）が大切です。これにより、言いたいことが正確に、そして印象的に伝わります。

言語面での３つのコツ

1. キーワードを強調する

重要な言葉（キーワード）は特に気持ちを込め、強調する。これにより印象に強く残る。強調しないと上の空で聞かれてしまい、記憶に残らないことも多い。

> **強調のしかた** 力を込めて言う、大きい声で言う、小さい声で言う
> 厳かに言う、話す速さを変える、声のトーンを変える

2. キーワードの前に強調語を置く

キーワードの前に「一番…」や「ダントツで…」「非常に…」「誰よりも…」「史上初の…」といった強調語を置いて力強く言うと、非常に強く印象に残る。なお、キーワードを言う前に「間」を長めに取るのも効果的。

3. キーワードを繰り返す

さらに印象付けるためには、同じキーワードを何回か繰り返す。話の最初と最後にも盛り込むといった方法。

> 【例】　😊 私の強みは遠泳4キロの体力です。これは学生時代……
> （略）……、遠泳4キロの体力で一生懸命頑張ります。

● 面接とは本来とっても楽しいもの（気持ちと気持ちの通じ合い）

気持ちを込めて話すことを心がけると、面接官もそれに呼応して、気持ちを込めて話をしてくれるようになります。受験者と面接官との間にあった壁はなくなり、気持ちと気持ちが通じ合って、喜びさえ感じられるようになります。

面接はつらいものではありません。本来とっても楽しいものです。そもそも面接官とは自分が興味を持つ仕事に関係する人。熱い気持ちが自然とわいてきたら、ブレーキをかけることなく素直に表せば良いだけなのです。

面接　話し方のコツ

面接12話法

● **面接での会話は特別なものではない**

　ここでは面接で自然な会話ができるように、プロも使っている話し方のコツを紹介します。これらはすべて、日常会話での話し方を面接の場で効果的に使えるようにアレンジしているもので、特別なものではありません。

　友人との間でも、相手を納得させたり笑わせたりといった会話を自然としています。そんな話し方を面接でも自覚して使えるように、それぞれの話法の特徴を十分つかんでください。

● **頭に入れておくのはキーワードと全体の構成だけ**

　話法とはあくまでも話し方の技術です。どんな話法で会話を進めていくにしても伝える内容は変わりません。

　重要なのは、会話の出だしのキーワード、中間のキーワード、最後の決めとなるキーワード、と伝えたいことをキーワードで考えておくことです。そして話の流れを簡単に頭に入れておきます。最初から文章全体を考えておいて話すと、逆に不自然になってしまいます。友人との会話でも、伝えたい内容を暗記して棒読みに話すことはしないでしょう。それと同じで、キーワードだけを頭に入れておけば良いのです。

● **気持ちレーダーを働かせて会話を盛り上げていく**

　あとは臨機応変に、面接官との会話が楽しくなるよう展開していけば良いだけです。各話法を組み合わせて使っても効果的です。自分の良さを最大限に出せるようにしていきます。気持ちレーダーを働かせれば、面接官

が自分のどこに興味を持っているか感じ取れるので、それに合わせて会話が盛り上がる方向に話を進めていけば、自然と高い評価が得られます。

それぞれの話法の例題を載せているので、自分の得意な話法（ふだんの自分の会話に近いもの）を見つけて使えるようにしてください。また、会話をより一層盛り上げたり、盛り下がった雰囲気を転換したりしていくためにも、ところどころで話法を有効に活用していきましょう。

面接12話法

❶ ロジカルキーワード話法 （論理的な話し方をしたい場合に効果的）
質問に対する「結論」「具体例」「理由」のキーワードで話を組み立てる

❷ 引っぱり落とし話法 （会話を興味深く続かせたい場合に効果的）
質問の答えをすぐには言わずに、興味を十分に引き付けてから言う

❸ 同意つかみ話法 （相手を一瞬で話に引き込みたい場合に効果的）
面接官が確実に同意する発言で切り出し、話に引き込む

❹ 断定つかみ話法 （力強い印象を与えたい場合に効果的）
非常に強い断定口調で話し、断定理由に疑問を持たせて、話に引き込む

❺ 異論・新論つかみ話法 （個性を感じさせたい場合に効果的）
面接官が興味や疑問を抱く異論の発言で切り出し、話に引き込む

❻ パフォーマンス話法 （話にインパクトをつけたい場合に効果的）
言葉だけではなく、ボディランゲージやパフォーマンスで、話に引き込む

❼ ビジュアルアタック話法 （相手を一瞬で説得したい場合に効果的）
発言の説得力を高めるため、実物や実物を写した写真などを小道具として使う

❽ 呼びかけ話法 （相手の注意を引き付けたい場合に効果的）
面接官に呼びかけて注意を十分に喚起してから、本題に入る

❾ Q&A話法 （相手を会話で楽しませたい場合に効果的）
話をクイズ形式で展開し、面接官を話の中に強く引き込む

❿ プラスつかみ話法 （相手の気持ちをワクワクさせたい場合に効果的）
大きな成功や幸運話で発言を切り出し、話に引き込む

⓫ マイナスつかみ話法 （相手の感情に訴えかけたい場合に効果的）
大きな失敗や苦労話で発言を切り出し、話に引き込む

⓬ 状況描写話法 （話に臨場感を出したい場合に効果的）
生き生きしたイメージをわかせる状況描写で話に引き込む

面接12話法 ❶ ロジカルキーワード話法

効果 **わかりやすい話し方ができる**

　この話法はP.4〜9で解説したロジカル話法を簡略化したもので、話下手な人でも、わかりやすい話し方が簡単にできる話法です。コツは、結論や理由といった、文章の論理構造を示す言葉を主語にして話すことです。この話法のメリットは3つです。①単純なコツなので実行が簡単　②内容のポイントを整理しながら話せるので、頭が混乱しなくなる　③聞き手にとって話がわかりやすくなる　です。

▶基本パターン

質問をされたら、「結論は○○です」や「理由は○○○です」「具体例は○○です」「きっかけは○○○です」「ポイントは○○です」などと、内容の論理構造がわかりやすい言い方で返答します。※気持ちレーダー（P.28参照）を働かせておくことが必要不可欠

▶実例　商社内定者の面接再現

👤 当社が第一志望なのですか？

😊 はい、<u>理由は</u>御社の仕事内容にとても惹かれたからです。

　　⬇ 面接官がもっと聞きたそうな目・表情をしているので続ける

😊 <u>具体的には</u>、イタリア家具の輸入販売部門の仕事にとても興味があります。

　　⬇ 面接官が質問したそうな目・表情をしていたので発言をやめる

👤 なぜイタリア家具の輸入販売の仕事に興味があるのですか？

😊 はい、<u>きっかけは</u>、学生時代にイタリア旅行をした際、宿泊したホテルの部屋やロビー、カフェにある家具のデザインに感動して、輸入したら日本でも売れるのではと思ったことです。

　　⬇ 以下、同様のセオリーで続く

ポイント トップビジネスマンは、ロジカル話法またはロジカルキーワード話法をベースにして、面接12話法②〜⑫を適宜組み合わせて使っています。これらの話法が使えると、あなたの伝える力はトップビジネスマンレベルと高評価されます。面接はもちろん、入社後、商談やプレゼンでも大変役立ちます。

36

話し方のコツ ● 面接12話法

面接12話法 ❷ 引っぱり落とし話法

効果 ▶ **話の先を聞きたくなる話し方ができる**

日常会話でも、常に論理的でわかりやすい受け答えだけをしているわけではありません。実は、わざと非論理的な言葉や抽象的でわかりにくい言葉で疑問を抱かせ、「それは何？」「何で？」「どういうこと？」「何が？」などといった問いかけをさせるパターンをとることが頻繁にあります。このようにすると話に大変面白みが出て、心が打ち解ける効果があります。

▶基本パターン

質問に対して、すぐにその結論を言わずに、まずは意表をついたり抽象的な発言で切り出します（＝引っぱり）。そして面接官に「何のことだろう？」と疑問を持たせ、話の中に引っぱり込むのです。この後、話の全貌がわかること（＝落とし）を言うと、面接官は、「そういうことだったのか」とスッキリして快感を覚えます。面接官のノリが良い場合、引っぱりを複数回かけると、会話はさらに盛り上がります。※気持ちレーダーを働かせておくことが必要不可欠

▶**実例** シンクタンク内定者の面接再現

🧑 履歴書に書道3段と書いてありますが、ずいぶん頑張りましたね？

🙂 はい、いろんな意味で大変でした。 `引っぱり`

🧑 いろんな意味とは？

🙂 大変なのは書道の練習だけではなかったのです。 `引っぱり`

🧑 何が大変だったのですか？

🙂 目上の人に対する接遇スキルも完璧を求められます。 `引っぱり`

🧑 それはなぜ？

🙂 はい、書道の大先生への接遇も重要な責務だったからです。 `落とし`

　⬇ 面接官がもっと聞きたそうな目・表情をしているので続ける

🙂 書道の世界は礼儀の世界。精神面の指導も大変厳しかったです。

　⬇ 以下、同様のセオリーで続く

ポイント テクニカルで難しそうな印象を受けるかもしれませんが、実際は非常に簡単です。これは、日常的に友人との会話で使っている話法そのものだからです。友人同士の会話を観察してみると、この話法がそこかしこに使われていることがわかります。この話法を意識的に使いこなせると、自分も楽しめ、面接官も楽しませる会話を展開できるでしょう。

二 面接12話法 ❸ 同意つかみ話法

効果 自然な形で、相手を一瞬で話に引き込める

　会話というものは、一方的に話しているだけでは成立しません。相手も興味を持って参加してくれてこそ成立します。そこでどんな話法でも、最初の「つかみ（＝話に興味を持たせるためのしかけ）」を重視します。

　この同意つかみ話法では、相手が確実に同意する内容をまず話すことで、自然と話に引き込みます。相手がボールを確実にキャッチできるように投げて、キャッチボールに自然と参加させてしまうようなやり方です。

▶基本パターン

質問をされたら、まず面接官が確実に同意してくれる内容を話します。この際、面接官の目・表情をウオッチ（気持ちレーダーを働かせる）しておき、同意の目・表情を確認してから次の発言に進むことが大切です。最初に面接官を話の中に引き込んでおけば、この後の発言を上の空で聞き逃されたりすることはなくなり、言葉をしっかりと受け取ってもらえます。

▶実例　商社内定者の面接再現

🅰 当社を志望している理由は何ですか？

😊 御社は○○商品において、中国市場のシェア1位ですよね。 **同意つかみ**

　　⬇ ここで一呼吸分、間を取り、面接官の同意の表情を確認する

😊 実は、なぜ御社が中国市場で好調かをゼミで研究したことがきっかけです。

　　⬇ 面接官がもっと聞きたそうな目・表情をしているので続ける

😊 私は、御社が○○○○に特に力を入れていることを知り、大変興味を持ちました。

　　⬇ 以下、同様のセオリーで続く

ポイント 同意を得るための内容は、その企業に関することで、その企業の社員なら誰でも知っていることや、世間や学問上の誰でも知っている常識的なことを使うと良いです。なお、発言内容が複雑な場合は、この話法を冒頭だけではなく、節目節目で使うことにより、面接官の話に対する集中力を維持し、誤解を防ぐことができます。
この話法の主目的は、同意を得ることではなく、面接官を話に引き込むことです。仮に反対された場合も、反対という形では話に引き込めているわけですから目的は達成できたことになるのです。

38

話し方のコツ ● 面接12話法

面接12話法 ④ 断定つかみ話法

効果▶ 話に力強さが出る。熱意が伝わる

同じことを言うのでも、気持ちを込めて、力強く（断定口調で）言ったほうが熱意が伝わります。しかも、人は断定口調で言われると、「そこまで断定する理由は何だろう？」と疑問を持つ習性があるので、その理由も気持ちを込めて力強く言うのです。これにより、熱意の言葉を2連打することができ、面接官の心を大きく揺さぶることができます。

▶基本パターン

質問をされたら、それに対する結論を断定口調で気持ちを込めて話します。

> 【例】 😲 もちろん、○○○に決まっています
> 😲 絶対に、○○○します
> 😲 ダントツで、○○○です
> 😲 ○○○しか考えられません

このように発言すると面接官は強い熱意を感じます。そして、面接官心理としては、ここまで強く言い切る理由は何かを聞いてみたくなるものです。よって、その理由も力強く話せば、さらに熱意が伝わるのです。

▶実 例　メーカー内定者の面接再現

🔲 **あなたの第一志望は、どこの企業ですか？**

😲 もちろん、御社が第一志望です。御社しか考えられません。`断定つかみ`

> ⬇ 面接官が質問したそうな目・表情をしているので発言を止める

🔲 **そこまで言い切る理由は何ですか？**

😲 はい、理由は○○○だからです。だから、ダントツで御社です。`断定つかみ`

> ⬇ 面接官がもっと聞きたそうな目・表情をしているので続ける

😊 私は御社の○○部の仕事にぜひ取り組みたいです。一生懸命頑張ります。

> ⬇ 以下、同様のセオリーで続く

ポイント 熱意は断定口調にしてこそ伝わります。逆に断定口調でないと熱意がないと思われる危険があります。これを結婚式での宣誓にたとえてみます。「どんなときでも愛することを誓いますか？」と質問され「それは何とも言えないです」と答えたら、相手は間違いなくがっかりするでしょう。「もちろん誓います！」と力強く言い切ることが大切です。これと同様で、面接官心理を考えると、ここぞというときには断定口調で力強く話すべきなのです。

第1章 面接を理解する

39

面接12話法 ⑤ 異論・新論つかみ話法

効果▶ 独自性や創造力の高さを印象付けられる

テレビのCMや新聞・雑誌の広告には、「常識破りの○○○」「新開発の○○○」といったキャッチコピーが数多く見受けられます。この理由は、人は今までとは異なった商品や新しい商品にはとても興味がわくという性質があるからです。また、友人との日常会話でも、「○○さんは真面目な人だと思われているけど実は…」「駅前に新しくできたラーメン屋に行ってみたんだけど…」というように、今までとは異なった見解や新しい情報を前フリにしていることが多いと思います。異論・新論は、関心を引き付ける効果が非常に高く、わくわくしながら聞いてもらえます。

▶基本パターン

質問されたら、それに対する「一般論とは異なる論」や「聞いたことのないような新しい論」を（前フリとして）簡潔に答えます。面接官心理としては、このような発言には強い興味を覚えます。そしてその説明をもっとくわしく聞いてみたくなり、身を乗り出してきます。こうして話に引き込んでおけば、この後の発言が非常に効果的になります。

▶実例　広告会社内定者の面接再現

🎭 **なぜ当社の仕事をやってみたいのですか？**

🙂 はい、昆虫の生殖行動の研究を、広告の仕事に生かしたいからです。

⬇ **面接官が質問したそうな目・表情をしているので発言を止める**

🎭 **えっ？　どうして、昆虫の生殖行動が広告の仕事に生かせるのですか？**

🙂 はい、オスがメスを引き付ける手法が、極めて戦略的な広告手法だからです。

⬇ **面接官がもっと聞きたそうな目・表情をしているので続ける**

🙂 私は大学で、昆虫の生殖行動を研究していてあることに気付きました。

⬇ **以下、同様のセオリーで続く**

ポイント▶ この話法を使うと、発想力や情報力が豊かな人と思ってもらえます。したがって、特にこのような資質が重視される業界・業種・企業で大変効果的です。なお、意外性や新しさがある前フリほど話に引き込めます。新聞の1面・テレビ欄・広告欄、雑誌の表紙・目次欄、車内広告などを参考にすると感じがつかめるでしょう。

話し方のコツ ●面接12話法

 面接12話法 ❻ パフォーマンス話法

効果 話にインパクトを付けられる。度胸の強さが伝わる

　言葉だけではなく、ボディランゲージも使って動きを付けると、話に強く引き込むことができます。思い切りよくパフォーマンスすると、インパクトが高まりますし、この受験者はやるときにはやる人だ、という積極性・行動力・度胸の良さを感じてもらえます。また、面接官の気持ちをつかんでおけば、その後の発言もしっかり聞いてもらえます。

▶**基本パターン**

やり方は、
① 言葉だけではなく、ジェスチャーを交える
② 質問されたことや自己PRの内容をその場でやってみせる
③ 面白みを出すためにパントマイムや劇風に演じてみせる
などです。
なお思い切りよくパフォーマンスすることが大切です。恥ずかしそうにやったり、中途半端だと効果は半減します。

▶**実例** 金融内定者の面接再現

　🧑 あなたのセールスポイントは何ですか？

　🙂 はい、私のセールスポイントを今、お見せします。

　　　面接官が興味を持った目・表情をしているので、思い切りよく空手の形を演じる
　　　面接官が注目したのを見計らって発言

　🙂 これは、学生時代に打ち込んだ空手です。私は空手を通して、体力と精神力を鍛えました。

　　　面接官がもっと聞きたそうな目・表情をしているので続ける

　🙂 2段まで取りまして、○○大会で入賞したこともあります。

　　　↓ 以下、同様のセオリーで続く

ポイント 自己表現は、言葉だけではなく、身体全体で行ったほうが効果的です。非常に生き生きと自分を表現できるでしょう。なおパフォーマンス話法は、1分間自己PRなど長めに話さなければならない場合にスパイス的に使ったり、雰囲気が停滞した面接での盛り上げ技としても使えます。

面接12話法 ❼ ビジュアルアタック話法

効果 相手を一瞬で説得できる

「百聞は一見にしかず」ということわざがあるように、言葉よりもビジュアルで説明したほうが説得力が出せます。例えば、「私はテニスをやっていて体力があります」と言うよりも、真っ黒になりながら練習している写真や表彰されている写真を見せたほうが納得してもらえるでしょう。

▶基本パターン

面接で特に強調したいことは、実物や写真など、証明になるものを持参し、発言の際に取り出して面接官に見せたり渡したりします。
● ビジュアルを取り出し、見せるタイミング
　① 発言直後に取り出し、発言の証拠とする
　② 発言直前に取り出し、つかみやアイキャッチとする
　③ あらかじめ面接官に見える位置（膝の上、かばんからはみ出させるなど）に置き、「それは？」という確認質問を誘導する

この話法は、ビジュアルだけに頼らず、言葉でもしっかりアピールできるようにしておき、言葉とビジュアルで相乗効果を出すことが大切です。

▶実例　メーカー内定者の面接再現

🟦 あなたのセールスポイントを教えてください。

🙂 はい、それはテニスで忍耐力を身に付けたことです。

　　⬇ 面接官がもっと聞きたそうな目・表情をしているので写真を取り出す

🙂 この写真は、テニスの○○大会で入賞したときのものです。

　　⬇ 面接官がもっと聞きたそうな目・表情をしているので続ける

🙂 このように真っ黒になるまで、朝から晩まで厳しい練習に打ち込んでいました。

　　⬇ 以下、同様のセオリーで続く

ポイント ビジュアルは、一目で理解でき、かばんに入る大きさのものにします。

話し方のコツ ● 面接12話法

面接12話法 ⑧ 呼びかけ話法

効果 自分に注目させて、話を聞かせることができる

　面接官は、連日、朝から晩まで面接していることから、疲労の蓄積で、上の空で受験者の話を聞いていることがあります。面接官が自分にきちんと注目していない状態で話し始めては、自分の話が聞き逃されてしまいます。面接官の注目を引き付け、100％集中してもらってから話し始めましょう。受験者の自己PRを上の空で聞いていた場合としっかり聞いていた場合では、面接官が下す評価は全く違ってきて大きな差となります。

▶基本パターン

質問をされても、すぐに質問の答えを話し始めず、まずは面接官に呼びかけて自分に注目させます。呼びかけには以下の3種類があります。
① **目線呼びかけ**：面接官全員としっかりアイコンタクトして、注目させる
② **言葉呼びかけ**：「皆様」「これをご覧ください」などと呼びかける
③ **音呼びかけ**　：何かでさりげなく音を出して、注目させる
このようにしておくと、この後の話をしっかり聞いてもらえます。

▶実例　新聞社内定者の面接再現

　🧑 自己PRをしてください。

　😀 では、面接官の皆様！（ここで面接官全員とアイコンタクト）**呼びかけ**
　　　⬇ 面接官が一斉に自分のほうを向いたのを確認し、続ける

　😀 私の右手をご覧ください！（ここで右手を前にかざす）**呼びかけ**
　　　⬇ 面接官が一斉に自分の右手に注目したのを確認し、続ける

　😠 この右手はとても小さいですが非常に大きなものをつかみました。
　　（ここで握り締める）
　　　⬇ 面接官がもっと聞きたそうな目・表情をしているので続ける

　🙂 それは、卓球の○○市大会でのトロフィーです。
　　　⬇ 面接官がもっと聞きたそうな目・表情をしているので続ける

　😞 私は、チームの仲間と切磋琢磨しながら努力して、目標を達成する喜びを知りました。
　　　⬇ 以下、同様のセオリーで続く

ポイント 面接官がネームプレートをしている場合は、それを見て、「○○様」と呼ぶのも大変効果的です。人は自分の名前を呼ばれると、呼んだ相手の話を真剣に聞くようになるものです。そして、何回か呼ばれると今度は親近感を持ち始めます。

第1章　面接を理解する

43

面接12話法 ⑨ Q&A話法

効果 ▶ **相手を会話で楽しませることができる**

この話法を上手に取り入れると、話に面白みが出てきて、面接がクイズ番組のような明るく楽しい雰囲気になってきます。面接官を話に引き込む効果は非常に強く、言葉もしっかり受け取ってもらえます。

▶基本パターン

「なぜ、○○は○○○なのかご存じですか？」「それは学生の間で一番人気のものですが、何だと思いますか？」といったように、発言の導入部分をクイズ形式にします。次にその解答を次のような方法で明かしていきます。

① **自己解答型**：自分が種明かしのように解答する
② **相手解答型**：面接官に解答してもらう

通常は①の方法をとりますが、②の方法だと面接官を話の中に、より強く引き込むことができます。ただし、面接官が答えにくそうだったら、すぐに①の自己解答型に切り替えましょう。

▶**実例** メーカー内定者の面接再現

📋 **当社の商品についてどう思いますか？**

😊 はい、私は大学で、御社の商品を使っている女子学生の割合を調査しました。

 ↓ 面接官がもっと聞きたそうな目・表情をしているので続ける

😊 女子学生100人中、何人いたと思いますか？ **クイズ**

 ↓ 面接官がもっと聞きたそうな目・表情をしているので続ける

😊 はい、100人中55人でした。

 ↓ 面接官がもっと聞きたそうな目・表情をしているので続ける

😊 では、○○社の商品を使っているのは何人だったと思いますか？ **クイズ**

 ↓ 面接官が答えたそうな目・表情をしているので発言を促す

📋 **30人くらいですか？**

😊 実は、19人でした。この違いがなぜ生じたのか。理由が知りたくなりまして。

 ↓ 以下、同様のセオリーで続く

ポイント この話法は、1分間自己PRやフリートーク、プレゼン面接など、通常よりも長く話さなければならない場合に大変効果的です。また、交流会面接など打ち解けた雰囲気の面接では、場を盛り上げることも大切ですから、非常に役立つでしょう。

話し方のコツ ●面接12話法

✚ 面接12話法 ⑩ プラスつかみ話法

効果▶ 相手をわくわくした気持ちにさせることができる

　聞き手の聞くことに対するモチベーションを高めることで話に引き込む話法です。これは「今日とてもいいことがあったよ」「何々？」や「ものすごくおいしいお店を見つけたよ」「どこどこ？」のように、日常会話でもよく使われています。この話法もコツさえつかめれば、簡単に実行できます。人にはプラスの話にはわくわくした気持ちで反応するという習性があるので、自然な形で話に引き込むことができるのです。

▶基本パターン

質問されたら、大きな成功、成果、発見、幸運話を前フリとして話し、興味をわかせます。少々、オーバーなくらいに表現します。例えば、「それに関しては、大・大成功でした」「部活始まって以来の結果を出すことができました」「クラスで1番の成果を挙げることができました」「接客で必要不可欠なコツを大発見しました」といった感じです。このような出だしで話に引き付け、その内容を説明していきます。

▶実例　人材会社内定者の面接再現

👤 アルバイトで学んだことは何ですか？

🙂 はい、営業成績1位の方から画期的な方法を教えていただきました。

⬇ **面接官が何か質問をしたそうな目・表情をしているので発言を止める**

👤 それは何ですか？

🙂 私は家電量販店の営業のアルバイトで、営業成績1位の社員のアシスタントを最初に務めました。

⬇ **面接官がもっと聞きたそうな目・表情をしているので続ける**

🙂 その方から、3つの秘訣を伝授して頂き、実際に実行してみました。そうしたら……

⬇ 以下、同様のセオリーで続く

ポイント　プラスの話は、その人物を明るく晴れやかな印象にする効果があります。逆に言えば、明るい人は、物事のプラス面を見て話をし、暗い人は物事のマイナス面ばかりを見て話をします。一つの行動についてでもプラス面を言うのとマイナス面を言うのとでは、印象（評価）は全く逆になります。

第1章　面接を理解する

45

一 面接12話法 ⑪ マイナスつかみ話法

効果 **相手の感情に訴えかけることができる**

この話法も、面接官を話に強く引き込めます。それは、①失敗・苦労の話にはその人物の隠れた面・本性が垣間見られるので興味がわく　②失敗・苦労を乗り越える力があるかチェックできる　③率先してマイナス面を言う受験者は少ないので目立つ　からです。

ただし、それらをどう乗り越えたかまできちんと話さないとマイナスだけを伝えることになり、逆効果です。

▶基本パターン

発言の冒頭に、大きな失敗、苦労、困難、挫折話を持ってきて興味をわかせます。少々オーバーなぐらいに表現します。「それに関しては大、大失敗でした」「営業成績ワースト1位でした」「試合の途中で骨折してしまいました」といった切り出しで話に引き付けます。次にこの失敗・挫折から学んだこと、さらにそれをバネにしてその後どのように努力したか、というように話を展開していきます。

▶実例　旅行会社内定者の面接再現

🗿 サッカーをやっていたのですか？

😊 はい、大変厳しいトレーニングで、捻挫、骨折をはじめ、挫折の連続でした。

⬇ 面接官が何か質問をしたそうな目・表情をしているので発言を止める

🗿 それはどういうことですか？

🙂 名門チームで、レギュラー争いも非常に激しく、人の何倍も猛特訓をしました。

⬇ 面接官がもっと聞きたそうな目・表情をしているので続ける

😊 そして、レギュラーになって、MVPを取ったこともあったのですが、ある日……

⬇ 以下、同様のセオリーで続く

ポイント 最初に大変な失敗や苦労、挫折があって、でもそれに負けずに努力して…という話の展開には、人を感動させる力があります。テレビのドキュメンタリー番組や対談番組、時代劇のストーリー展開にも、このセオリーが頻繁に使われています。

46

話し方のコツ ● 面接12話法

面接12話法 ⑫ 状況描写話法

効果▶ 話に臨場感・リアリティーを出すことができる

　ありありとしたイメージがわくような状況描写をすることによって、話に引き込む手法です。聞き手は話し手の言葉から、頭にイメージを描きます。そのイメージが鮮明であればあるほど、聞き手は話に引き付けられ、強く印象に残ります。

　話し上手な人とは、聞き手に鮮明なイメージを描かせるのが上手な人です。

▶基本パターン

発言の中に状況描写の言葉をさりげなく盛り込み、面接官にイメージをわかせます。状況描写の言葉とは、①外見イメージ（形・大きさ・色など）②動きのイメージ（上がる・下がる・近づくなど）③感覚的イメージ（温かい・冷たい・痛いなど）に大別できます。表現する際の注意点は凝りすぎないことです。凝った表現はわかりにくく逆効果です。大きさと色、色と温度のように、要素を絞ったほうがイメージをわかせやすいです。

▶実例　放送局内定者の面接再現

🖼 **あなたにとって、元気になる秘訣って何ですか？**

😊 はい、それは、あるものを食べることです。

　⬇ 面接官が何か質問をしたそうな目・表情をしているので発言を止める

🖼 **どんな食べ物ですか？**

😊 それは肉まんです。食べると温かいですし、消化も良いですし。

　⬇ 面接官がもっと聞きたそうな目・表情をしているので続ける

😊 肉まんはコンビニエンスストアにありますよね。温かい保温台から温めたのを出してもらい、袋に入れてもらって、そして、手に持った瞬間から温かいって感じる訳です。おにぎりとかでは温かさは感じないですよね。

🖼 **ああ、なるほど**

😊 温かいものを食べて、元気になると、試験も頑張るぞー、って気持ちもとっても盛り上がります。

　⬇ 以下、同様のセオリーで続く

ポイント 難しい表現ではなく、簡単な表現を使うことがコツです。上記の回答のどれにおいても難しい表現は使っていませんが、ちゃんと効果を発揮しています。コンビニで肉まんを買っているイメージが自然とわいてくると思います。

第1章　面接を理解する

47

面接　話し方のコツ

ピンチ脱出5話法

● **ピンチのときこそ冷静に切り返す**

　面接を甘く見るのは危険です。なぜなら、人間は日常生活とは全く異なる状況下に置かれると、自己防衛本能が働いて、心身が緊張状態になるのが普通だからです。過度に緊張すると、情報を処理する速度が極端に落ち、自分でも何を言っているのかわからないほど混乱したり、完全に真っ白になることさえあります。企業によっては、精神力の強さ、ストレス耐性を調べるため、大変厳しい圧迫面接や追及面接を行って、わざと受験者を動揺させようとする場合もあります。

　本項では、ピンチに陥ってもポジティブに立て直す話法、厳しい質問をされてもポジティブに切り返せる話法、完全に言い負かされても、高評価が引き出せる話法を紹介します。

ピンチ脱出5話法

❶ **オウム返し話法**
　パニックになったときや混乱したときに、クールダウンの時間が稼げる

❷ **感想・意見問いかけ話法**
　自分の中で、考えがまとまっていないときに、大きなヒントが得られる

❸ **肯定受け・自己PR返し話法**
　どんなにきつい圧迫面接でも、ポジティブな返答ができる

❹ **否定受け・自己PR返し話法**
　圧迫面接において、最高レベルの評価が引き出せる

❺ **謝ってリカバリープラン話法**
　圧迫面接において、完全に言い負かされても、高評価が引き出せる

話し方のコツ ●ピンチ脱出5話法

ピンチ脱出5話法 ❶ オウム返し話法

効果 **パニックになったときに、クールダウンの時間が稼げる**

　この話法を使うと、極度に上がってしまったり、言い間違えて焦ったり、面接官の厳しい追及質問、つっ込みでパニックになった場合にクールダウンの時間が稼げます。しかも、面接官によっては、質問内容をかみ砕いて説明してくれたり、面接官自身の考えを話してくれたりするので、自分の意見を言う際の大きなヒントが得られることもあります。

※この話法は心理カウンセリングで使われている「話の聞き出し技術：オウム返し」を面接に最適に使えるようにアレンジしたものです。

▶基本パターン

やり方は極めて簡単です。面接官の質問や発言を復唱して、確認するだけです。したがって、頭が真っ白になっていても、頭が混乱していても必ずできます。これにより、最低10秒は時間が稼げます。この間に考えをまとめればよいのです。面接官がそれに対してかみ砕いて説明してくれたり、自分の考えを話してくれた場合には、30秒から1分の時間が稼げます。

▶実例1　質問をオウム返しするケース

🔲 当社と同業他社との一番の違いは何だと思いますか？

　　🔽 頭がパニック状態で、言葉が出てこない場合は、オウム返し話法で時間稼ぎ

😊 御社と同業他社との一番の違いは何だと思うか、ということですね？

　　❗ これでもまだ頭がクールダウンしない場合は、次にピンチ脱出話法❷（P.50）を使う

▶実例2　発言をオウム返しするケース

🔲 当社の仕事は、結構、ハードワークなんだよ。

　　🔽 頭がパニック状態で、言葉が出てこない場合は、オウム返し話法で時間稼ぎ

😊 御社の仕事は、結構、ハードワークなんですか？

　　❗ すると面接官は、どのようにハードワークなのか、説明してくれることが多い

ポイント 通常は質問一辺倒の面接官もオウム返し話法（話の聞き出し技術）を使うと、自分からいろいろ話してくれて、雰囲気がなごみ、大いに盛り上がることがよくあります。面接官は本当は話し好きだったりするものです。

第1章 面接を理解する

49

ピンチ脱出5話法 ❷ 感想・意見問いかけ話法

効果 考えがまとまっていないときに、大きなヒントが得られる

　面接では、受験者は質問に答えるだけではありません。受験者から面接官に質問してもよいのです。そして、上手に質問できるようになると、受け身一辺倒から攻めに変わり、面接の流れをコントロールできます。この話法を使うと、自分の考えがまとまっていなくて、どう答えたらよいかわからないときに大きなヒントを得られ、考えを深めることができます。

▶基本パターン

質問に対して、完璧でなくても、まず自分なりの意見を言うことが大切です。そしてすぐに、面接官に自分の意見に対する感想や意見を求めましょう。すると、たいていの面接官は、何かしら参考になる返答をしてくれるものです。さらに聞きたい場合は、このプロセスを繰り返しましょう。これにより、面接官が求めるレベルの意見を構築できます。なお、質問はあくまで謙虚な姿勢で。謙虚さが感じられれば、勉強熱心、聞き上手の人というプラス評価も得られます。

▶実例

🖼 当社がこれから業界1位になるためにはどうしたら良いと思いますか？

🙂 はい、ネット販売に力を入れるべきだと思います。この考えは、どう思われますか？

🖼 いや〜、その意見には、売上単価の視点が欠けているよ。ネット販売は1契約100円、店舗販売は1契約3600円なんだよ。

🙁 ということは、店舗での販売促進に力を入れるべきなのですね？

🖼 そうだよ。では、それに必要な条件は何かな？

🙁 それに必要な条件ですか？ **オウム返し**

🖼 そうだけど、この質問の意味はわかる？　我々にとって手付かずの市場のことだよ。

🙂 なるほど、必要な条件とは学生に対するプロモーションですね。いかがでしょうか？

🖼 うん、その通り。

ポイント この話法とオウム返し話法の2つを上手に使うと、受け答えを繰り返しながら、最適な答えに到達できます。このような会話は、上司が部下を指導する際の会話と非常によく似ており、場がなごむ効果が高いものです。

50

話し方のコツ ● ピンチ脱出5話法

🔴 ピンチ脱出5話法 ❸ 肯定受け・自己PR返し話法

効果▶ **どんなにきつい圧迫面接でも、ポジティブに返答できる**

　この話法は、特に圧迫面接の場合に大変役に立ちます。普通の受験者は、厳しいつっ込みを何度もされると頭がパニックになって、しっかりとした受け答えができなくなります。

　しかし、この話法を知っていれば、どんなに厳しくつっ込まれてもポジティブに返答できます。

▶基本パターン

面接官の厳しい指摘を謙虚に受け入れます。そして、その後の返答の大部分を自己PRにするという方法です。

面接官からつっ込まれた際、反論（否定）はせずに、「そうですか」や「そのように感じられますか」「はい、申し訳ありません」「はい、わかりました」「はい、頑張ります」「はい、気を付けます」「はい、反省します」などでいったんは受け入れます。そして、この後に「しかし、私は○○には自信があります。一生懸命頑張りますので、よろしくお願いします」や「しかし、私は○○○をずっと頑張ってきて、○○の点では必ず貢献できます。よろしくお願いします」といった感じに、明るく爽やかに自己PRでたたみかけます。

▶実 例

🔲 **あなたは当社には向いていないかもしれませんよ。**

😊 はい、そのような印象を与えてしまったことは私の落ち度です。反省します。

　　⬇ ここで、一度、面接官の発言を受け入れるが、すぐに自己PRに移る

😐 しかし、私は中学から8年間バレーを続けていて、体力には自信があります。また、接客アルバイトでも店長賞を獲得したことがあります。
　どんな仕事でも一生懸命頑張ります。ぜひよろしくお願いします。

　　❗ 自己PRでたたみかけ、最後に強い決意を熱くアピール

ポイント どんなに厳しくつっ込まれても、謙虚にそれを認める言葉で受け止めれば、厳しい流れは一瞬で消し去れます。するとその後は、明るく爽やかな自己PRタイムにできます。このような返答には精神面の強さが感じられるので、プラス評価になります。逆に、シュンとしたり、ムッとしたり、ダラダラ言い訳をしたりするのは大変なマイナス評価になります。

51

✖ ピンチ脱出5話法 ❹ 否定受け・自己PR返し話法

効果▶ 圧迫面接において、最高レベルの評価を引き出せる

この話法は、面接官の意見を否定することで（意見に反論することで）、「なぜ自分の意見を否定するんだ」と関心を引き付け、その後に強い説得力がある根拠（自己PR）を述べるというものです。

面接という緊張の場で、面接官の意見を否定するのは、よほどメンタルが強くないとできません。だからこそ、上手に反論（否定）ができる人は、極めて優秀な人材として、最高レベルの評価をされます。

▶基本パターン

面接官の意見が全く受け入れられるものではなく、そして、否定（反論）する強い根拠がある場合、自信をもって（明るく元気に）否定の言葉で切り返します。「いいえ、そうではありません」や「いいえ、それは違います」「それは、誤解です」「実際は、そうではないです」「誓って、それは事実と違います」といった感じです。そして、この後に「なぜなら、私は○○には自信があります。また、○○○も一生懸命頑張ってきました。だから、ぜひよろしくお願いします」と、熱意を込めて根拠（自己PR）でたたみかけます。

※説得力のある根拠が言えない場合は、この話法を無理して使う必要はありません。他のピンチ脱出話法を使ってもプラス評価は得られます。

▶実例

🔳 あなたは当社には向いていないかもしれませんよ。

😊 いいえ、私は御社に向いていると思います。

    ⬇ 面接官の発言を強く否定し、関心を引き付ける。次に根拠を述べる

😊 私は中学から8年間バレーを続けていて、体力には自信があります。また、接客アルバイトでも店長賞を獲得したことがあります。
OB訪問して、営業部の中村様から御社の仕事の厳しさもきちんとうかがっています。
どんな仕事でも一生懸命頑張ります。ぜひよろしくお願いします。

    ❗ 根拠となる自己PRでたたみかけ、最後に強い決意も熱くアピール

ポイント 極めてまれですが、絶対に否定（反論）しなければおかしいような意地悪なつっ込みをわざとして、きちんと否定（反論）するかどうかで、メンタル力をチェックしている面接官もいます。その雰囲気を感じたら、勇気を出してこの話法を使いましょう。

話し方のコツ ● ピンチ脱出5話法

🎵 ピンチ脱出5話法 ❺ 謝ってリカバリープラン話法

効果▶ 完全に言い負かされても、高評価を引き出せる話法

この話法は、内容でアピールできなくなった場合は態度でアピールするというものです。この話法を使えば、知識が問われる質問で全く答えない場合や追及質問で完全に言い負かされてしまった場合でも大丈夫。それは謝ることで素直な態度や正直な姿勢が、そしてリカバリープラン（次回、どうするか）を言うことで向上心がアピールできるからです。この話法を上手に使えると、厳しい雰囲気の面接が一瞬でなごむこともあります。

▶基本パターン

面接官の質問に対して、全く答えることができなくなったら、まず、潔く謝ります。この際に、明るく爽やかに謝ることが大切です。オドオドした態度やダラダラした言い訳は禁物です。次にリカバリープランを言います。「次回までに調べてきます」「次回、レポートを提出します」などや、その質問に対するリカバリープランを力強く言います。

▶実例1　知識が問われる質問で、全く答えられないケース

🔳 当社の株価で、過去の最高値はいくらですか？

😞 申し訳ありません。勉強不足です。次回までに必ず調べてきます。

▶実例2　追及質問を繰り返され、完全に追い詰められたケース

🔳 なぜ当社の商品は業界でシェアナンバーワンなのだと思いますか？

😞 一番の理由は、御社の商品開発力が優れているからです。

🔳 では、商品開発力がどのように優れているか具体的に述べてください。

😣 他社よりもマーケティングに力を入れ、顧客ニーズをつかんでいる点です。

🔳 では、同業の○○社と当社のマーケティング手法の違いを説明してください。

⬇ このように何度も追及質問され、ついに全く答えられなくなる

😊 まだまだ甘かったです。申し訳ありません。次回までにもっと深く分析してきます。

ポイント リカバリープランを言うときは、手帳やメモ帳を取り出して、答えられなかったことを忘れないようにメモすることをおすすめします。メモをしっかり取るという行動自体も面接官からプラス評価されます。

面 接　　リラックス術

あがりをなくす10の方法

　あがりや緊張を、防いだりなくしたりするのに大変効果の高い10の方法をご紹介します。面接に慣れないうちは極度の緊張状態（あがり）に陥ることがあります。そこで、ぜひお役立てください。

❶緊張予防策

　まず、面接前に（予防的に）行っておくと効果のあることを述べます。これらを実行しておくと、緊張しにくくなります。

① OB・OG訪問（電話でもよい）を十分にして、社会人慣れしておく
② 各社の人事部に問い合わせ（資料請求やセミナーの内容確認など）の電話をし、採用担当者と話すことに慣れておく。最初は志望度の低い企業からかけて、話し方の練習をするとよい
③ エントリーシートに、**質問を誘導するような見出しを十分に仕掛けて**おく
④ 本命の面接までに、**面接受験練習を十分にしておく**
⑤ 本命の面接までに、**他社でウオーミングアップ受験をしておく**
⑥ 面接会場には**開場30分前には到着**し、気持ちに余裕を持たせる

❷プラス評価発信

　面接官に会った瞬間、どんな気持ちになるかで、面接官の受験者に対する気持ちもほぼ決まります。

　例えば「嫌な感じの面接官」と思ったら、面接官も受験者に対して「嫌な感じの受験者」という印象を受けるでしょう。なぜなら、気持ちは「表情」や「態度」「仕ぐさ」「目つき」「声のトーン」といった非言語メッセージとなって、相手に一瞬で伝わるからです。ところが面接で、知らず知らずマイナスの非言語メッセージを発信してしまっている受験者は非

常に多いのです。

　非言語メッセージは、言葉のメッセージよりも速く強く伝わるので、要注意です。気持ちは非言語メッセージとして一瞬で相手に伝わるので、これを逆手にとり、プラスの気持ちを最初に抱きましょう。

　この技をプラス評価発信といいます。

● プラス評価するコツ（心の中で以下のように理由をこじつければよい）

① 忙しい中、私と会ってくれるなんて、あなたはとってもいい人ですね！
② 厳しい面接お疲れ様です。あなたは仕事熱心な素晴らしい人です！
③ あなたはとっても濃いキャラですね。いい味出してます！
④ あなたは私の憧れの企業の社員ですね。実物に会えてすごく嬉しいです！
⑤ あなただって時には失敗もするのですね。とても親しみを感じます！

　→要するに、プラス評価の気持ちさえ出せれば、どんな理由付けでもOK

❸超楽観開き直り

「開き直り」のタイプには「ダメでもともと」という理由での開き直りと、「私なら絶対大丈夫」という楽観主義の開き直りの2つがあります。どちらも効果は高いのですが、より高いのは後者です。なぜなら主体となる気持ちが、前者はネガティブなのに対し、後者はポジティブだからです。いずれにせよ開き直るとよけいなことは考えなくなり、緊張がほぐれます。

❹プラス暗示療法（他人に徹底的にほめてもらう）

　物事の好き嫌いや考え方が、幼い頃に親や先生、友人などから言われた一言が暗示となり、ビリーフ（思考パターン）を形成していることが少なくありません。

　そこで、他人から徹底的にほめてもらう「プラス暗示療法」をおすすめします。これも抜群に効果があります。気恥ずかしさを通り越すくらいほめられ続けると、だんだんその気になってきて新たなビリーフが形成され、気持ちがひときわポジティブになってきます。実はこの療法は、気持ちがもともとポジティブな人は、幼少時から親や先生からよくほめられ、プラス暗示が強力にかかっているという背景があるのです。

❺音楽療法

　音楽は神経やホルモンなどに影響を与え、人間の身体面に生理的・化学的反応を起こします。ですから好きな音楽を聴くことは、心身ともにリラックスした状態に調整してくれます。スポーツ選手が試合直前に好きな音楽をヘッドホンで聴いていたりします。オリンピックの金メダル選手でも試合前は緊張するそうで、その緊張をほぐし、モチベーションを高めるためにも音楽を積極的に活用していることに留意してください。

❻リラックス呼吸法

　呼吸をコントロールすることによって、身体や精神の状態をコントロールできることは医学的にも証明されています。そこで、面接時に役立つ「リラックス呼吸法」を以下にご紹介します。

> リラックス呼吸法の基本
> ①吸う：鼻から深くたっぷりと吸い腹に収める
> ②吐く：口からゆっくりと吐く　※吐く時間は吸う時間よりも長くする

● 息を鼻で吸うメリット（口呼吸より鼻呼吸が好ましい理由）

　息を吸うのは、口より鼻のほうがより多くの湿り気（H_2O）を含んだ空気を肺に送り込みます。肺では酸素を摂取し、二酸化炭素を排出するガス交換をしていますが、湿り気の多い空気のほうが、このガス交換の効率が高いのです。したがって息は、脳や身体により多くの酸素を供給する、鼻からの吸収のほうが好ましいのです。

● 息をおなかに収めるメリット（胸式呼吸より腹式呼吸が好ましい理由）

　息をおなかに収める「腹式呼吸」では、横隔膜が刺激されます。すると、この横隔膜から脳の呼吸中枢や視床下部にインパルスが送られ、ベータ・エンドルフィンという鎮静化ホルモンが分泌されます。このホルモンは興奮を抑え、リラックス状態を作ります。

● 息を深く吸いゆっくり吐くメリット（深い呼吸が好ましい理由）

　息を、深くたくさん吸うと、より多くの酸素を肺に送り込みます。また、

リラックス術 ● あがりをなくす10の方法

息をゆっくり吐くことで、副交感神経が活性化され、血圧と心拍数が下がってリラックス状態となります。それにより心が落ちつき、集中力が高まります。吐く時間は、吸う時間の2倍から4倍にするのが理想です。

❼ストレッチ

ストレッチも神経やホルモンなどに影響を与え、心身をリラックスさせます。しかも、首や体、手などを回したり、ひねったりして、筋肉を伸ばすだけの簡単な動作で、自分ひとりでいつでもできます。面接の最中なら、靴の中で足の指を、曲げたり伸ばしたりするのがおすすめです。

❽顔マッサージ

以下の①〜⑤のステップを数分かけて行ってください。

①手当て＝両手のひらを顔に当て、顔の筋肉を温め、リラックスさせる、②ツボ押し＝目の周りやこめかみ、顎や口周辺のツボを押す、③マッサージ＝顔全体の筋肉をよくほぐす、④口角上げ＝口の両端を手で押し上げ、笑ったときの口の形を作る。何度も何度もやっているうちに、笑うときの口の動きが滑らかにできるようになってくる、⑤ウイスキー大好きー＝「ウイスキー大好きー」と言いながら、口を動かす。これを繰り返すうちに口の周りの強ばりがほぐれ、滑らかにしゃべれるようになります。

❾話しかけ

試験会場に早めに行って、社員の方に質問するなど話しかけてみます。面接前のウオーミングアップに最適で、緊張感がほぐれます。また、待合室でじっとしていると緊張してしまうようなら、隣の人に話しかけると緊張が解けます。ただし、簡単な挨拶と自己紹介程度にしておきましょう。

❿飲み物・飴

ウーロン茶やハーブティーなどリラックスできる清涼飲料や栄養ドリンク、のど飴をかばんなどにしのばせておきましょう。のどを潤すと緊張がほぐれます。万一、忘れたときや、面接の直前、また最中でも、好きな飲み物やお菓子を飲食しているつもりになると気持ちの切り替えになります。

面接　グループディスカッション

グループディスカッションの対策とコツ

● **グループディスカッション試験を行う企業が増えている**

グループディスカッションの最も典型的な形式は、受験者を5〜10人程度のグループに分け、何かテーマを与えて、20〜60分間程度話し合わせるというものです。対面とWEBの2つの実施形式があります。

一つのグループでの合格者は一般的に1〜3人程度です。ただし、ディスカッションが盛り上がり、優れた内容で行われたグループからは合格者が多く出て、逆に盛り上がりに欠けたグループからは合格者が1人も出ないこともあります。

グループディスカッション4タイプ

❶ **話し合い型**　最も多い形式。テーマを与えられ、話し合いをする
❷ **意見発表型**　話し合い後に、各自が2、3分程度で意見を発表する
❸ **ディベート型**　あるテーマに関して、あらかじめ肯定派、否定派などと役割を与えられ、討論する（P.60参照）
❹ **ワーク型**　グループ全体に何かの指示が与えられ、それを達成するために作業する（P.61参照）

● **実務能力のチェックが目的**

企業がグループディスカッション試験を行うのは、実務能力をチェックする理由からです。

受験者各自がグループディスカッションの中でどのような役割をどのように担うかが観察されます。

チェックされているポイント

□ 組織の中での貢献性、積極性
□ コミュニケーション能力
□ チームワーク能力
□ リーダーシップ力

グループディスカッション ● グループディスカッションの対策とコツ

● 討論の勝者が合格者ではない

　受験者が勘違いしがちなことですが、「討論の勝者が合格する」のでは決してありません。他者の意見を無視して、自らの意見をむりやり主張したり、攻撃的な態度で他者の意見を批判したりしてしまう受験者もしばしば見受けられます。前ページの「チェックされているポイント」のチームワーク能力に欠けていると判断され、高評価は得られません。

● 受かる3つの役割

　グループディスカッション試験で高評価を得るのは、内容の濃いディスカッションになるように貢献している人です。以下の3つの役割が3大高評価ポジションです。

① **トップバッター発言者**（要所要所で真っ先に手を挙げ発言する）
② **ユニーク意見発言者**（印象に残るキャッチフレーズやデータを次々と発言する）
③ **まとめ上手司会者**（全員を操り、意見を引き出して戦わせ、結論を出す）

● しゃべりが苦手な人の受かり方（特色ある貢献）

　グループディスカッションは、しゃべりの苦手な人や議題についての意見を活発に言えない人でも受かります。自分なりに何か役割を担えないか、特色ある貢献ができないかを考え実行して、話し合いの円滑な進行に必要不可欠な存在となり、着実に貢献すれば受かるのです。

【例】・時計係に立候補（時間の管理。論点ごとに時間の経過を告げ、まとめ発表をする）
　　　・書記に立候補（話の要点をメモ。ただし、要所要所でのまとめ発表が必須）

● 存在感を増すコツ

　多くの受験者は話すことだけに関心が向いてしまい、自分の表情や態度には無頓着です。どんなに良いことを言っていても、きつい表情だったり、姿勢が悪かったりしていたら、面接官の好印象を得るのは困難です。

1. **常に笑顔**
2. **常に姿勢良く**
3. **他者の発言をしっかり聞く**（相手の目を見て、うなずきも入れる）

　上記3点を実行すると雰囲気が明るくなり、存在感が一段と増します。

ディベート型グループディスカッション

● ディベート型グループディスカッションとは

あるテーマに関して、「肯定派」「否定派」といった対極の2派に分けられ、同じ派内で協力して、相手を論破する形式のディスカッションです。肯定派か否定派かは通常、企業側が決め、受験者は選べません。一度ディベートを行った後、肯定・否定を入れ替えて、もう一度行う場合もあります。

● 面接官のチェックポイントとNG

面接官は論理的思考力・話力とともに、上司や取引先から好かれる性格かどうかもチェックしています。そのため、攻撃的な表情や態度は禁物です。論戦には勝っても試験には落ちる人が多いので、注意しましょう。

● ディベートの心構え

以下の3点ができているだけでも、倍率が低い試験ならば合格します。

1. 常に笑顔で受け答えをする（きつく反論されても笑顔を絶やさない）
2. 言い方がきつくならないように注意する（鋭い内容をソフトな態度で話す）
3. データ、具体例を根拠（理由）として話す

● ディベートの基本技

ディベート初心者でも優位に立てる方法があります。それは、相手の話を論理的に突き崩し、相手を防戦一方の状態に追い込むことです。ディベートによほど慣れていない限り、防御を完璧に行うことは難しく、攻撃側のほうが有利です。

以下の4つの技が効果的です。

① 矛盾追及作戦（相手の話の矛盾を突く）
② 反例提示作戦（相手の話の反例を提示する）
③ 苦手分野誘導作戦（相手の苦手分野に話を誘導し、知識不足を露呈させる）
④ 具体例追及作戦（あやふやな発言をした相手に、具体例を複数言わせる）

ワーク型グループディスカッション

● ワーク型グループディスカッション（グループワーク）とは

通称「グループワーク」といい、行う企業が増えてきました。これはあるテーマ（目標）がグループに与えられ、グループ全員で協力し合って、それを達成するために作業を行うというものです。

● 面接官のチェックポイントとNG

この試験で面接官がチェックしているのは、チームワーク能力、組織の中での影響力・人望、組織の中で担う役割、人との接し方などです。よくありがちなNGは、目の前の作業につい没頭して、他のメンバーとコミュニケーションを取らずに孤立してしまうことです。十分注意してください。

● グループワークの基本技

グループワークの場合は、個人プレーだけではなく、チームプレーが非常に重視されます。

合格するのはグループの中で、何らかの役割を持って貢献した人です。その状況に必要とされる役割を見極め、積極的に貢献しましょう。

以下、代表的な役割ですが、1人で複数兼任してもOKです。

① **司会役**（作業に取りかかる前の話し合いで司会をする）
② **時間管理役**（時計を出して、時間管理、時間のアナウンスをする）
③ **図面書き役**（紙を取り出して、図面を描いたり、工程表を書く）
④ **指示出し役**（メンバーに指示を出し、作業を効率良く進める）
⑤ **指示伝達役**（指示が伝わっていない人に、指示の伝達をする）
⑥ **進行チェック役**（作業の進行状況、指示を適宜全員にアナウンスする）
⑦ **ヘルプ役**（作業が遅れている人を適宜手伝う）

面 接	グループディスカッション

グループディスカッションでどんな意見を述べれば受かるのか（社員の視点）

● 上位合格者は何が違うのか（根本的に大切なこと）

　ディスカッションの議題に関し、自分の意見を構築するうえで根本的に大切なことを述べます。それは『志望企業の社員の視点で考える』ということです。一般論だけでは、他の受験者と差がつかないばかりか、志望企業に対する熱意も感じられません。もっともっと踏み込んで

● 志望企業の社員だったら、どのようにとらえる（解決策を練る）か。
● 志望企業の社員だったら、どのように会社のビジネスチャンスとするか。

　まで考え、意見を組み立ててこそ、高評価を得られます。上位合格者はプロ意識（志望企業の社員意識）を持って議題をとらえ、意見を組み立てます。不合格者は学生意識のまま議題をとらえます。

　よって、重要なことはまず、意識改革です。意識を学生から、プロへと切り替えましょう！　意識が変われば、自ずと意見の組み立てが変わり、集団討論への参加態度も大きく変わってきます。

● 実例解説「スーパーのレジ袋の有料化の是非」

　この議題は某広告会社で出題されたものです。以下3人の受験者の意見に対する（広告会社の）面接官の評価を解説します。

Ａさん：賛成です。なぜなら、マイバッグを持参すればレジ袋は本来、不要だからです。

Ｂさん：反対です。いちいちマイバッグを持参する人は少なく、効果はあまりないと思うからです。

Ｃさん：賛成です。そこで、マイバッグ持参キャンペーンの企画と広告宣伝文句を考えました。

● 面接官の評価

　広告会社の面接官でしたら、Ｃさんを一番高く評価します。Ｃさんの意見には、広告会社志望者としての意識の高さ、志望の強さが感じられます。

そして、どんな企画と宣伝文句を考えたのか聞いてみたくなります。

しかし、その他の人は、よくある一般論を言っているだけで、その会社に対する志望の強さは感じられません。内容を深く聞いてみたくもなりません。

グループディスカッションでは、ほとんどの受験者の意見がテレビや雑誌で見聞きしたことがあるような一般論です。

● 志望企業の社員の視点で考える

意見には、志望企業の社員としての視点をしっかりと盛り込むことが重要です。とはいえ、具体的に意見をどのように組み立てたらよいかとまどう人もいることでしょう。そこで、速効性のある対策をご紹介します。

● すぐできる集団討論対策（プレスリリース検索＆新聞の過去記事検索）

ぜひおすすめしたいのが、インターネットで志望企業のプレスリリースを検索すること。および、新聞の過去記事検索です。志望企業に関する「過去、1～3年分くらいの重要なニュース・記事」を読んでおくと、志望企業がどのような問題に、どう取り組んでいるかを詳しく知ることができます。ディスカッションのネタにできそうなものは印刷しスクラップしておくとよいです。2時間程度で、**社員としての考え方が身に付くうえにプロ意識も深まるので、与えられた議題に対し、意見をどう組み立てるのか判断力が飛躍的に高まります。**

新聞の過去記事検索は、図書館にあるインターネットの過去記事検索サービスを活用すれば簡単です。自宅のパソコンから図書館の過去記事検索サービスを利用できる大学もあります。

こういった下準備をしっかりととのえておけば、自信をもってディスカッションに臨めます。また、志望理由も具体的になるので、エントリーシートと面接の対策にもなり、一石三鳥です。

| 面接 | グループディスカッション |

グループディスカッションの進め方 （司会進行12鉄則）

　グループディスカッションの円滑な進め方の基本鉄則を紹介します。たとえ自分が司会役でなくても、これさえ知っておけば進行についての提案や発言をして、リーダーシップを発揮できます。

● 開始前にすべきこと

鉄則1. 役割分担を決める

➡ 司会役、書記役、時間管理役など、そのディスカッションやワークに必要な担当を決めておくと進行がスムーズになる。なお、司会役は書記を隣に座らせ、ノートの記入内容をつど確認できるようにしておくと便利。

鉄則2. 発言ルールを決める

➡ 発言は挙手制で司会が指名してから述べること。および、発言時間は○○秒以内と決めること。すると、それに背いた受験者を注意でき、無秩序な状態になってしまうことを回避できる。

● 開始直後にすべきこと

鉄則3. 段取り、重要論点の見極め、絞り込みの提案

➡ どんな論点を中心に、あるいは、どんな論点をどんな順番で話し合うか提案し、方向性を定めておくと、時間の浪費を防げる。

➡ 序盤、中盤、終盤の段取り（時間割）、すべきこと（どんな流れで結論を出すかなど）を示しておくと、時間管理や司会進行がやりやすくなる。

鉄則4. 議題の内容が難しい場合はそれに明るい受験者に解説させる

➡ 各自、特に司会役が議題をよく理解していないままディスカッションを進めても的確な結論は得られない。あらかじめ議題に詳しい受験者にディスカッションを始める前に解説させる（挙手制・指名制）とよい。

● 発言のコントロール

鉄則5. 基本は挙手制

➡ 発言を募るときは、基本的に挙手制にするとよい。発言意欲の高い受験

者にその機会を与えられるばかりか、全員に向けても積極的参加を促すことができる。ディスカッションを活性化するために司会役自身が発言してもよい。ただし、発言の公平性が損なわれないよう注意。

鉄則6. 挙手する人がいない場合は指名制に切り替える

→挙手を募っても誰も手を挙げなかったら、時間のむだやディスカッションの停滞を避けるため、発言できそうな人を指名してみる。その人が発言できなかったら、また別の人を指名すればよい。

鉄則7. 発言できていない人を救済する場合は指名制に切り替える

→特定の人に発言が偏ってしまっていたら、発言できていない人を救済するよう、一時的に指名制に切り替えるとよい。

鉄則8. 進行の妨げになる人を抑止する場合は指名制に切り替える

→ディスカッションの円滑な進行に支障を来す人が、積極的に挙手して発言を何度も強行する場合は、いったん指名制に切り替え、別の人にも発言の機会を与えられるようにするとよい。

鉄則9. 全員の意見を確認する必要がある場合は順番制に切り替える

→全員に意見を求める場合は、座席を基準に変わるがわる発言させるなどの順番制に切り替えるとよい。ただし、要点だけを短時間で発言することを義務付けておかないと長々と話す人が出て、時間を大幅に浪費してしまいかねないので要注意。

● 流れのコントロール

鉄則10. 対立する意見を引き出す。論戦させる。優劣をつける

→論点に即した好ましい発言には、あえてその反対意見や賛成意見の有無を聞いて引き出し、論戦させたりして優劣をつけると内容が深まる。

鉄則11. 論点がずれた場合は戻す。つなげる。まとめる

→発言が脱線していたら元に戻したり、論点や結論にうまくつなげたり、矛盾なくまとめたりすることが大切。

鉄則12. 必ず時間内に結論を出す

→与えられた時間を有効活用し、必ず結論を出す。状況によっては多数決を使うこともある。なお、論点ごとに時間を決めて話し合って順番に結論を出すなど、結論の出し方もさまざまに工夫できる。

面 接　　**グループディスカッション**

チームワークの取れない受験者
7タイプ対処法

　グループディスカッションでは、受験者同士全員で協力し合って結論を出す姿勢が大切。ただ、メンバーの中に以下の7タイプの受験者がいる場合、円滑な話し合い自体が困難になりかねません。どんなマイナスな状態になっても、巻き込まれることなく、自分は正論を述べることが必要不可欠。受かるための効果的な対処法をタイプ別に紹介します。

1. 圧迫反論者

　他人の発言に対して圧迫的な物言い、威圧的な態度で、強引な反論をし、和を乱す受験者。

〔対処法〕

　必ず笑顔で受けること。すると、度胸がある、懐が深い、として面接官から高評価を得られる。また、正当な反論をしっかりと返すことも大切。ディスカッションに積極的に参加しているとして、これも高評価を得られる。なお、その反論が感情的なものだったり、流れを踏まえていないものだったりした場合は、ディスカッションを正常に戻すことを提案すると良い。「全体が見えている」として、高い評価を期待できる。

2. 専門知識しゃべりすぎ発言者

　議題に関する知識をひけらかし、必要以上に長々と話したり、難解な専門用語を多用したりして、他のメンバーを話に入りにくくさせる受験者。

〔対処法〕

　ディスカッションでは、互いに協力し、意見をまとめていく姿勢も大切で、メンバー一人一人の意見を聞いてみることを提案すると良い。ディスカッションの趣旨を理解しているとして、高評価される。

3. 司会無視発言者

　挙手制で発言するルールであるにもかかわらず、勝手に発言したり、司会の提案や話の流れとは全く違う言動を示したりする受験者。

〔対処法〕

　ディスカッションを円滑に行うには、各自が発言ルールを守る、協力し

合うことが大切である、ということを提案すると良い。全体が見えている、チームワーク能力が高いとして、高評価される。

4. 過剰パフォーマンス発言者

ディスカッションの進行に支障が出るほどの過激で奇抜な言動や、こっけいなジェスチャーでメンバーを笑わせたり注目させたりするなど、過剰なパフォーマンスをする受験者。

〔対処法〕

ディスカッションの趣旨を述べ、論点を元に戻すことや望ましい進行方法、全員の意見を聞いてみることなどを提案すると良い。全体が見えている人、リーダーシップのある人として、高評価される。

5. ワンマン司会者

気に入った人にしか発言をさせなかったり、他のメンバーの意見を聞いて異存の有無の確認もせず、同意を得ることなく、強引に結論をまとめてしまったりする司会者。

〔対処法〕

全員で協力して意見をまとめることの大切さを述べ、各メンバーの意見をひと通り聞くことなど、司会進行の望ましい方法の提案をすると良い。度胸やリーダーシップがあるとして、高評価される。

6. 気弱司会者

圧迫反論者や自分勝手な発言者などを注意、コントロールできず、ディスカッションを無秩序な状態にしてしまう司会者。

〔対処法〕

司会進行の望ましい方法について提案する。それでも全く改善されない場合は、自ら率先して司会役を担うと良い。度胸がある、リーダーシップがあるとして、高評価される。

7. 無計画司会者

結論を導き出すための段取りを考えず、メンバー各自が自分勝手に話すだけの状態を放置し、制限時間内に何の結論（成果）も出せない司会者。

〔対処法〕

結論に着実に到達できる司会のやり方、時間の使い方について提案すると良い。全体が見えている、管理力・段取り力があるとして高評価される。

| 面　接 | グループディスカッション |

グループディスカッションの
ピンチ脱出技

ピンチ脱出技を紹介します。ありがちなケースばかりです。

1. 発言希望者が多くて、発言チャンスが少ない場合

① アピール挙手

　ただ手を挙げるだけでは目立たず、発言は難しいもの。しかし「これを付け加えるとさらに良くなります！」「その意見に大賛成（大反対）です！その理由は…」などとアピール文句を言いながら挙手すると興味を引き、発言できる確率が非常に高まる。

② アピールうなずき

　これは次善策だが、無表情で聞いていては評価が高まることはない。しかし、真剣な表情でうなずきながら聞くと、議論に対する参加意識の高さは評価してもらえる。

2. 議論の流れに乗り遅れ、発言ができない場合

① 賛成理由発言作戦

　前者の発言に対する「賛成理由」を発言する。これで、とりあえず議論の輪に入ることには成功し、気持ちが落ちつく。

② 反対意見喚起作戦

　あえて反対意見を述べる。そして、自分に対する反対意見を喚起する。これにより、議論の中で対抗関係ができ、その議論の中でアクティブになれる。

③ 極論作戦

　あえて極端な意見を言う。これは非常に目立ち、自分の意見を軸に議論が回転し出す。

3. 自分の発言に反論が出た場合

① 笑顔で歓迎（ムッとした顔をしては絶対にダメ）

理由：反論には反論が生じるので、発言チャンスが増える。自分の意見
　　　を軸に議論が展開して存在感が増す。反論を笑顔で受けると精神
　　　力の強さのアピールにもなり、議論の活性化にも貢献できる。

グループディスカッション ● グループディスカッションのピンチ脱出技／グループディスカッションの小技・裏技

面 接　　グループディスカッション

グループディスカッションの 小技・裏技

他の受験者と差別化するのに効果的な小技・裏技をご紹介します。

1. 元気＆ユニーク自己紹介

自己紹介は元気な声で行い、ユニークで目立つ自己PRを盛り込む。最初から一目置かれる存在になっておくと発言チャンスが増す。

2. 席割メモ

メモの取り方の工夫。用紙をテーブルに見立て、参加者が座っている位置に、その参加者の発言（キーワードだけ）をメモするようにする。こうすると、誰がどんな発言をしたかひと目で確認でき、賛成・反対・まとめ意見などを考える際の判断が一瞬でできる。

3. ほめほめ作戦

発言の際に他者の意見や司会者の司会ぶりをほめる。ほめられた当人は喜び、その後、快く発言チャンスを回してくれるようになる。

4. ナイスフォロー作戦

他者が意見をうまく言えなくなったときや、司会が進行にとまどったときにナイスフォローを入れる。目立つばかりか発言チャンスが増え、議論の活性化にも貢献できる。

5. データ作戦

発言の中にデータを積極的に盛り込む。議論はとかく抽象論になりがちなので、データを引用した具体論は際立つ。

6. パフォーマンス作戦

発言するときにパフォーマンスを披露すると、格段に印象的になる。例：立ち上がって大きなアクションをしながら発言する。発言したことを実際にやって見せる。小道具を取り出す。手近にあるものを発言の対象物に見立てる。その他、創意工夫をしてみよう。

7. 私の発言に意見ありますか作戦

自分の発言の終了時に「私の発言に意見がある方はいますか？」などと呼びかけ、自分を軸に議論が展開するように仕向ける。

第1章 面接を理解する

面 接	グループディスカッション

グループディスカッションの テーマの傾向と実例

● グループディスカッションのテーマの傾向

グループディスカッションで出題されるテーマは、以下の4つに大別できます。①のケースが最も多いので、企業研究・業界研究をしっかり行っておくことが大切です。

① 志望企業・業界の仕事に関するテーマ
② 就職に関するテーマ
③ 時事・社会問題に関するテーマ
④ フリーテーマ（この場合は、グループごとに異なるテーマを与えることが多い）

❶ 志望企業・業界の仕事に関するテーマの例

企 業	内 容	人 数	時 間
ファイザー	MRとして必要な要素6つの中からベスト3を選び、その理由を自分の経験も踏まえて発表した後に、グループ内でベスト3を決定してください。	6人	30分
三井不動産	50年後の日本のためにやるべきこと。	8人	40分
日本航空	海外旅行をする時お金をかけるなら、どちらを選ぶか。 A ファーストクラスでいく B 滞在先で豪遊	6人	40分
丸紅	当社の進出先として、配付資料に示した「3つの分野」のいずれが最適かを検討せよ。	6人	60分

❷ 就職に関するテーマの例

企 業	内 容	人 数	時 間
本田技研工業	会社を選ぶ基準について3つ挙げてください。	5人	50分
損保ジャパン	就職活動において大切なことは何ですか？	6人	60分

❸ 時事・社会問題に関するテーマの例

企業	内容	人数	時間
アクセンチュア	都内の通勤ラッシュを最新技術を用いて改善せよ。	6人	40分
NHK	消費税の是非について。	7人	30分

❹ フリーテーマの例

企業	内容	人数	時間
三井住友カード	あなたの海外の友人が日本へ来たとき、どんな計画を立て、どんな最高のもてなしをしますか？	5人	40分
あいおいニッセイ同和損害保険	好きなテーマでディスカッションしてください。	10人	30分
三菱UFJ銀行	人生の豊かさを追究するためには、お金と時間のどちらが大切ですか？	6人	30分
ニュー・オータニ	「価値観・自己啓発・没個性・嘘」の4つのキーワードを使って、自由に話してください。	8人	20分

※ここで例示したものは、その企業で実際に出題されたテーマの中のごく一部です。
　P.72からの「企業別グループディスカッションのテーマ例」も参照してください。

ADVICE

与えられたテーマに関する知識が乏しい場合はどうすればよい？

　テーマに関する知識が全くなくても大丈夫です。その際は、下記の方法で対処できます。

> ❶ 司会になる　　❷ 最初にくわしい人に説明してもらう
> ❸ 書記になる　　❹ 時間管理役になる

　発言をしりごみしていると、テーマにくわしいメンバーなどよく発言するメンバーだけで盛り上がり、議論の輪に入りにくくなることがあります。自分なりの意見を考えているうちに次の論点に移っていることもあります。
　発言できず、議論の輪に入りにくくなったような場合は、下記のような発言をすると簡単に議論に参加できます。

> ❶ 賛成意見発言（誰かの意見に賛同する）
> ❷ まとめ意見発言（論点を要約し、確認する）
> ❸ 時間経過発表発言（時間の経過を告げ、話し合い時間とまとめ時間の配分を提案）

企業別グループディスカッションのテーマ例

※過去に各企業で出た一部のテーマを収録しています。ここに掲載されている以外のテーマも複数出されています。

金融	アフラック生命保険	▶新規プロジェクトのマネージャーとして優先すべきことは
	クレディセゾン	▶売上が上がる新人配属（条件の違う店舗に、どう配属するか）
	ゴールドマン・サックス証券	▶成功を定義せよ
	日本政策金融公庫	▶リスク管理とは
	JPモルガン証券	▶日本列島の中の一つの島を外国に売却しなければならないとしたら、どれか
	全国労働金庫協会	▶ワークシェアリングについて
	第一生命保険	▶理想の上司とは
	三井住友トラストホールディングス	▶大企業と中小企業とどちらが良いか
	日本生命保険相互会社	▶資料を見て新たな生命保険をつくる
	三井住友銀行	▶日本の人口縮小　▶高齢化における銀行のビジネスモデル
	大樹生命保険	▶次の8人のうちで3人採用するとしたら誰か
	三菱UFJ銀行	▶企業の利潤追求と顧客満足は両立するか
		▶仕事とプライベートの充実について
	横浜銀行	▶みなとみらいに新しい観光スポットを作るとしたら
	京都銀行	▶外国人観光客を倍に増やすにはどうすれば良いか
情報・通信	NTTコムウェア	▶個人情報取り扱いに関して企業が取り組むべき対策
	NTTデータ・アイ	▶ビールの販売戦略について
	キヤノンITソリューションズ	▶現代で一番必要な情報とは
	サイバーエージェント	▶チームワークにおいて最も大切なことは何か
		▶今年流行する携帯電話のサービス
	SCSK	▶ファミリーレストランの新規出店場所
	帝国データバンク	▶良い会社とはどんな会社か
	日本アイ・ビー・エム	▶チームごとに数枚のカードが配られ、その情報をもとに地図を完成させる
	富士通	▶富士通の技術で行政にどんな貢献ができるか
	ソフトバンク	▶企業が国際的に通用するために必要な条件
	ヤマトシステム開発	▶病院での待ち時間を減らす方法　▶良い企業の条件
		▶インターネットの弊害とその対応策について
	楽天グループ	▶老舗店舗の楽天市場での販売について
		▶EC店舗が繁盛する方法に優先順位を付ける
マスコミ	朝日新聞社	▶今日の新聞の一面はどんな紙面にしたいか
	サンマーク出版	▶わくわくする企画を考える
	大日本印刷	▶顧客の希望を把握した上でサービスを考える
	電通グループ	▶A町商店街は最近隣町のB町に大型ショッピングセンターが出店された影響で、客足が落ちている。そこでA町商店街に客を呼び戻す方法を考え、そのために必要なポスターを考える

グループディスカッション ● 企業別グループディスカッションのテーマ例

マスコミ	東宝	▶イタリア料理のチェーン店をどのような立地に出店するのが良いか
	凸版印刷	▶成功する企業の共通点　▶良い企業とはどんな企業か
	日本テレビ放送網	▶10年後の放送新サービスを考える
	博報堂	▶広告会社の10年後のビジネスモデル
	フジテレビジョン	▶オリンピックを盛り上げるためにフジテレビらしいやり方を考える
	ホリプロ	▶コンプレックスからくる魅力について
	讀賣テレビ放送	▶社員の品格とは
メーカー（食品・医療・化粧品）	味の素冷凍食品	▶小学生向けのHPを作るとしたらどのように作るか
	味の素AGF	▶自分の案件を実現するために事業資金を確保する
	江崎グリコ	▶今ヒットしているものとその理由
	カゴメ	▶これからの食品業界の若手社員に求められる資質は何か
	カルピス	▶カルピスで好きな商品、他社で好きな商品を挙げて自由に議論する
	麒麟麦酒	▶居酒屋に対する販促企画
	協和キリン	▶海外からの留学生の受け入れを計画する
		▶スーパーの売上を上げるには
	グラクソ・スミスクライン	▶これからのMRに必要とされるもの
		▶世界ナンバーワン企業とはどんな企業か
	コーセー	▶フランチャイズ店で近くに大手の類似系列店が出店、どう対抗するか
	塩野義製薬	▶プロのMRになるための条件
	資生堂	▶売上の落ちている商品に対してどのような策を講じるべきか
		▶ドラッグストアでTSUBAKIの売上アップを図るためにはどうしたら良いか
	住友ファーマー	▶地球滅亡の危機に際して5人をロケットに乗せるとしたら誰を選ぶか
		▶孤島に何を持っていくか
	武田薬品工業	▶MRとして新薬販売促進策を考える
	東ハト	▶お菓子とは何か
	日本水産	▶プロフェッショナルとは何か
	ハウス食品	▶若者の食生活における今後の課題
	P&G	▶新製品はどのような形態で販売するのが良いか
	ファイザー	▶賞味期限の近い商品はどう販売すると良いか
	マリークヮントコスメチックス	▶あなたにとってのプロフェッショナルとは
	Mizkan Holdings	▶スーパーでの商品の売上アップ戦略
	明治	▶営業に必要なことは
	持田製薬	▶働くとは何か
	森永製菓	▶自分が採用担当者だったらどんな人材を求めるか
	山崎製パン	▶夏の新製品パンについて
	ヤンセンファーマ	▶大学生をターゲットとした和と洋を融合したレストランの企画書を作成
	ユニ・チャーム	▶ユニ・チャームの新卒採用改善案
		▶心の壁と使用の壁を取り払う商品を開発する
	オムロン	▶社会人に必要なことを3つ挙げよ
	キヤノンマーケティングジャパン	▶健康、愛、家族、仕事、趣味、金の中で最も大切なものを3つ選び、その理由を考える

第1章　面接を理解する

73

分類	企業	テーマ
メーカー（その他）	TOTO	▶地球滅亡時に10人のうち7人生き残るとしたら誰か
	東芝	▶インターネットをさらに普及させるにはどうしたら良いか
	トヨタ自動車	▶学生向けの採用HPを作成する場合どんなアピールをすると良いか
	日本サムスン	▶終身雇用制度の是非について
	バンダイナムコエンターテインメント	▶新しい戦隊モノを企画する
		▶新規事業として銀行を立ち上げることになった。名称・仕組みなどを考える
	日立製作所	▶電化製品の販売戦略
	本田技研工業	▶ホンダの魅力を2つとその理由を挙げ、それをもとに来年度の採用メッセージを考える
	三菱重工業	▶生き残る企業の特徴
商社・物流・建設・不動産	伊藤忠都市開発	▶シャンプーの商品開発
	大塚商会	▶会社の野球チーム部員を増やすため、募集広告と名前を提案する
		▶当社の知名度が上がるようなインターンシップを企画する
	東海旅客鉄道	▶CSとは何か
	東日本旅客鉄道	▶駅のトイレをきれいにするにはどうしたら良いか
	商船三井	▶中国進出の方法についてのコンサルティング
	住友不動産	▶これからのディベロッパーに必要なものは何か
	住友林業	▶自社キャラクターの知名度を上げる方法は。それをキャラクタービジネスとして展開するにはどうしたら良いか
	タカラレーベン	▶高級デパートのレストラン街に新規出店するにはどの店舗が良いか
	東急	▶当社に足りない点は
	三菱地所レジデンス	▶どこの土地に何を建てれば収益が上がるか
	トーハン	▶当社のCMを作る場合どんなコンセプトで誰を起用するか
	トヨタホーム東京	▶トヨタホームのCMを作るとき、誰をどのように使うか
	野村不動産	▶企業価値を高めるにはどうすれば良いか
	三井ホーム	▶都心のマンションと郊外の庭付き一戸建てのどちらが良いか
	三菱地所	▶地方の活性化のためにどうすれば良いか
		▶都心の交通渋滞を解決するにはどうすれば良いか
	森ビル	▶土地を有効に活用する方法について
	日本アクセス	▶仕事ができるとはどういうことか
小売	三越伊勢丹ホールディングス	▶お客様に感動を与える商品（服・食品）を企画せよ
	ファミリーマート	▶店長としてどのようにアルバイトを教育するか
		▶新しい環境対策について
		▶なぜ就職をしない人がいるか
		▶就職活動をするうえで大切なことは
	小田急百貨店	▶売上・集客数を高める催事を一つ考える
	カルチュア・コンビニエンス・クラブ	▶新たな成長戦略を考える
	セブン-イレブン・ジャパン	▶コンビニの新しい出店立地とは　▶新商品の提案
	髙島屋	▶CSとは何か
	ツツミ	▶販売と接客の違いとは

グループディスカッション ●企業別グループディスカッションのテーマ例

フード・レストラン	ファーストリテイリング	▶ユニクロで働く社員に共通する要素は何か
	三起商行（ミキハウス）	▶新規事業を考える
	ミニストップ	▶缶コーヒーの種類が増えている背景について
	ユナイテッドアローズ	▶最高の接客というテーマで5分間の劇を作り発表せよ
	ローソン	▶ローソンができるお客様への最高のサービスとは ▶ローソンのチャレンジについて
	銀座コージーコーナー	▶絵本の最初と最後の絵を見て、途中のストーリーを検討する
	日本マクドナルド	▶店長になったとして売上を上げるために何をするか
	モスフードサービス	▶外食業界の良いところと悪いところは
人材・教育・福祉	アクセンチュア	▶世界に誇れる日本の食とは
	アデコ	▶商品力、企画力、営業力で、モノを売るうえで最も大切なものは
	船井総合研究所	▶サマータイムの導入について
	イーオン	▶こどもを私立小学校に入学させることについて
	パーソルキャリア	▶営業について
	栄光	▶学習塾の社員にとって必要なことを3つ考えよ
	東京個別指導学院	▶外国人旅行者向けに旅行の企画を立てる
	公文教育研究会	▶公文の理念を同世代の人々に伝えていくにはどうしたら良いか
	ネオキャリア	▶企業家とサラリーマンの違いについて　▶就職とは何か
	ベネッセコーポレーション	▶学校を作るならどんな学校を作るか ▶世の中に影響を与えた人に共通する特徴は
	リクルートジョブズ	▶就職に必要なもの3つ
	リンクアンドモチベーション	▶モチベーションが上がるもとは何か
レジャー・サービス	オリエンタルランド	▶仕事で大切なリーダーシップとは
	JTB	▶日本の魅力を外国人に伝えるためにはどうしたら良いか ▶コロナ禍での新たな旅行ビジネス
	JALUX	▶売上を今の3倍にするには ▶これから流行するものはどんなものか ▶地球最後の日をどうすごすか
	ANAホールディングス	▶お客様が喜ぶ新しいサービスを考える　▶ANAの弱みと改善策　▶新しいキャッチフレーズを考える
	高見（TAKAMI BRIDAL）	▶初デートで優先すべきことを3つ考えよ
	日本旅行	▶新しい旅行商品を考える ▶海外旅行の添乗員をしていたところお客様がパスポートをなくした。その場合どうするか
その他	国際協力機構（JICA）	▶開発途上国の村を援助し発展させるプランを考えよ
	コスモ石油	▶どのようにガソリンスタンドの収益を上げるか
	関西電力	▶大学に新しい食堂を作る企画がある。客のターゲットは学生だけでなくサラリーマンやOLも取り込みたい場合、どのような食堂が良いか
	東京商工会議所	▶東京への外国人の観光客を倍増させるにはどうしたら良いか
	日本郵政	▶市民に喜んでもらえるような企画を考える

第1章 面接を理解する

75

| 面接 | 面接後 |

失敗リカバリーと
不合格決定後の対処方法

● 評価を覆すことはできるか

　面接が終わって明らかに失敗だったと感じたとき、そこであきらめてしまう受験者が大多数です。しかし、失敗したときこそ自分をアピールするチャンスと考えて、リカバリーの行動をとる受験者もいるのです。

　企業の目から見たら、前者と後者、どちらの受験者がビジネスマンとして伸びる可能性を感じるでしょうか。実は、後者のような人材には、もう一度チャンスを与えてみようという気になることもあるのです。そして、一度下した評価を覆し、合格させることも、ごくまれにですがあります。

● 面接失敗リカバリー手段

　面接の評価は基本的には面接時間内に下されます。したがって、必ずリカバリーできるとは限りません。しかし、どうしても内定が欲しい企業だったら、試してみても損はないでしょう。下記は著者が指導する学生が試して、効果があった手段です。ただし、いずれもスピード勝負なので、合否連絡が来る前に速攻でやらないとだめです。

❶ 速攻お礼状作戦

　面接終了後、面接をしてくれたことに対するお礼状を丁寧に書き、翌日には届くように速達で出す。文面はお礼の言葉、企業に対する熱い思いを中心に書く（P.265参照）。面接でうまく答えられなかったことに対する言い訳がましいことは書いてはいけない。

❷ 速攻メモ&リカバリー手紙作戦

　答えられなかった質問は、面接中にさっと手帳を取り出し、素早くメモする。さらに、面接官の氏名もわかればメモしておく。面接終了後、答えられなかった質問の回答を見やすくわかりやすくまとめ、人事宛（面接官の氏名がわかっていればその人宛）に速達で出す。

　なお、自らその日のうちに持参するのも大変効果的。

Eメールでも悪くはありませんが、手紙のほうが気持ちがこもり、丁寧な印象を与えられます。電話でのリカバリーは、効果が期待できないのでやめたほうが良いでしょう。

面接後 ● 失敗リカバリーと不合格決定後の対処方法

● 不合格決定から復活合格もある

　まれなことですが、不合格が完全に決定した後でも復活合格はあります。1次募集の枠で落ちて2次募集の枠で合格したケースや、新聞社の春試験に落ちて秋試験で合格したケースなどがあります。落ちた原因が準備不足による場合、準備をしっかりと行えば、再受験で受かる場合もあります。

● 落ちるのがプラスの場合も多い（自分に合った企業を見つけるチャンス）

　落ちた原因が、能力・適性の不一致による場合、その企業に執着するよりは違う企業に目を向けたほうが（充実した人生にするためには）得策です。

　例えば、投手をやりたくて人気チームの入団テストを受けに行った人がいるとします。ところがそのチームは投手でなく、外野手を欲しがっていました。面接官はその人を採用しても、ここでは活躍する場がないと判断して落としました。この人は今後どうしたら良いでしょうか？　チームに執着して外野手で構わないとするよりも、自分が活躍できるチーム、つまり、投手を欲しがっているチームを探したほうが良いでしょう。

　このように落とされるのはマイナスとは限らず、プラスの場合もあるのです。上記の例で言えば、人気チームの面接官が落とさずに合格させていたら、その人はやりたいことがいつまでもできなくなってしまったのです。

　面接官は、この受験者は違う企業のほうが自分らしく生きられると判断して落としてくれていることも多いのです。だから、落ちたことを前向きにとらえ、より自分に合った企業を見つけるチャンスとしていきましょう。

● 原点に戻ると見えてくる

　志望企業に落ちたときは、①自分は何のために就職するのか　②自分は何のために仕事をするのか　③自分にとって楽しい人生とはどんなものかを考えてみましょう。そして、就職活動の原点に返って、「一企業の内定」から「人生全体を充実させること」という本来の目的に戻すのです。

　これを弓矢にたとえれば、的を大きくすることに相当します。つまり、「一企業の内定」という目的は非常に小さな的ですが、「人生全体を充実させること」という目標ならば非常に大きな的となります。すると、この目的に合致した企業がたくさん見えてきて、就活意欲も再び高まるでしょう。

第1章　面接を理解する

77

やる気アップマネジメント！ プラス言葉活用法

> 私は面接に自信がありません。すでに何社か面接落ちして、面接に苦手意識ができてしまいました。また失敗するのではないかと思うと、もはや面接に挑む勇気もなくなってしまいました。ここから抜け出すにはどうしたら良いでしょうか？

著者のもとにはこのような悩み相談のメールが毎年、たくさん来ます。実は、この思考パターン（言葉の使い方）の中にこそ、マイナスから抜け出せなくなっている原因があります。それは何度も繰り返されているマイナス言葉です。

●マイナス言葉は、自律神経にマイナス影響を与え、マイナス状態を作り出す

- 私は面接に自信がありません
- 面接に苦手意識ができてしまいました
- また失敗するのではないかと、もはや面接に挑む勇気もなくなってしまいました

このようなマイナス言葉は、自律神経にマイナスの影響を与えます。そして、ストレスホルモンが過剰に分泌されることになり、その結果、身体や精神のバランスが崩れます。

●プラス言葉は、自律神経にプラス影響を与え、プラス状態を作り出す

- 面接には自信があります
- 面接は得意です
- 必ず成功します。勇気がみなぎっています

マイナス言葉に対して、このようなプラス言葉を積極的に使うようにすると、自律神経にプラスの影響を与えることができるようになり、その結果、身体や精神のバランスがととのえられます。

●言葉とは、身体・精神のコントロールツール（プラス言葉でやる気アップ）

言葉とは、身体と精神のコントロールツールとして使えるものなのです。面接落ちしたからといって、自己を卑下したマイナス言葉ばかり使っていると、落ち込みが激しくなってしまう一方です。

マイナスの状態（苦難のとき）ほど、力強いプラス言葉を積極的に使いましょう。

第2章

よく出る質問項目と答え方

面接ではどんなことが聞かれる？　どう答える？
自己PR・志望動機などよく出る質問にはこう答える。
質問意図と答え方の鉄則で、答え方のコツがわかる。

本試験の面接もインターンシップの面接試験も、
面接官の質問意図、答え方の合格基準は実は同じ。
よく出る質問項目と答え方を対策すれば、
どちらの面接試験でも最高評価が得られる。

面接質問項目　　　対　策

面接での質問にはこう答える

● 面接官が知りたいのは自社での採用メリット

　面接官はさまざまな質問を受験者に投げかけ、その答えから受験者の考え方を探っていきます（P.82からの面接でよく出る質問項目を参照）。そして、「自己PRしてください」「学生時代に頑張ったことは何ですか？」「あなたの強みは何ですか？」「長所は何ですか？」などと、似たような内容の質問がいろいろな形でされていきます。

　しかし、実はどんな質問でも面接官が一番知りたいことは、受験者のセールスポイント、つまり自社で採用するメリットとなるものです。

● 全部の質問に対する答えを用意しておく必要はない

　「長所を聞かれたらこう答えよう」などと「この質問にはこの答え」と限定した形で答えを用意しておく必要は全くありません。しっかり自己分析と企業研究をして、ネタを10個から20個用意しておけば、あとは質問に合わせてネタを選びながら答えれば良いのです。

　このネタとは自分のセールスポイントですが、第1章でも説明したように、文章を丸暗記して覚えておくのではなく、キーワードで考えておきましょう。使えると思えるネタさえ用意しておけば、面接で何を聞かれてもあわてふためいて答えられなくなることはなくなります。

●「キャラ立ち」を考えてネタを集める

　ネタを10個から20個集めるときに、メインネタ、サブネタと分けて集めておきます。自分自身のキャラクター（キャラ）が一番出るセールスポイントをメインのネタとして1つ、それ以外に補足的なセールスポイントをサブネタとして用意します。

対策 ● 面接での質問にはこう答える

強く打ち出すものは必ず1つに絞ります。これを「キャラ立ち」といいます。キャラ立ちができていないと、印象がぼやけてしまいます。メインネタは仕事で役立つことなら、どんなことでも構いません。

● キャラを確立し、能力・資質を最大限にアピール

「私は柔道を7年間続けていて○○で○○のように頑張りました」という、一番打ち出したいネタを自己PRで最初に述べたとします。その後、同じような内容の質問をされた場合、ある程度の段階までそのネタで引っぱって伝えていくと、自分のキャラが伝わりやすくなります。

ですから、「あなたの強みは何ですか?」と次に質問されたら、「はい、○○です。自己PRでも柔道の話をさせていただきましたが、その中でこんなこともありました…私はこの経験をもとに…」と、さらに強調していくと、キャラを面接官にしっかりと伝えることができます。

ある程度メインのネタで自分のキャラを相手に伝えることができたと思ったら、「実は柔道以外でも…」と別のネタを出していきます。そのネタでも仕事で役立つどんな能力・資質を持っているかが伝えられるようにします。さまざまな角度から自分の能力・資質を最大限面接官に伝えられるようにしていきましょう。

● メインセールスポイントを複数のネタでアピールする場合

メインセールスポイントを、実例を数多く挙げてアピールする方法もあります。例えば「努力家」というキャラクターを伝えたい場合、それを「アルバイトでこんな努力をした」「勉強で…」「通学で…」と、いくつもの方向性から打ち出す方法もあります。

しかし、それらはしょせんは全部小ネタになってしまうため、面接官の印象に残らない危険性が出てきます。仮に1つでも強く努力したことがあるなら、それをメインネタとしてアピールすることでイメージが確立して、自分のキャラクターが伝わりやすくなります。

面接官に「努力家のAさん」と抽象的に呼ばれるより、「柔道のBさん」などと具体的な言葉で形容されるようになるのがベストです。ですから、メインセールスポイントはできるだけ1つの強いネタで作っておきましょう。

自己紹介してください

質問意図 ファーストコンタクト時の印象付け能力のチェック

面接では普通、最初に「自己紹介」を求められ、ファーストコンタクト時に相手の気持ちをつかめる人かどうか（印象付け能力）チェックされる。これは仕事でとても重要なことだ。できるビジネスマンは自己紹介に印象付けの工夫をしており、最初の「一言」で顧客の心をつかみ、自分のペースにする。なお、自己紹介で面接官に興味を持ってもらえた場合ともらえない場合とでは、その後の面接内容も大きく変わってくる。

興味を持ってもらえると、さまざまな質問を意欲的にしてくれるが、そうでないと事務的な確認質問だけになることも多い。

鉄則 最初の自己紹介から「自分を印象付け」しよう！

😟 私は、○○大学○○学部の○○○○です。本日は大変緊張していますが、一生懸命頑張りますので、よろしくお願い致します。

ここがダメ

- 「大変緊張していますが…」は、言い訳や弱気の表れと思われてしまう
- この発言内容からは、この受験者を採用するメリットは何も感じられない
- この内容を暗い表情でオドオドと言ったら、極めてマイナスの印象になる

体力で印象付け

🙂 私は、○○大学○○学部の○○○○です。私の一番の売りは、遠泳4kmを泳げる体力です。本日はよろしくお願い致します。
　　　　　　　　　　　　❶❷

工夫のポイント

❶ (プラスの) 印象付けをした
❷ 具体例を盛り込んで説得力を出した
● 笑顔で明るくハキハキ言えば、さらに好印象となる

自己PR・志望動機 ● 自己紹介してください

学業で印象付け

😊 私は、○○大学○○学部の○○○○です。私は学内成績2位を取った努力家です。大学時代、専門性を高めるという目標を掲げて努力し、2年間で105単位を取り、学内成績2位を収めました。私は目標を掲げたら精いっぱい、人の何倍も努力して頑張ります。御社におきましても、高い目標を掲げて頑張ります。

工夫のポイント
❶（プラスの）印象付けをした
❷具体例を盛り込んで説得力を出した
❸仕事に結び付け、意欲もアピール

アルバイトで印象付け

😊 私は○○大学○○学部の○○○○と申します。私は学生時代、アルバイト先のお客様アンケートで、接客態度ナンバーワンに選ばれたことがあります。御社の営業の仕事でもナンバーワンを目指して頑張ります。本日はよろしくお願い致します。

工夫のポイント
❶（プラスの）印象付けをした
❷ナンバーワンの具体例で極めて強く印象付けた
❸仕事に結び付け、意欲もアピール

こんなアピール方法もある

▶ **チャレンジ精神で印象付け**
😊 1年間で、資格を3つ取りました。○○○と○○○と○○○です。

▶ **特技で印象付け**
😊 珠算2級で、数字に強いです。5桁の計算も瞬時に暗算できます。

▶ **行動力で印象付け**
😊 ボーイスカウトの活動で、山の中でも自力で生きる力を身に付けました。

自己PR・志望動機に関する質問
自己PRしてください

> **質問意図** 商品の売り込み能力のチェックをしている
>
> 　入社後は、その企業の商品を売り込むことになる。よって、自分を売り込ませる（自己PRさせる）ことによって売り込み能力の程度をチェックしている。したがって、自己PRでは、「内容」よりも「話し方（売り込み方）」が重視される。
>
> 　つまり、内容は立派でも話し方が回りくどかったり、声が小さくてわかりにくかったりすると評価は低くなり、逆に内容は地味でも話し方に工夫があれば評価は高くなる。『物は言いよう』という格言にもある通り、話し方（言い方）によって相手の受け取り方は全く変わってくる。
>
> **鉄則** むりして大げさな内容を言うよりも、地味でも話し方を工夫すべきだ

自己PRの3つの心構え

心構え1　言語と非言語を一致させる

言語（言葉）でいくら「自信があります」としても、非言語（表情・態度・声のトーン）部分に自信が見られないと、面接官は「本当は自信がないのだな」と感じるもの。自己PRを信じてもらうには、非言語にも自信がみなぎっていることが必要不可欠。

心構え2　超強気

面接の勝利のカギはメンタルの強さ。よって、すでに内定しているぐらいのつもりで、面接官に感謝の気持ちで受ける。すると、発言も態度も堂々とし、厳しいつっ込みをされても、頭が真っ白になったり、心がゆらいだりしなくなる。

心構え3　自然体

隠そう、ごまかそうという気持ちがあると、態度が不自然になる。「何でも見てください」「何でも聞いてください」というオープンな姿勢（自然体）で接する。面接官と心を交わすには、まず自分から心を開くことが大切。

補足　プラス活用（性格・資質を変える必要はない）

例えば、「暗い」という一見、マイナスの性格（資質）にも、「落ちついている」といったプラス面もあるものだ。性格（資質）そのものを変える必要は全くない。大切なのは、それをいかにプラス活用するかだ。

自己PR・志望動機 ● 自己PRしてください

▶時間指定がない自己PRの場合

時間指定がなく自己PRを求められた場合は、通常、30秒前後（15秒から45秒の間）の長さで話すことを期待されています。

以下、高評価を得るための3条件を説明します。これらは、すべての自己PRにおいて大切ですが、時間指定がない自己PRの場合に、特に重要です。

1. ポイントを絞ってアピールする

①前置きが長すぎ　②内容の盛り込みすぎ　③説明が細かくなりすぎ が3大NG。一度に多くのことを話しても、面接官は理解しきれず、覚えられない。よって、ポイントを絞って簡潔に話すことが重要。

2. 具体例・成果でアピールする

抽象的な言葉だけでは説得力はゼロ。自己PRには、具体例・成果を必ず盛り込む。具体例・成果を、数字や権威のある機関や人物の客観的な評価で表すことができると、説得力は非常に高くなる。

3. 表情・態度でもアピールする

言葉をつくして自己PRしても表情・態度に自信が感じられなければ効果はゼロ。①**しっかりとアイコンタクト**　②**生き生きとした表情（笑顔）**　③**正しい姿勢**　の3点を心がけて話す。

▶ポイントを絞り、具体例・成果でアピール

OK 😊 私が今の仕事先で一番評価されていることは、お客様に対する繊細な心配りです。私は3年間ホテルで配膳のアルバイトをしており1日2件で月12件、3年間で300件以上の結婚披露宴に携わりました。現在では、支社長からチームリーダーに指名され、主賓席を任されています。
❶　❷　❸

▶ポイント
❶ アピールポイントの絞り込み
❷ 数字を盛り込み説得力を高めた
❸ 権威者の評価で説得力を高めた

自己PR実例はP.161へ

第2章　よく出る質問項目と答え方

▶1分間自己PRの場合

1分間で自己PRの場合、次のような話法を取り入れると効果的です。

1. やりたい仕事4段話法

各段階が面接官の関心事項で構成されており、かつ話にメリハリが出る話法。また、真面目なイメージを与えることもできる。

第1段階 やりたい仕事 ──────────── ❶
第2段階 やりたい仕事で役立つ自分のセールスポイント ─── ❷
第3段階 セールスポイントが発揮された例 ────── ❸
第4段階 決意表明 ─────── ❹

OK 😊 私は御社でぜひ法人営業の仕事がしたいです。特に興味を持っているのは○○○の仕事です。この仕事の内容は御社の阿部様よりくわしくうかがっております。私は学生時代、サッカーに打ち込み体力を鍛えました。❶ ○○大会では準優勝の成績を収めました。❸ 御社の法人営業の仕事でもこの体力を生かして、成果が出るまで頑張り抜きます。❹

2. 新聞ネタつかみ話法

ユニークさを出したかったり目立ち度を高めたい場合におすすめの話法。ただし、使いこなすには慣れが少々必要。

OK 😊 今朝の新聞の社会面のコラム「○○」にハワイ島にいるはずの鳥が秋田で発見されたという記事が出ていました。なぜハワイの鳥が秋田にいたかというと…という理由だそうです。❶ これを読んで、自分も学生時代にサッカー部で毎日10km欠かさず走っていたので、感動を覚えました。❷ 私もハワイの鳥のように…で、成果を出してみせます。❸

ポイント

❶自己PRに関連付けられる新聞記事のネタから入る
❷新聞記事のネタから、自分のセールスポイントのアピールに結び付ける
❸決意表明

自己PR・志望動機 ● 自己PRしてください

3. パフォーマンス話法

　行動力や度胸の強さもアピールしたい場合におすすめの話法。ただし、「小話つかみ話法」と同様、使いこなすには慣れが少々必要。

OK 😊 私が自己PRしたいことをお見せします。それはこれです。
（ヘディングシュートのアクションで、思い切りよくパフォーマンスをする）

これはサッカーです。私はサッカーに打ち込み、体力を鍛えました。○○大会では準優勝の成績を収めました。御社の法人営業の仕事でもこの体力を生かして、成果が出るまで頑張り抜きます。

▶3分間自己PRの場合

　3分間と自己PRの時間が長い場合は、一方的に話すよりも、面接官と言葉を掛け合い（「Q&A話法」P.44）ながら、進行させるのが効果的です。

1.「やりたい仕事4段話法」と「Q&A話法」を組み合わせる方法
2.「小話つかみ話法」と「Q&A話法」を組み合わせる方法
3.「パフォーマンス話法」のパフォーマンス部分を長めに行う方法

▶「小話つかみ話法」と「Q&A話法」を組み合わせてアピール

OK 😊 今朝の○○新聞の社会面のコラム「○○」にハワイ島にいるはずの鳥が秋田で発見されたという記事が出ていました。
なぜハワイの鳥が秋田にいたと思いますか？
（面接官に問いかける。もしも答えられなかったら、自分から答えを言う）

それは、…という理由だそうです。これからどんなことを思いますか？私は学生時代にサッカー部で汗を流していたときのことを思い出しました。私のポジションは○○で、毎日のトレーニングは大変厳しく…でした。戦績は頑張ったかいがあって、○○大会で準優勝したこともあります。私もハワイの鳥に負けない強靱な体力で、御社においても必ず成果を出してみせます。

第2章 よく出る質問項目と答え方

自己PR・志望動機に関する質問
志望動機は何ですか？

▶金融業界はここに注目！

　金融は再編が活発に行われている。吸収や合併を通して、企業理念や社風も全く変わることすらありえる。この点を考慮に入れた企業研究・業務研究が必要不可欠。単に○○社（○○銀行）に入りたい（企業名に対するあこがれ）が志望動機では通用しない。自分がやりたい業務（金融サービス）は何なのか、なぜやりたいのか、自分のどんな点が生かせるのかなどを深く分析しておこう。

　また、金融のことしか興味がない人よりも、さまざまな業界を研究していて、幅広い視野を持っている人のほうが評価は高い。なぜなら、就職後の顧客対象は全業界にわたるからだ。

😟 私の志望動機は、御行のグローバルな企業理念とチャレンジスピリットの社風に、大変感銘して、御社で自分を成長させたいと思ったからです。

ここがダメ
- 志望動機の軸は「志」。「どの業務でどんな貢献をするか（職業意識）」が重要
- 会社の感想やほめ言葉、自己成長意欲を述べるだけでは、志とは言えない
- 会社は学校ではないので「自分を成長させたい」は、志望動機としては弱い

やりたい仕事でアピール

引っぱり落とし話法

😊 <u>ライフプランコンサルタントの仕事に大変関心があります。</u>人生の三大支出は教育、住宅、老後と言われていますが、この3点でお客様のお役に立てることにやりがいを感じます。関心を持ったきっかけは御行○○支店の鈴木陽子様のお言葉です。

工夫のポイント
1. 仕事内容を詳しく調査し、職業意識を高め、貢献したいことを見つけた
2. どんな業務（仕事）で貢献するかを述べ、志（職業意識）の高さをアピール
3. 引っぱり落とし話法で面接官の興味をかき立てた

自己PR・志望動機 ● 志望動機は何ですか？

自己PRと結び付けてアピール

😊 私は、ぜひ法人営業部門で働きたいと思っています。
私は大学時代、体育会系のテニス部に所属し、どんなに暑い日も寒い日も練習を欠かさずトレーニングをしてきました。
法人営業の仕事は、大変体力がいる仕事だとうかがっていますが、私は大変な仕事であればあるほど、挑戦する意欲がわきます。また、目標も高ければ高いほど、自分を高められるので嬉しいです。テニスの大会でも目標は常に優勝でした。達成したことも3回あります。

工夫のポイント
❶ 目的意識の明確さをアピール
❷ 体力と根性をアピール
❸ 達成例を盛り込み、説得力を高めた

店舗見学でアピール

同意つかみ話法

😊 はい、御行の金融商品で○○○○というものがありますよね。昨年、御行の○○支店に口座開設を手続きしに行きました。この際に、金融商品○○と○○と○○、さらに○○と○○の5つの特徴をうかがい、金融の仕事の魅力を実感しました。来年からは、ぜひ私がアドバイスする側になりたいと思います。ところで、わずかな額ですが、○○を軸に○○と○○の3つを購入させて頂いております。日本経済の動向が毎日気になるようになりました。

工夫のポイント
❶ 同意つかみ話法で、面接官の気持ちを強く引き付けた
❷ 実際に支店に行ったことで、本気さ、行動力をアピール
❸ 金融商品名を次々と挙げ、関心の強さをアピール

こんなアピール方法もある
▶ **OB・OG訪問でアピール**
　😊 御社で働く平沢幸一様と中村順平様にお会いしました。そして…
▶ **インターンシップの経験でアピール**
　😊 夏のインターンシップに参加し、その際、○○の業務に関心を持ちました。

第2章 よく出る質問項目と答え方

89

自己PR・志望動機に関する質問
志望動機は何ですか？

▶情報・通信・ソフトウェア業界はここに注目！

　この業界の大きな特徴は2つある。1つ目は、世界的な規模でシェア争いをしていること。2つ目は、非常に速いスピードで技術革新がなされていること。積極的に海外進出する企業が多く、外資系企業も日本市場に多数参入してきている。この業界を受験する場合は、日本国内だけを見ていてはだめだ。また、例えば携帯電話において新製品、新サービス、新世代型が次々と登場しているように、非常に変化が激しい業界だ。

　よって、今しか見えていないようでもだめ。技術革新の方向性、その影響など、先を予測する力を持つことが重要。

● 私は御社の製品を高校生のときからずっと使い続けています。その結果、ぜひ御社に就職したいと思うようになりました。

ここがダメ
- ただ製品を使っているだけでは説得力はゼロ。製品の使用者は何百万人もいる
- この発言内容からは、仕事に役立つ行動特性や仕事に対する目的意識、熱意は何も感じられない

専門知識・専門能力でアピール

引っぱり落とし話法

● 御社の商品開発部の仕事に大変、興味があります。大学時代に学んだ○○の専門知識を生かして、ぜひ貢献したいです。こう思うようになったのは、私自身が御社の製品○○のファンであること、そして、改良したい部分があるからです。

工夫のポイント
① 仕事に役立つ専門知識があることをアピール
② 具体例を出して、説得力を高めた
③ 引っぱり落とし話法で面接官の興味をかき立てた

自己PR・志望動機 ● 志望動機は何ですか？

やりたい仕事でアピール

OK 😊 ソリューション事業本部の仕事に取り組みたいです。ユビキタス・ネットワーク社会の実現に向けて、ハード、ソフト、サービスなど、あらゆる面から解決策を提供することにやりがいを感じます。具体的にやってみたいのは、例えば御社の主要取引先の○○社の仕事です。御①社の高田信様を訪問した際にうかがった話ですが、○○社とのブロードバンド・オペレーションシステム開発プロジェクトにはとりわけ興味②を引かれました。他にも○○プロジェクトや○○○プロジェクトにも関心があります。③

工夫のポイント
① やりたい仕事を具体的に述べ、目的意識の高さをアピール
② 社員に話を聞いた具体例を挙げ、本気さ、熱意をアピール
③ プロジェクト名をいくつも挙げ、関心の幅の広さ、柔軟性をアピール

店舗見学でアピール　　ビジュアルアタック話法

OK 😊 はい、御社の販売店を見学させて頂いた結果、ぜひとも御社で働きたいと思うようになりました。見学したのは、○○店と○○店、○○店です。他社の店舗も見学しましたが、比較すると非常に大きな違①いがあることがはっきりわかり、御社がダントツお客様の支持を受けていることを実感しました。私が感じた点は7つありますが、レポートにまとめてあります。これがそのレポートです。（ここで取り出して見せる）②

工夫のポイント
① 店舗見学（他社の店舗との比較）して、行動力、積極性、熱意をアピール
② ビジュアルアタック話法で、説得力を高めた
● レポートは、全面接官に目を通してもらえるように、多めにコピーしておくと良い

> **こんなアピール方法もある**
> ▶ ビジネスモデルの提案でアピール
>   😊 御社で、今後ぜひやってみたい仕事を提案書にしてきました。
> ▶ OB・OG訪問でアピール
>   😊 御社のSEの鈴木様にお会いして、○○の仕事にとても関心を持ちました。

第2章 よく出る質問項目と答え方

自己PR・志望動機に関する質問
志望動機は何ですか？

▶マスコミ業界はここに注目！

　あこがれ受験が最も多いのがマスコミ。したがって、志望動機に対するチェックが最も厳しい部類の業界だ。なぜその会社に入りたいのか、なぜ他社ではいけないのか、具体的にどんな仕事をしたいのか、なぜその仕事がしたいのか、自分のどんな部分を生かせるのか、なぜ生かせると言えるのか、このような追及質問への対策が必要不可欠。

　なお、マスコミ業界しか興味がないような視野の狭い人には評価が低くなる。（仕事上、取材対象となる）一般企業のことや一般常識・世の中の動きなど、幅広い視野を持って研究しておくことが大切。

　私の志望動機は、世の中に大きな影響を与える仕事がしたいということです。一生懸命頑張りますので、ぜひよろしくお願い致します。

ここがダメ
- 説得力はゼロ。マスコミ以外にも世の中に大きな影響を与える仕事は無数にある
- 具体的にどんな仕事をどのようにやりたいのかがないので、あこがれ受験と思われる
- この発言内容からは、仕事に役立つ行動特性は何も感じられない

過去の印象的な出来事でアピール　テレビ

引っぱり落とし話法　

　ディレクター職を志望しています。社会や暮らしの変化を深く掘り下げる番組を作りたいです。この仕事に興味を持ったきっかけは、大学2年生の夏に、ミンダナオ島に一人旅をしたときに起きたある事件です。（この後一呼吸、間をおいてから話を続ける）
　　　　　　　　　　　　　　　　　①
　　　　　　　②

工夫のポイント
① やりたい仕事を具体的に述べ、目的意識の高さをアピール
② 引っぱり落とし話法で、面接官の興味をかき立てた
● ドラマ性のある展開にして、面接官を引き付け楽しませた

志望企業の仕事と似た経験でアピール　テレビ・広告　ビジュアルアタック話法

😊 制作の仕事にぜひ携わりたいです。関心を持ったきっかけは、観客の笑いと涙です。私は演劇サークルで、舞台化粧と衣装の担当でした。劇のテーマや役どころを考え、色やデザインが与える影響を分析し、限られた予算の中でやりくりし、あれこれ工夫して、最高の劇になるように、毎晩徹夜で制作に熱中しました。でも、どんなに大変でも、観客が笑ってくれたり、涙を流してくれると、とても嬉しくなって、もっと頑張ろうと気合が入ります。御社の制作の仕事も気合十分で頑張ります。これは劇と観客のようすの写真です。（取り出して面接官に見せる）

工夫のポイント
1. 一生懸命働く人であることをアピール
2. ビジュアルアタック話法で、説得力を出した
- 志望企業の制作の仕事とオーバーラップする過去の経験でアピール

志望企業の著作物が人生に及ぼした影響でアピール　新聞

😊 記者職を志望します。きっかけは、高校時代に読んだ御社のある新聞記事です。それは『日本と海外の学生意識調査』ですが、これにより私の目は国際問題や社会問題に向くようになりました。大学生になって、国際交流団体に所属し、15カ国の学生と交流を持ちました。私は広報担当になり、15カ国の学生を取材して学生国際交流レポートやホームページを作成して、伝えることの意義深さを実感しました。

工夫のポイント
1. 志望のきっかけが志望企業の著作物であることを述べ、インパクトを高めた
- この後、伝えることの意義深さを具体的に話していく
- 作成したレポートなどは持参し、タイミングよく見せる

こんなアピール方法もある
▶ 自己PRと結び付けてアピール
　😊 ○○○コンテストに出した作品が、優秀賞を取りました。その結果…
▶ アルバイトの経験でアピール
　😊 番組のロケのアルバイトをしていました。そこで、感じたことは…

自己PR・志望動機に関する質問
志望動機は何ですか？

▶メーカーはここに注目！

この業界に共通して言えることは3つある。1つ目は一般的な知名度はなくても実力がある企業が多いこと。知名度があるのはテレビコマーシャルに力を入れている一部の企業のみ。2つ目は企業規模は小さくても実力がある企業が多いこと。例えば、従業員数十人程度でもトップクラスのシェアやトップクラスの技術を持つ企業も少なくない。3つ目は業界の垣根を越えた相互参入が激しいこと。食品メーカーが薬品も製造していたりなど、さまざまなケースが見受けられる。

よって、先入観にとらわれない企業研究が必要。

はい、御社の商品〇〇〇が大好きなことが一番の理由です。自分が心から好きな商品ですから、熱意を持って仕事に取り組めると思います。

ここがダメ
- 商品が好きという理由を言う受験者は非常に多く、面接官は飽き飽きしている
- 実際には好きな商品以外の商品をすすめる仕事もしなければならない
- 具体的にどんな仕事がしたいかがないので、ただのあこがれ受験だと思われる

やりたい仕事でアピール

20代は業務用営業の仕事。30代はサプライ・マネジメントの仕事にぜひ取り組みたいです。御社の高田篤様のお話で、生産から物流、販売までの流れを、総合的な視野でマネジメントし、売上を伸ばす仕組みにとても感銘しました。

工夫のポイント
1. やりたい仕事を具体的に述べ、目的意識の高さをアピール
- 話に具体性を出すと、面接官も質問がしやすくなる
- この後、なぜ業務用営業か、なぜサプライ・マネジメントかをアピール

自己PR・志望動機 ● 志望動機は何ですか？

自己PRと結び付けてアピール

 御社の商品には○○という調味料がありますよね。(ここで一呼吸、間をおいてから話を続ける) 私は学園祭で、御社の○○を使った食品を100セット売りました。購買意欲を高めるポスターを作ったり、商品が目立つようにポップを作ったり、また、自分で作った看板を持ちながら、大声を出して販売しました。私は販売の仕事にとてもやりがいを感じます。アルバイトでも販売の仕事をやっています。御社の商品は、消費者のニーズをつかみ、とても満足度が高いと感じています。ぜひ御社で販売職に就きたいです。

工夫のポイント
① 同意つかみ話法で、面接官の気持ちを強く引き付けた
② 販売実績でアピール
③ 具体的に努力したことでアピール

具体的行動の積み重ねでアピール

 きっかけは、大学2年の夏、銀座にある御社のショールームに行き、実際に○○○に触れたことです。大学2年の秋には、工場見学プログラムに申し込みまして、○○○が製造されていく様子をじっくりと見させて頂きました。大学3年の夏には、インターンシップに応募しまして、現場の仕事を体験させて頂きました。
私は御社の研究開発部門の仕事にぜひ就きたいです。

工夫のポイント
① 行動したことを具体的に次々と述べてアピール
② やりたい仕事を述べ、目的意識の高さをアピール
● この後に、研究開発部門でどんな仕事がしたいかをアピールしていく

こんなアピール方法もある
▶ 専門知識・専門能力でアピール
現在、大学で専攻している○○○の専門知識を生かして…
▶ インターンシップの経験でアピール
インターンシップで取り組んだ○○の業務にとても関心を持ちました。

自己PR・志望動機に関する質問
志望動機は何ですか？

▶商社はここに注目！

この業界で大切な能力は3つある。

1つ目は高いコミュニケーション能力。商社の主な仕事は、企業と企業の間に入って流通や仲介をすること。よって、仕入先と納入先、双方との密接な付き合いがあり、コミュニケーション能力は極めて重要。

2つ目は高いプレゼンテーション能力。商談相手を納得させる力がなければビジネスを成立させることはできない。

3つ目は隠れたニーズを発見し、新しいビジネスそのものを創造する能力。これは企業が発展するために必要不可欠で、最も重視されている。

はい、語学留学の経験もあり、英語が得意なので、これを生かした仕事がしたいと思ったからです。

ここがダメ
- 英語を売りにする人は非常に多く、面接官が飽き飽きしていることが多い
- 英語力はあっても、その他の能力がない人は多い
- 仕事で大切なのは上記3つの能力（コミュニケーション能力、プレゼンテーション能力、ニーズ発見・ビジネス創造能力）。英語力は補完的なもの

OB・OG訪問でアピール

アメリカへの語学留学中に、御社のロサンゼルス支社の平沢陽子様とお会いし、仕事内容をうかがいました。そして、海外事業本部で働く原田浩美様をご紹介頂き、帰国後お会いしました。この結果、ぜひとも御社で働きたいと思うようになりました。

工夫のポイント
❶ 行動力があることをアピール
❷ 積極性があることをアピール
※商社では会社訪問、支店訪問、OB訪問など足を使った企業研究が高評価される

会社説明会の内容でアピール

マイナスつかみ話法 ―

😊 御社の会社説明会で大変ショックを受けたことです。
まず、仕事で大変なことや離職率、会社の裏話まで、これほど本音で話してくださる会社説明会は他になく、そこに驚いたこと。さらに、若手社員5人の「仕事とは何か」というプレゼンテーションのすさまじく熱い内容です。私が皆様に共通して感じたのは、仕事は与えられるものではなく、自分で創り出し、自ら高い目標を立てて挑むという「スピリット」です。私も御社のスピリットを持って働きます。よろしくお願い致します。

工夫のポイント
❶ マイナスつかみ話法で、面接官の気持ちを強く引き付けた
❷ 実態を知ったうえで志望していることをアピール
❸ 仕事に対する決意をアピール

自己PRと結び付けてアピール

😊 私は学生時代、ソフトテニスに打ち込んできました。大学では学内大会で優勝したこともあります。私のプレースタイルは、パワーショットを打ち続け、チャンスにはよりパワフルなスマッシュを打ち込むというものです。先日、業界研究セミナーで、御社の営業部で働く井上和也様とお会いし、仕事内容や御社で働く心構えを教えて頂きました。御社の発展に貢献できるよう、パワー全開で一生懸命働きます。

工夫のポイント
❶ プレースタイルを述べ、パワフルに働く人であると印象付けた
❷ 社員に仕事内容の質問をしたことで、仕事に対する熱意をアピール
● このように、自己PRに結び付けて志望動機を作る方法もある

こんなアピール方法もある
▶ **資格でアピール**
  😊 簿記検定2級、マイクロソフト認定資格 MOSを生かして…
▶ **専門知識・専門能力でアピール**
  😊 吉田教授の下で、〇〇の研究をしました。この専門を生かして…

自己PR・志望動機に関する質問
志望動機は何ですか？

▶小売業界はここに注目！

　この業界を受験するうえで一番差が付くのは「店舗見学」である。単に消費者の視点で漫然と見るのではなく、社員（売る側）の視点で、どのように売れる工夫（品揃え、レイアウト、サービスなど）をしているかを見極めることが重要。そして、さらに売れるようにするために自分が社員だったらどんな売り場作りをしたいか提案できるようにしておくこと。
　そのためには、数多くの店舗をまわる、時間帯を変えてまわる、時期を変えてまわり、変化（季節感を出す工夫など）を見る、ライバル店舗もまわり比較してみる、など、さまざまな見方をすることが大切。

　はい、私は学生時代、接客のアルバイトをしていたのですが、これからも接客の仕事をしていきたいと思いまして、志望させて頂きました。

ここがダメ
- これでは接客の仕事ならば、何でも良く、どこの企業でも良いと思われてしまう
- これではアルバイトの延長のような感覚で、志望しているように思われてしまう
- 正社員の場合はアルバイトとは異なり、接客以上のことを求められている

やりたい仕事でアピール

　御社の白石順一様のようなセールスマネジャーになりたいと思ったのがきっかけです。私は学生時代、接客のアルバイトをしていましたが、接客力や販売力にもっともっと磨きをかけ、売り場経営についても学び、1日も早く信頼される社員になります。

工夫のポイント
❶ セミナーで会った社員名となりたい役職を述べ、目的意識の高さをアピール
❷ 接客のことだけではなく、社員として期待されている役割も盛り込んだ
❸ 決意の言葉を述べ、熱意をアピール

やりたい仕事と店舗見学でアピール

😊 販売の仕事を通して人に直接喜びを与えたい、この思いがきっかけです。これを基準に20社以上の会社説明会に出席し、理念や今後の方向性をうかがいました。そして、各社の店舗をまわり比較研究した結果、御社に一番惹かれました。例えば、同じ商品のコーナーを比べると、御社の売り場作りが明らかに一番季節感があり、お客様が楽しそうに買い物をしています。昨日行った〇〇店では、鯉のぼりを使ったディスプレイが絶妙のでき栄えで、購買意欲がかき立てられました。

工夫のポイント
❶ 行動力をアピール
❷ 具体例を盛り込み、説得力を高めた
● この後、社員としてどんな仕事がしたいか、具体的に述べていく

店舗見学とOB・OG訪問でアピール

😊 御社の店舗8店をまわり、御社の理念、地域1番店への取り組みが着実に実行されていると感じたからです。競合店の価格調査を細かく行っていること、授乳室にミルク用のお湯が用意されていること、バリアフリー化がトイレにも行き届いていることなど、他店との違いを実感しました。OB訪問した〇〇店の岡田千里様は手話の資格を持っており、英会話と韓国語会話も勉強されているとのことでした。私も岡田様に負けないくらいの高いプロ意識を持った社員になります。

工夫のポイント
❶ 多数の店舗を見学した行動力をアピール
❷ 具体例を多数盛り込み、説得力を高めた
❸ 決意の言葉を述べ、熱意をアピール

こんなアピール方法もある
▶ **アルバイトの経験でアピール**
😊 衣料品ショップのアルバイトで販売のコツを厳しく教わりました。それを…
▶ **インターンシップの経験でアピール**
😊 インターンシップで食品売り場を担当させて頂き、やりがいを感じました。

自己PR・志望動機に関する質問
志望動機は何ですか？

▶ **フード・レストラン業界はここに注目！**

　この業界の特徴は2つある。

　1つ目は2～3年単位で目まぐるしい変化を繰り広げており、アイデアと努力次第でいくらでも業績を伸ばせること。よって、消費者の潜在ニーズをつかめる人は強い（ただし、油断すると逆に淘汰されてしまう）。

　2つ目は早くから経営の醍醐味が味わえること。20代前半で1店舗の経営責任者になったり、20代後半でスーパーバイザーとして数店舗～数十店舗をマネジメントしている人もめずらしくない。独立支援制度がある企業も多く、それを利用して起業する人もいる。

😟 食べないで生きていられる人はいません。食べ物は人が生きていくうえで必要不可欠なものです。だから、食に関する仕事に就きたいと思い、志望させて頂きました。

ここがダメ
- これでは食に関する仕事ならば何でも良いということになってしまう
- これは業界に対する志望動機であって、企業に対する志望動機ではない
- これだけでは、この受験者の採用メリットは何もわからない

業界研究に力を入れたことでアピール

😊 食べないで生きていられる人はいませんよね。（ここで一呼吸、間をおいてから話を続ける）食べ物が人が生きていくうえで必要不可欠なものです。だから、絶対に食に関する仕事に就きたいと思い、50社ほど研究しました。その結果、御社が一番！と思い、この場に来ました。

工夫のポイント
① 同意つかみ話法で、面接官の気持ちを強く引き付けた
② 断定つかみ話法で、熱意をアピール
③ 業界研究に力を入れたことをアピール

店舗での売上アップ達成経験でアピール

マイナスつかみ話法 ━

😊 私は御社の売上不振店でアルバイトをしていました。このとき、私たちは毎日ディスカッションしました。売上が少ない原因は何なのか。売上が多い店舗とは何が違うのか。そして、私は実際に成績上位店に食べに行ったり、自分の店舗に客として行ってみたりもしました。その結果、わかったことが3つありました。これらを改善したところ、売上は30%もアップしました。この仕事ははっきり言って面白いです。頑張りがいがあります。だから、私はここで働きたいです。

工夫のポイント
1. マイナスつかみ話法で、面接官の興味を引き付けた
2. 比較のために店舗に足を運んだ行動力をアピール
3. 数字を盛り込み説得力を高めた

高い志と行動力でアピール

😊 起業家になりたい！ と思ったのが動機です。そして、大学で行われていた起業家セミナーというイベントに参加しました。そこでフードビジネスの魅力を知りました。その後、フードビジネス博に参加したところ、御社の素晴らしさを知りました。先日、御社の会社説明会に参加し、○○店の山口大幹様にもお会いして、ぜひとも御社で働きたいと思うようになりました。御社の独立支援制度が活用できるよう、スーパー店長を目指して一生懸命頑張ります。

工夫のポイント
1. 「なぜなりたいの？」と追及質問を誘導させられる
2. 「魅力とは何？」と追及質問を誘導させられる
3. 「素晴らしさとは何？」と追及質問を誘導させられる

こんなアピール方法もある
▶ やりたい仕事でアピール
　😊 店舗開発の仕事に大変興味があります。その理由は…
▶ 専門知識・専門能力でアピール
　😐 得意の英語力を生かして交渉し、世界中から食材を調達する業務に…

志望動機は何ですか？

▶福祉・教育・人材業界はここに注目！

　これらの業界に共通して言えるのは、ベンチャー的な性質を持った企業が多いということだ（一部の財閥系企業や超大手企業が業界を支配しているのでない）。新興企業でも新手法でシェアを拡大したり、新たなビジネスフィールドを切り開くチャンスにあふれている。よって、何をしたいのかというキャリアビジョンを明確に持っていたり、やってやるぞという気概・挑戦心を持っている受験者が高く評価される傾向にある。

　また、企業によって業務内容や理念、社風がかなり異なるので、表面的な企業研究は危険。

　😟 はい、大学時代にボランティアをやってきまして、就職しても人の役に立つ仕事がしたいと思い、志望させて頂きました。

ここがダメ
- 大学時代にボランティアをやっていただけでは、志望動機としては弱い
- 人の役に立つ仕事では抽象的すぎる。やりたい仕事を具体的に言うべきだ
- 自己分析も企業研究も全くできていない人と思われてしまう

やりたい仕事でアピール　福祉

　😊 御社のヘルスケア事業の仕事にぜひ取り組みたいです。この仕事に興味を持ったきっかけは、学生時代、高齢者介護サービスセンターでボランティアをやっていて、御社の社員の青木和葉様と知り合ったことです。❷

工夫のポイント
❶ やりたい仕事を具体的に述べ、目的意識の高さをアピール
❷ きっかけも具体的に述べ、リアリティーを高めた
● この後、知り合った社員からどんな影響を受けたかを具体的に話していく

行動力でアピール 教育

 私は、御社の教育コンテンツ事業に大変興味を持っています。御社を志望するようになったきっかけですが、私は教育関係の企業30社を比較研究しました。参加した会社説明会も20社を超えます。見学させて頂いた企業も10社を超えます。この結果、御社を第一志望とさせて頂いております。特に惹かれたのは『偏差値重視の進路指導ではなく、将来、就きたい仕事に合わせた進路指導をする』という理念が着実に実行されていることです。

工夫のポイント

① 比較研究30社、会社説明会20社、見学10社と、行動力をアピール
② 人の何倍もの行動力を発揮して企業研究をすると、それ自体がアピールになる
③ この後、理念がどのように実行されているかを具体的に話していく

インターンシップの経験でアピール 人材

 御社のキャリアサポート事業部の業務にとても関心があります。特にやりたい仕事は企画営業です。その理由は、ある人材系企業のインターンシップで企画営業の仕事に就き、非常にやりがいを感じたことです。私のインターンシップでの営業成績ですが、1ヵ月間で、新規契約を4件獲得し、トータルで800万円の売上を立てて、トップになりました。御社の企画営業は、独自のコンサルティング手法で定評があり、まさに私のやりたい仕事です。

工夫のポイント

① やりたい仕事を具体的に述べ、目的意識の高さをアピール
② 理由を具体的に述べ、説得力を高めた
③ インターンシップの成績を述べ、能力があることをアピール

こんなアピール方法もある

▶ **OB・OG訪問でアピール**
　大学の先輩で御社で働く金子保様にお会いして、仕事の話をうかがい…

▶ **志望企業との関わりでアピール**
　御社が主催した医療シンポジウムに参加して、とても感銘し…

自己PR・志望動機に関する質問
志望動機は何ですか？

▶旅行・航空業界はここに注目！

　就職人気ランキングのトップクラスの業界で、試験倍率もトップクラスの厳しさ。ありきたりな志望動機（ワースト3）は「旅行が好きだから」「飛行機によく乗るから」「英語が好きだから」。

　この業界の仕事は一見華やかに見えるが、実際は非常に地味で、体力や忍耐力を必要とするものが多い。企業間競争は非常に激しく、一時は価格面の競争が激化した。最近では、いかに他社との差別化を図るか、専門性を出すかなど、サービス面での競争が活発化しており、生き残りをかけ、何らかの特色を打ち出す企業が増えてきている。

　私は大学時代、休みのたびに旅行に行き、アメリカやヨーロッパ諸国をまわりました。旅行は人生を豊かで楽しいものにしてくれます。だから、旅行に関係した仕事に就きたいと思い、志望しました。

ここがダメ
- これでは旅に関する仕事ならば何でもよく、どこの企業でもよいと思われてしまう
- よく旅をすることは、仕事（営業・事務など）能力があることのアピールにはならない
- これだけではこの受験者の採用メリットは何もわからない

企業のサービスを利用した経験でアピール　旅行

　私は大学時代、アメリカやヨーロッパ諸国に旅行に行きましたが、御社のカウンターセールスの福本圭子様に大変お世話になりました。❶先日、またお会いして、仕事内容をくわしくお聞きし、❷御社のカウンター業務にぜひ取り組みたいと思いました。❸

工夫のポイント
❶ 志望企業との接点を持ったきっかけを具体的に述べ、説得力を高めた
❷ 社員を訪問し、仕事の実態を聞いていることを述べ、本気さをアピール
❸ やりたい仕事を具体的に述べ、目的意識の高さをアピール

大きな志でアピール 〔旅行〕

同意つかみ話法
感想・意見問いかけ話法

😊 はい、御社は高齢者向けの旅行商品でナンバーワンのシェアですよね。①（ここで一呼吸、間をおいてから話を続ける）私の職業選択の基準は高齢者の生活を豊かにする仕事です。これを基準に8社比較研究し、御社が第一志望となりました。私が高齢者のための仕事をしたいと考えるようになったのは、長年一緒に生活をしていた祖父が昨年亡くなったからです。人は誰も皆、必ず歳をとりますよね。だからこそ、歳をとっても楽しめる商品を開発し、提供することは若年層の使命②だと考えています。私のこのような考え方はいかが思われるでしょうか？③

工夫のポイント
① 同意つかみ話法で、話に強く引き込んだ
② 大きな志でアピール
③ 感想・意見問いかけ話法で、面接官の発言を誘導した

社員に話を聞いたことでアピール 〔航空〕

😊 1日に1000人ものお客様と接する仕事であること、常にお客様の安全や健康状態に気を配っていることなど、仕事の中身を御社の黒井千波様からくわしく教えて頂いた結果①、ぜひ取り組みたいと思うようになりました。最初は、華やかなイメージに対するあこがれでしたが②、黒井様のお話で、お客様に見えないところで大変な努力が必要なこともよくわかり、今ではこの仕事の厳しさに対する覚悟もできています。③

工夫のポイント
① やりたい仕事の中身を述べ、目的意識の高さをアピール
② 単なるあこがれでないことをアピール
③ 覚悟を述べることで、本気さをアピール

💡 **こんなアピール方法もある**

▶ **会社説明会で社員から聞いたことでアピール**
😊 会社説明会で、営業部栗田太朗様に質問した際に教えて頂いたことですが…

▶ **ビジネスモデルの提案でアピール**
😊 大学生に対する新商品を考え、企画書にしてきました。

自己PR・志望動機に関する質問
この職種を志望する理由は何ですか？

> ▶営業職はこんな仕事
>
> 営業職にはさまざまな形態がある。法人向け、個人向け、新規開拓中心、既存客中心（ルートセールス）、訪問型、電話型、その他、企業によって異なるので、よく調べることが必要。仕事は数字によって測られ、成績がはっきり出る。よって、目標達成意欲の強さ、戦略的思考、自己管理がとても大切。困難な目標の場合、ストレスを感じる可能性もあるが、達成したときは大きな喜びが味わえ、かつ自分に対しての大きな自信となる。仕事上、さまざまな年齢や業種、職種、役職、価値観の人たちと接する機会が豊富にあるので、視野が広がり、自己成長を図りやすい。

> 私はまずは営業職を経験し、2年くらいで商品職にぜひ移りたいと思っています。御社の会社説明会で、最初から商品企画の仕事に就くのは難しいとうかがいまして、このように考えるようになりました。

ここがダメ
- この言い方だと、営業の仕事に対する目的意識、熱意は何も感じられない
- 営業職を単なるステップに考えているようで、この職種の志望理由としては弱い
- 営業出身の面接官には、営業の仕事を軽んじていると思われる危険がある

営業職の社員と話したことでアピール

> 御社の営業の仕事にぜひ取り組みたいです。御社の会社説明会で、営業の山本紀子様から仕事の中身をうかがい、ますますこう思うようになりました。❶営業は成果が数字ではっきり出ますので、負けず嫌いの私にはとても頑張りがいを感じる職種です。❷

工夫のポイント
❶ 社員の話を題材にして、本気で志望していることをアピール
❷ 数字を意識して働くことをアピール
- 営業職の志望理由として、営業に的を絞った内容にした

自己PR・志望動機 ● この職種を志望する理由は何ですか？

営業職の社員と話したことでアピール

同意つかみ話法

> 😊 法人営業の仕事に大変興味があります。御社の○○支店を見学した際に、法人営業の栗山強様とお会いし、法人営業マンの仕事目標や1日の仕事の流れ、仕事のやりがいやつらいことなど、細かく教えて頂きました。御社の昨年度のトップ営業マンの売上成績は○○億円ですよね。(ここで一呼吸、間をおいてから話を続ける) これは入社3年目の社員の菊田太郎様とうかがいましたが、私もやるからにはトップを目指します。『○○社に渡辺健太朗あり』と言われるように頑張ります。

工夫のポイント
1. 支店見学や社員訪問など、足を使って情報収集したことで営業資質をアピール
2. 同意つかみ話法で、面接官の気持ちを強く引き付けた
3. 自分の名前をキャッチフレーズに盛り込み、印象付けた

レポートでアピール

呼びかけ話法

> 😊 面接官の中村様！ 私が御社に決めたのは、中村様が会社説明会でおっしゃっていた『コーチング営業』という考え方にとても感銘したからです。私は○○業界10社の会社説明会に参加しましたが、中村様の考え方に一番引き付けられました。今日は、自分は御社でコーチング営業をどのように実行するかレポートをまとめてきました。要点は○○です。中村様の感想を聞かせて頂けますでしょうか？ お願いします。

工夫のポイント
1. 呼びかけ話法で、面接官の名前を呼び、注意を引き付けた
2. レポートを提出することで熱意をアピール

※会社説明会で話をした人事社員が面接官ということはよくある。名前を覚えておくと使える

> **こんなアピール方法もある**
> ▶ インターンシップの経験でアピール
>   😊 インターンシップで3カ月間営業をしました。最初は大変だったのですが…
> ▶ 自己PRと結び付けてアピール
>   😊 学生時代はずっと野球をやってきました。この体力や根性を生かして…

第2章 よく出る質問項目と答え方

自己PR・志望動機に関する質問
この職種を志望する理由は何ですか？

▶接客・販売職はこんな仕事

基本的には、来店客に対して、商品やサービスを提供したり、販売をする仕事。ただし、待ちの姿勢だけではなく、電話や手紙、店頭などで勧誘したり、訪問したりと、積極的な手法をとる企業もある。職場によっては、一日中立ちっ放しや早朝勤務、深夜勤務の場合もあり、強靱な体力が必要。また、一般の人が休み（土日、お盆、ゴールデンウイーク、正月）のときに仕事のピークがくるケースも多い。顧客にじかに接する仕事なので、期待以上の（一生懸命な）サービスをすると、顧客からの感謝や感動の反応がダイレクトに得られるという喜びがある。また売上などの成果も目の当たりにでき、大きなやりがいが感じられる。

> はい、理由は2つあります。まずは、私自身御社の商品をずっと使っているから。もう一つは、御社の店舗はどこも非常に先進的なデザインの建築であることに感銘しているからです。

ここがダメ
- 商品に関しても、店舗デザインに関しても、表面的なことしか言っていない
- 消費者の立場の話になっており、単なるあこがれ受験と思われてしまう
- この発言内容からは、接客・販売の仕事に対する目的意識は何も感じられない

アルバイトの経験でアピール

 断定つかみ話法

> はい、<u>アルバイトでずっと販売の仕事をしてきて、自分の接客のしかた次第で、売上がドンドン増えることにとてもやりがいを感じているからです</u>。①<u>私自身御社の商品をずっと使っていて、良さを肌で知っています</u>。②だから、<u>自信をもって売ることができます</u>。③

工夫のポイント
① 売る立場の話にして、仕事に対する目的意識の高さをアピール
② 仕事に取り組む熱意をアピール
③ 断定つかみ話法で、面接官に強く印象付けた

自己PR・志望動機 ●この職種を志望する理由は何ですか？

OB・OG訪問と課外活動でアピール
パフォーマンス話法

OK 😊 はい。OB訪問をした際に、販売職の金子一穂様が最初におっしゃったことは、『あなたは苦労を楽しめる人ですか？』でした。(表情も豊かに話す)御社の職場は一見華やかに見えますが、その裏で社員がどんな苦労をしているかは金子様からくわしくうかがっております。私は学生時代、テニス部に所属していましたが、一見華やかなテニスも、日々の練習は非常に厳しかったです。私は厳しい環境で自分を鍛えるのが性に合っています。ぜひ御社で働きたいです。

工夫のポイント
1. パフォーマンス話法で演技風に話し、面接官の気持ちを強く引き付けた
2. 覚悟ができていることをアピール
3. 根性があることをアピール

店舗見学でアピール
異論・新論つかみ話法

OK 😊 はい。御社の接客は『文化の伝導』である、と私は思うからです。私は御社の店舗5カ所と他社の店舗5カ所をまわって比較した結果、御社の接客スタイルに感動しました。御社の商品は一つ一つに長い歴史があり、細部にも深い意味が込められています。販売員の皆様は、商品の表面的なことを説明するのではなく、長い歴史と深い意味について語りかけ、顧客の心をつかみます。新宿支店の岩崎様の接客には特に学ぶべきことが多く、レポートにまとめました。

工夫のポイント
1. 異論・新論つかみ話法で、面接官の気持ちを強く引き付けた
2. 店舗見学を多数したことで、行動力をアピール
3. 学んだことをレポートにまとめることで、仕事に対する意欲をアピール

こんなアピール方法もある
▶ やりたい仕事でアピール
　😊 商品の品揃え、フェアの実施、アルバイトの指導など、ぜひ責任を持って…
▶ 自己PRと結び付けてアピール
　😊 まだまだ未熟ですが、販売コンテストで1位になったこともあります…

自己PR・志望動機に関する質問
この職種を志望する理由は何ですか？

▶ **事務職はこんな仕事**

　正確さとスピードが重要な職種。一つの仕事で多岐にわたる作業が何段階もあったり、処理のしかたが異なる仕事を同時に数多くこなさなければならなかったりする場合がある。また、ある仕事の最中に別な仕事が緊急で割り込んできたり、法令や規則の変更で処理方法が急に変わったりするので、常に学習をおこたらず、チームワークをよく図り、集中力を維持する必要がある。顧客からの問い合わせやクレームの対応、取引先企業との交渉が業務の一環となることも。事務の仕事のやりがいは与えられるものではなく自ら見出すもので、これは何のための仕事かや、どう役立っているかを考えることで、やりがいやプライドが生まれてくる。

　私はサークルでも前に出て何かをするというよりは、後ろで支える「縁の下の力持ち的な存在」です。だから、営業ではなく、事務として会社の皆様を支える仕事がしたいと思い志望しました。

ここがダメ
- 縁の下の力持ちとして具体的に何をしたか実例がないので説得力はゼロ
- 実例がないので、単に消極的で自分からは何もしないタイプに感じられる
- この発言内容からは、事務仕事に役立つ行動特性や熱意は何も感じられない

サークルでの経験でアピール

　事務職に興味を持ったきっかけは、サークルで主務の仕事を担当したことです。私はエクセルでメンバー60人の情報管理をし、ホームページを作ったり、連絡網を作りワードで勧誘用のチラシやパンフレットを制作したりしました。❶

工夫のポイント
❶ 実例を出して、説得力を高めた
- 制作したチラシやパンフレットは持参して、小道具として使う
- この後、志望企業の事務ではどんなことをしたいかを言って、熱意をアピール

自己PR・志望動機 ● この職種を志望する理由は何ですか？

やりたい仕事でアピール

断定つかみ話法

😊 ネットワーク事務本部の仕事に取り組みたいです。会社説明会で仕事内容をうかがい大変興味を持ちました。お金に関する仕事で大変神経を使うこと、代理店やお客様からの問い合わせが多く、生半可な知識では務まらないこと、コンプライアンスが重要でミスは絶対に許されないことなど、大変厳しい職場とのことですが、仕事は厳しければ厳しいほど、自分を成長させることができます。覚悟はできています。ビシビシ鍛えてください。②

工夫のポイント
① やりたい仕事を具体的に述べ、目的意識の高さをアピール
② 断定つかみ話法で、本気さをアピール
● この後、スポーツで自分を厳しく鍛えたことなど具体的経験も話す

新聞の記事と資格でアピール

ビジュアルアタック話法

😊 志望のきっかけは××産業新聞○月○日のこの記事です。(切り抜き記事を面接官に見せる) 私は○○業界の中で数社を比較研究しましたが、この記事に引き付けられ、御社を強く志望するようになりました。会社説明会で事務部門の関根拓実様に『最初の2カ月だけでも覚えることはノート10冊分』とのお話をうかがいましたが、私には秘書検定準1級も漢字検定2級も一回で合格した学習力があります。一生懸命頑張りますので、よろしくお願い致します。

工夫のポイント
① ビジュアルアタック話法で、面接官の気持ちを強く引き付けた
② 詳細は一度に話さず、確認質問を誘導する
③ 事務職に役立つ資格をアピール

> **こんなアピール方法もある**
> ▶ OB・OG訪問でアピール
>   😊 事務部門の野田和子様とお会いして、仕事の内容を詳しくうかがい…
> ▶ 店舗見学でアピール
>   😊 御社の○○支店と○○支店を見学し、○○支店では事務の田中明様と…

第2章 よく出る質問項目と答え方

自己PR・志望動機に関する質問
この職種を志望する理由は何ですか？

▶アナウンサー・記者・制作職はこんな仕事

　これらの職種は、見た目の華やかさと実際の仕事の厳しさとのギャップが非常に大きい。よって、OB・OG訪問、インターンシップ、職場見学、職場でのアルバイトなどで、実際の仕事内容を調べてから受験することが大切。

　受験倍率は500倍から3000倍。1次面接が30秒から1分程度のプレゼンテーションだけでふるい落とされる場合もある。短い言葉で的確かつ印象的に伝える能力や圧迫面接をなごみ面接に変えてしまうくらいのメンタル面の強さがなければ、その他大勢の中に埋没してしまう。

　アナウンサーの仕事は、テレビを通して何万、何十万の人と触れ合うことができます。触れ合いは人生を豊かにすると信じています。より多くの人生を豊かにするために、私はアナウンサーになりたいです。

ここがダメ
- 出だしが平凡すぎるし、多くの人と触れ合いができる仕事は他にいくらでもある
- アナウンサーの仕事を表面的にしか知らない人に感じられ、がっかりされる
- この発言は抽象的すぎて、仕事に役立つ行動特性は何も感じられない

自分の特徴をキャッチフレーズ化してアピール　アナウンサー

　乗馬歴10年で、『暴れ馬も乗りこなす度胸と運動神経』があります。私は尊敬する御社のアナウンサー○○様に負けないよう、体当たりの取材、瞬時の判断力が必要な司会や報道、どんな仕事も『馬のごときパワー』で頑張ります。

工夫のポイント
1. 自分の特徴をキャッチフレーズ化して、印象を強めた
- 力強い内容と元気なしゃべりで、やるときはやる人というパワフルさをアピール
※こういった内容を大きな声でハキハキと、明るく爽やかな印象でアピールできると効果的

自己PR・志望動機 ● この職種を志望する理由は何ですか？

志望企業主催のセミナーに参加したことでアピール 〈記者〉 マイナスつかみ話法

御社の「金融知力で女を磨く」という発想にとても感銘しました。3年生の夏、御社主催の「○○ウーマンセミナー」に参加しました。受講目的は、経済や金融の最先端の知識を得ることでしたが、実際に受講し、知識以上に得るものがありました。それが、「金融知力で女を磨く」発想です。その後、御社の新聞を購読していますが、一つだけ不満があります。それは紙面に、この発想を具現した記事が不十分なことです。私は記者となって、女性向け記事を増やし、読者を増やします。

工夫のポイント
❶ 行動力・本気さをアピール
❷ マイナスつかみ話法で面接官の気持ちを強く引き付けた
❸ この後も具体的アイデアを次々とアピールしていく

やりたい仕事の具体例を熱く語ってアピール 〈制作〉 状況描写話法

人に密着したドキュメンタリーを制作したいです。例えば、登山家の○○さんという方がいますが、ギャチュンカンというヒマラヤの8000メートル級の山に登ったとき、大変な遭難をして、そこで奇跡の脱出劇を行いました。彼は指をほとんど失ってしまったんですが、そのハンディを乗り越えようとして、今、また大きい山に挑戦しようとしています。そういう姿を撮りたいですね。映像的にも相当迫力のある感動番組ができると思います。

工夫のポイント
❶ 状況描写話法で面接官に印象付けた
❷ ジェスチャーも交え、情感をたっぷり込めて語り、インパクトを出した
※ 撮りたい番組案を上記のような感じで、いくつも熱く語れるようにする

こんなアピール方法もある
▶ OB・OG訪問でアピール
　御社で働く伊藤明様にお会いし、自分がやりたい仕事について思い切り…
▶ 新聞の記事でアピール
　先日の新聞記事に○○が取り上げられていました。私はそれに対して…

自己PR・志望動機に関する質問

この職種を志望する理由は何ですか？

▶講師・インストラクター職はこんな仕事

大勢の前で堂々とパフォーマンスができるメンタル面の強さが求められる仕事。そして、生徒の心を強く引き付けられる能力も必要となってくる。そのためには、①わかりやすく教えられること ②時にはユーモアでなごませることができること ③人の気持ちを動かす力があり、やる気を高めることができること の3点が重要。講師の評定は、生徒のテストの点数や上達具合、生徒アンケートなどで測られる。生徒の勧誘、教材作成、父兄や各関係機関との折衝などが業務に含まれる場合もある。

この職種の醍醐味は、自分の熱意と教え方次第で、生徒の成長を目の当たりにできること。そして、その成長をともに喜べることだ。

😟 私は人にできるという喜びや可能性を与えていきたいと思っています。だから、御社の講師職を志望しています。

ここがダメ
- 具体性がないので、会社案内にあった言葉をただまねているだけに思われる
- なぜこの企業かという視点がなく、講師職ならどこでもよいと思われてしまう
- この発言内容からは、講師職に役立つ行動特性や熱意は何も感じられない

会社説明会で聞いたことでアピール

😊 御社の会社説明会で、講師の桂倫之様から、講師の3つのやりがいについてうかがい、大変感銘しました。御社には生徒からの逆指名制度や父兄審査制度など自分を鍛える仕組みもととのっています。教える力・ナンバーワン講師を目指して頑張ります。

工夫のポイント
1. 詳細まで話さず、「3つのやりがいとは？」と面接官が確認質問するのを誘導させられる
2. 志望企業の特徴を述べ、熱意をアピール
3. 決意の言葉を熱く述べ、意欲をアピール

自己PR・志望動機 ● この職種を志望する理由は何ですか？

企業研究したことでアピール

引っぱり落とし話法

😊 御社に興味を持ったきっかけは、独自のトリプル指導方式であることやトップクラスの合格率を出していることです。そして、何が何でも御社で働きたいと強く思ったのは、御社のパンフレットの3ページ目の冒頭の「ある言葉」に感動したからです。私は、他にも10の塾のパンフレットを集めて、理念や料金、システムなど10項目を比較研究しましたが、その「ある言葉」が掲げられていたのは御社だけです。

工夫のポイント
❶ 志望企業のキーワードを盛り込み、本気さをアピール
❷ 引っぱり落とし話法で、面接官の興味を強く引き付けた
❸ 他社との比較研究を題材に、行動力や熱意をアピール

自己PRと結び付けてアピール

😊 小・中・高とバレーボールをやってきた私は、大学では指導者に挑戦しました。ある中学校のチームで、時には厳しく、時には笑わせたりして指導し、部員の心をつかんで、やる気を引き出した結果、地区大会で優勝を勝ち取りました。ここで私は生徒とともに努力する喜びを知り、社会人になったら学習塾で講師をしたいと思いました。そこで教え子たちに自分の中学校で一番人気の学習塾を調査してもらったのですが、御社が1位でした。

工夫のポイント
❶ バレーボールを長くやっていたことで、体力やチームワーク力などをアピール
❷ バレーの指導者として、どう指導したか、どんな成績を挙げたかをアピール
❸ 調査結果の表を持参し、この後面接官に見せる

こんなアピール方法もある
▶ 資格でアピール
　😊 パソコン資格は3つ取りました。だからこそ、このインストラクターとして…
▶ 塾講師のアルバイトの経験でアピール
　😊 学生時代はずっと塾講師のアルバイトをしていました。私の成績は…

自己PR・志望動機に関する質問
この職種を志望する理由は何ですか？

▶技術・研究・SE職はこんな仕事

　この職種には3つの大きな喜びがある。①創意工夫や新たな発見ができたときの喜び　②漠然としていたものが形となって、顧客が使ってくれる喜び　③チームが一体となり、力を合わせて作り上げる喜び。ただし、これらを得るには、十分な専門知識と専門技術、経験と信頼、人にわかりやすく説明できるプレゼン能力が必要不可欠で、根気強い日々の自己研鑽が重要になってくる。仕事は分業で、製品のごく一部を担当するのが普通だが、常に全体の中での自分の仕事の位置付けを把握し、他社製品や他業界の製品の動向にも広くアンテナを張りめぐらせておくことが大切。

　御社は、情報システムの設計、開発、ネットワークの構築や基盤システムの運用保守まで、ITに関するあらゆる課題を解決すべく幅広く事業を展開しています。私は御社のこのような総合力の強さに大変感銘しています。

ここがダメ
- 会社説明資料を丸写ししただけのようで、平凡で印象に残らない
- この発言内容からは、仕事に役立つ行動特性や仕事に対する目的意識、熱意は何も感じられない

やりたい仕事でアピール

　私はゼミで、モバイルコミュニケーションの研究をしましたが、❶さまざまな発見があり、その面白さに魅せられました。今、一番興味があることは、❷御社が得意としているスマートフォンの課金システムです。私もぜひ取り組んでみたいと強く思っています。❸

工夫のポイント
❶ ゼミ話をして、個性を出した
❷「どんな発見？」と追及質問を誘導させられる
❸ 目的意識の高さをアピール

自己PR・志望動機 ● この職種を志望する理由は何ですか？

社員と会ったことでアピール

 同意つかみ話法

😊 自分でプログラムを組み、その通りにマシンが動いたときの喜びは格別なものがあります。これが、私がこの職種を志望する最大の理由です。そして、御社を志望させて頂いた理由は、御社の今田綾子様とお会いして、○○機器向けの組込みOSの開発における舞台裏をお話して頂き、大変感動したからです。例えば、世の中で広く使われている○○○にも御社のOSが使われていますよね。**(ここで一呼吸、間をおいてから話を続ける)** 私もぜひ御社で社会の根底を支える仕事がしたいです。

工夫のポイント
① 「どんな喜び？」と追及質問を誘導させられる
② 社員と会って話したことで、熱意と行動力をアピール
③ 同意つかみ話法で、面接官の気持ちを強く引き付けた

会社訪問で聞いたことでアピール

 ビジュアルアタック話法

😊 御社を訪問した際に、○○部の伊藤様が『当社にはコンピューターの計算速度を100万倍以上にする技術がある』と誇りを持っておっしゃったことが一番の決め手です。伊藤歩様からは御社のナノテクノロジーについてくわしくうかがい、大変感銘しました。私は大学時代、○○教授の下でナノテクノロジーの研究をしてきました。これらは、私が取り組んだ研究のレポートですが、ぜひ目を通してみてください。**(取り出して面接官に見せる)**

工夫のポイント
① このセリフを生き生きと演じて、インパクトを出した
② 基礎的な専門知識があることをアピール
③ ビジュアルアタック話法で、説得力を高めた

> **こんなアピール方法もある**
> ▶ ビジネスモデルの提案でアピール
> 😊 自分がやっている研究をもとに、ビジネスモデルの企画書を書いてきました。
> ▶ OB・OG訪問でアピール
> 😊 私が所属するゼミの先輩が御社のSEになっており、先日訪問して…

自己PR・志望動機に関する質問
この職種を志望する理由は何ですか?

▶企画・マーケティング職はこんな仕事

　この仕事では、①消費者ニーズの分析力　②新規アイデアの創造力　③利益を確保する経営感覚　④社内外のスタッフに対するプレゼン力、コミュニケーション能力、管理能力　に関して極めて高いレベルが求められる。新卒で配属されるケースはごく少数で、営業や販売、研究などを経た人が多く配属される。仕事内容はリサーチとプランニングの2つに大別される。

　リサーチは市場動向の調査を行い、そのデータを分析して、商品・サービスの開発や販売戦略に生かす仕事。プランニングはリサーチの結果をふまえ、新商品・新サービスを形にする仕事。

😟 大学のサークルで、合宿や新入生歓迎コンパなど、イベントの企画担当でした。その経験を生かして、御社の企画職で働きたいと思います。

ここがダメ
- 説得力はゼロ。企業の企画職とサークルの企画担当では仕事内容は全く異なる
- 企画職とはどんなものかという研究を全くやっていないと思われ、がっかりされる
- 仕事に対する目的意識、および仕事に役立つ行動特性は何も感じられない

商品の企画書と試作品でアピール
ビジュアルアタック話法

😊 生活雑貨事業部の商品企画チームの仕事を志望します。私は御社の商品○○を10年間使っています。ただし、他社の競合商品○○や○○と比較して、3点ほど改善の余地があると思います。今日は私のアイデアを企画書にし、試作品も作ってきました。ぜひご覧ください。❷

（企画書、試作品を面接官に見せる）

工夫のポイント
❶ やりたい仕事を具体的に述べ、目的意識の高さをアピール
❷ ビジュアルアタック話法で、面接官の興味をかき立てた
● 企画書の内容や試作品の完成度次第で、適性を大いにアピールできる

自己PR・志望動機 ● この職種を志望する理由は何ですか？

コンペ入賞経験と企画書でアピール

ビジュアルアタック話法
感想・意見問いかけ話法

大学2年の夏、〇〇社が主催する商品企画コンペティションに挑戦し、入選したことがきっかけで、この仕事に大変興味を持つようになりました。

私は御社のマーケティング部門で、ぜひ働きたいと思っています。今日は以前、御社が公募していた〇〇に関する企画書を書いてきました。①
（企画書を面接官に渡す）これをどう思われますか？②

工夫のポイント

① ビジュアルアタック話法で熱意をアピール
② 感想・意見問いかけ話法で、相手を話に巻き込んだ
※ 企画の公募雑誌も数多く出ている。そこからコンペに挑戦するなどの工夫もよい

学生時代に打ち込んだことでアピール

ビジュアルアタック話法
同意つかみ話法

この写真を、ぜひご覧ください。（写真を面接官に見せる）私は日本・マレーシア学生会議の実行委員として、第2回東京大会を成功させました。①これはそのときの議事録です。

御社の商品〇〇は、マレーシアではシェアナンバーワンですよね。②

私は、御社のこの素晴らしい商品を全アジア、全世界でナンバーワンにしたいので、御社の海外マーケティング本部でぜひ働きたいです。

工夫のポイント

① ビジュアルアタック話法で面接官に強く印象付けた
② 同意つかみ話法で、相手を話に巻き込んだ
※ TOEIC®で高得点を取っているなどの英語力も合わせてアピールできれば効果的

> **こんなアピール方法もある**
> ▶ 自己PRでアピール
>   中国で1年間学び、中国語に自信があります。御社の中国部門で…
> ▶ インターンシップの経験でアピール
>   御社のマーケティング部門でインターンシップをしました。そこで…

学生生活に関する質問
学生時代に打ち込んだことは何ですか？

質問意図 仕事に打ち込む人かどうかのチェック

　この質問では、仕事を一生懸命頑張り成果も挙げる、そんな行動特性を持っている人かどうかが見られている。一般的に学生は仕事経験がないので、面接官はその代わりに学生時代に打ち込んだことを聞いて、どの程度の頑張り度か、どの程度の成果を挙げたかを確認し、上記行動特性の有無・程度をチェックしていくのだ。

　打ち込んだことを通して身に付いたことは何か、その身に付いたことが自社の仕事で役立つか、これらがチェックされる場合もある。

鉄　則 志望企業の仕事にも打ち込むことを連想させる内容にしよう！

😟 私が打ち込んだのは、スキーです。冬休みはいつも滑りを楽しんでいます。毎年、仲間と計画を立て、いろいろな山に挑戦しています。

ここがダメ
- 趣味的、娯楽的なことを前面に出すと、仕事に打ち込む人とは思ってもらえない危険がある
- この発言内容からは、この受験者を採用するメリットは何も感じられない
- スキーの級や賞について言うべき。高いレベルならば努力家と思わせられる

学業成績でアピール

😊 それは学業です。大学の講義を一度も休むことなく、常に最前列で受講しました。その結果、成績優秀者として特待生に選ばれました。そして、奨学金を頂くこともできました。

工夫のポイント
① 仕事も休まない人と思わせられる
② 積極的に仕事する人と思わせられる
③ 成果が挙がるまで努力する人と思わせられる

学生生活 ● 学生時代に打ち込んだことは何ですか？

ゼミ活動の成果でアピール

ビジュアルアタック話法

😊 私は経営学のゼミ活動に打ち込みました。具体的には、『環境問題に取り組む企業100社』という本を制作しました。企業100社にアポを取るところから、取材交渉、取材、執筆、編集とすべて行いました。半年間制作に打ち込み、220ページの本を期限前に完成させました。実は、これがその本です。**（取り出して面接官に見せる）**

工夫のポイント
❶ 仕事でも顧客開拓ができる人と思わせられる
❷ 仕事は期限前に仕上げる人と思わせられる
❸ ビジュアルアタック話法で、面接官に強く印象付けた

スポーツの成果でアピール

😊 それはバスケットボール部の活動です。最初は素人で補欠だったのですが、家に帰っても自主練習をして、1年後にはレギュラーの座をつかみました。2年後には、ある試合でMVPに選ばれました。

工夫のポイント
❶ 仕事でも自主的に努力する人と思わせられる
❷ 着実に進歩する人と思わせられる
❸ 仕事でも賞を取るくらい努力する人と思わせられる

🔍 こんなアピール方法もある
▶ **アルバイトの経験でアピール**
　😊 店の売上アップに努力しました。アルバイト先で店長代理に指名され…
▶ **クラブ活動でアピール**
　😊 コーラス部で全国大会に出場するため、仲間と団結して頑張りました。

学生生活に関する質問
サークルに入っていますか？

質問意図 組織の中でのチームワーク力、貢献力のチェック

　組織の中でチームワークを取れるか、組織にどのように貢献できるかがチェックされている質問なので、代表などのリーダーポジションの役職に就いていなくても大丈夫だ。なぜなら、新入社員が最初に就くのは、リーダー的仕事や華やかな仕事ではなく、地味な仕事やキツイ仕事だからだ。したがって、渉外や会計、主務などの地味な仕事であっても、チームワークを大切にして、責任感を持って取り組み、何らかの成果を挙げて貢献していれば、高く評価される。

※内容さえ良ければ、能力、資質、知識などの自己PRで切り返すのも効果的

鉄則 サークルではどんな役職をどう頑張ったかを言おう！

　私は、評判が高い映画をみんなで鑑賞して、批評し合うというサークルに入っていました。たくさんの映画を観ることができて、とても楽しかったです。

ここがダメ
- この発言内容からは、仕事に役立つ行動特性が何も感じられない
- 映画鑑賞という非常に平凡な題材なので、相当な工夫が必要
- 「たくさんの映画を…楽しかった」だけでは仕事に対する意識が低いと思われる

役職の仕事でアピール

　映画評論サークルに入っています。私の仕事は編集委員です。①映画評論ミニコミ誌を編集し、2年間で6冊、制作しました。著名な評論家に粘りに粘って、取材させて頂いたこともあります。②私の仕事ぶりの最大の特徴は、粘り強さです。③

工夫のポイント
① 仕事意識の高さをアピール
② 具体例を挙げて、説得力を高めた
③ 具体例から自己PRにつなげ、さらにアピール

役職の仕事でアピール

引っぱり落とし話法

😊 私はバレーボール部に入っています。主務を担当しています。主務の仕事で大切なのは、絶対にミスをしないことです。①
（ここで一呼吸、間をおいてから話を続ける）
施設や器材の確保、準備、後片付け、他のバレーボール部との打ち合わせ、さまざまな書類提出、その他、細かな仕事がたくさんあります。②
私は、あることを心がけ、任期中、ミスは一度もしませんでした。③

工夫のポイント
❶ 仕事意識の高さをアピール
❷ 具体的な仕事例を挙げて、仕事をイメージしやすくした
❸ 引っぱり落とし話法で興味をかき立て、質問を誘導させられる

自己PRと結び付けてアピール

😊 サッカーサークルに所属しています。サッカーを10年間、続けており、体力には自信があります。①
高校生のときは、市大会ベスト4まで進んだこともあります。
今でも毎週、トレーニングを続けていて、夏の炎天下でも全力で走り続ける体力があります。また、足を蹴られても、タックルされてもへこたれない根性もあります。②

工夫のポイント
❶ 体力があることをアピール
❷ 根性があることをアピール
● 内容にアピール力があれば、このような切り返し（自己PR型返答）も効果的

> **こんなアピール方法もある**
> ▶ 会計係の仕事でアピール
> 😊 ○○サークルに所属し、会計係として、赤字会計を黒字化しました。
> ▶ 渉外の仕事でアピール
> 😊 ○○サークルに所属し、渉外の仕事で、スポンサーを10社開拓しました。

学生生活に関する質問
アルバイトをしていますか？

質問意図 仕事に対する熱意のチェック

たとえアルバイトでも、熱意を持って仕事に取り組み、全体の利益に貢献する。この質問ではそんな行動特性を持っている人かどうかがチェックされている。ここでは、どんなアルバイトかは問題ではない。熱意を持って仕事するという行動特性が感じられれば、どんな業種・職種であろうと高く評価される。

なお、アルバイトの仕事を通して身に付いたことは何か、それが自社の仕事で役立つかについてもチェックされる場合がある。

鉄　則 仕事に熱意を持って取り組むと感じさせる内容にしよう！

😟 私は、ある遊園地でアルバイトをしていました。私は観覧車の操作とお客さま誘導を担当していました。お客さまが喜んで乗ってくれるので、とても楽しい仕事でした。

ここがダメ
- 「とても楽しい仕事でした」だけでは厳しい仕事はできない人の印象を与える
- この発言内容からは、仕事に役立つ行動特性が何も感じられない
- 面接官の心に残る印象的な言葉が何もない

ミスのない仕事実績でアピール

😊 私は、ある遊園地でアルバイトをしていました。私は観覧車の操作とお客さま誘導を担当していました。これは、一瞬の気の緩みでも大惨事につながるので、常に集中して仕事をしていました。❶ もちろん、3年間、一度もミスしたことはありません。❷❸

工夫のポイント
❶ 仕事に集中して取り組むという行動特性をアピール
❷ 仕事でもミスをしない人と思わせられる印象的な言葉を盛り込む
❸ 気持ちを強く込めて話すとさらに効果的

ナンバーワンの仕事実績でアピール

パフォーマンス話法

  いらっしゃいませ！ 喜んで！ ありがとうございました！
(思い切り元気な声で、接客シーンを演じる)
私は居酒屋のアルバイトをしていて、常にこれを心がけていました。私は店の活気を出すために、常に元気な接客を心がけていました。この結果、店長から接客ナンバーワン賞を頂いたこともあります。

工夫のポイント
1. パフォーマンス話法で、強く印象付けた
2. 仕事でも元気に接客する人だとアピール
3. 仕事でもナンバーワンになる人と思わせられる

仕事に対する取り組み方でアピール

呼びかけ話法
Q&A話法

  私は結婚式場で配膳のアルバイトをしています。面接官の皆様！結婚式場の仕事で一番大切なことは何かご存じですか？
(ここで一呼吸、間をおいてから話を続ける)
はい、それは アクシデント対応力です。
私は常に全体に目を配って、アクシデントを未然に防ぎ、万が一発生しても、即座に解決しています。この姿勢が認められ、今では新人指導も任されています。

工夫のポイント
1. 呼びかけ話法とQ&A話法で、面接官の気持ちを強く引き付けた
2. アクシデント対応力があることをアピール
3. 成果の具体例で説得力を強めた

こんなアピール方法もある

▶ 大きな数字（実績）でアピール
　1日で100ケース売って、店の最高記録を達成しました。

▶ 堅実性でアピール
　早朝6時からの仕事ですが、3年間一度も遅刻したことはありません。

ゼミは何ですか？

質問意図 困難に対する頑張り度のチェック

面接官はゼミの研究に取り組む態度、行動特性から、仕事に取り組む態度、行動特性を推測し、困難に対する頑張り度をチェックしている。困難な研究、困難なレポート作成、困難なプレゼン。このようなことに挑戦し、それを乗り越える行動特性が感じられるほど高く評価される。したがって、志望企業の仕事に関係ないテーマの研究であっても、上記の行動特性がアピールできさえすれば、評価は高い。

ただし、技術職や研究職の場合は、ゼミの研究内容、取得した知識・能力がチェックされる場合もある。

鉄則 困難に対して頑張る人と感じさせる内容にしよう！

😒 私は英文学のゼミに入っていて、シェークスピアの作品を研究しています。

ここがダメ
- 何を研究したかに力点をおくのではなく、どう研究したかに力点をおくべき
- この発言内容からは、仕事に役立つ行動特性が何も感じられない
- 面接官の心に残る印象的な言葉が何もない

アクティブな活動内容でアピール

ビジュアルアタック話法

😊 私はシェークスピア研究ゼミに入っています。このゼミの特徴は、実際に舞台でパフォーマンスすることです。ただ読むのではなく、すべてのセリフを覚えて身体全体で表現します。厳しい特訓をして、年2回舞台に立ちました。❶これが舞台で演じているときの写真です。❸
（取り出して面接官に見せる）

工夫のポイント
❶ 度胸があることをアピール
❷ 努力家であることをアピール
❸ ビジュアルアタック話法で、面接官に強く印象付けた

厳しい活動内容と仕事に対する意欲でアピール　パフォーマンス話法

> 😊 私は、民事訴訟法についてのゼミに所属しています。
> このゼミは、<u>大学一厳しいと言われています</u>。毎回、文献を10冊以上
> ①
> 読んで討論し、レポート提出も毎週あります。
> <u>これは徹夜してでも、締切厳守で出しています。</u>
> ②
> 御社でも、ぜひ、一番厳しい部署に配属してください。
> どんな困難も成長のバネにして頑張ります。**（ここで小さくガッツポーズ）**
> 　　　　　　　　　　　　　　　　　　③

工夫のポイント
1. 厳しさに立ち向かう根性をアピール
2. 目標は必ず達成することをアピール
3. パフォーマンス話法で、面接官に強く印象付けた

経営理念と関連させてアピール（ゼミに入っていない場合）　同意つかみ話法

> 😐 いいえ、入っていません。しかし、私は経営戦略論の授業に力を入
> れて、○○教授の指導で駅前商店街の活性化の手法を研究しています。
> ところで、<u>御社の経営理念7カ条の5番目は、"地元商店街への貢献"で</u>
> <u>すよね。</u>**（ここで一呼吸、間をおいてから話を続ける）**
> ①②
> 私は現在、商店街活性化に大成功した○○地区と○○地区と○○地区
> の手法を比較研究しています。この後、御社の営業地域○○商店街の
> 活性化について研究し、それを100ページの卒論としてまとめます。

工夫のポイント
1. 企業研究をしっかりしていることをアピール
2. 同意つかみ話法で、面接官の気持ちを強く引き付けた
● ゼミに入っていない場合は、その代わりに頑張っていることを言えばよい

🔍 こんなアピール方法もある
▶ **行動力でアピール**
　😊 データ収集のため、地元企業80社にプレゼンしに行きました。
▶ **専門知識取得でアピール**
　😊 コンピューターの○○○の知識を取得しました。

卒論のテーマは何ですか？

学生生活に関する質問

質問意図 粘り強く努力する人かどうかのチェック

　卒論に取り組む態度、行動特性から、仕事に対する態度、行動特性がチェックされる。大学生活において、1、2年時から、最後の卒論までしっかり頑張る人は、仕事でも最後まで手を抜かずに粘り強く努力すると推測してもらえる。

　卒論のテーマは、志望企業の仕事に関係なくても全く問題ない。ただし、技術職や研究職の場合は、卒論の研究内容、取得した知識・能力がチェックされる場合もある。

鉄則 粘り強く努力する人と感じさせる内容にしよう！

😕 私の卒論のテーマは、情報社会におけるマスメディアのあり方です。このテーマを選んだ理由は、一般視聴者である私たちは、真実の報道とは何かを見極める力が従来にも増して必要とされていると思うからです。

ここがダメ
- 具体的にどんな努力をするつもりかが全く話されていない
- この発言内容からは、仕事に役立つ行動特性が何も感じられない
- 面接官の心に残る印象的な言葉が何もない

努力のプロセスを具体的に提示してアピール

断定つかみ話法

😐 "情報社会におけるマスメディアのあり方"です。私はこれから、メディア関係者50人と一般視聴者50人に取材します。そして、それを題材に仮説を立て、討論と調査を繰り返し、12月20日までに150ページの論文を仕上げます。

工夫のポイント
① 行動力をアピール
② 目標達成にこだわることをアピール
③ 断定つかみ話法で、面接官に強く印象付けた

学生生活 ● 卒論のテーマは何ですか？

志望企業の仕事で役立つ専門知識でアピール

ビジュアルアタック話法

OK 😊 卒論のテーマは、"食品の保存性を高めるための冷凍加工の技術"についてです。10月には農林水産省の○○研究所に研修にも行きます。御社も冷凍食品を扱っていらっしゃいますから、この研究が御社で働くうえでも必ず役に立つように一生懸命取り組みます。実験計画はすでに立ててあり、これが計画表です。**(取り出して面接官に渡す)** もしも何かアドバイスして頂けたら幸いです。

工夫のポイント
❶ 努力のプロセスを具体的に提示して、努力家であることをアピール
❷ ビジュアルアタック話法で、面接官に強く印象付けた
● 卒論の内容が志望企業の仕事で役立つ場合は、その専門知識をアピール

他で頑張ることでアピール（卒論がない場合）

断定つかみ話法

OK 😊 英語の勉強に集中するため、卒論は選択しませんでした。私は卒業までにTOEIC©のスコアを800点以上にする計画を立てています。ここ1年間で100点アップさせ、現在700点です。これから夏休みはカリフォルニアへ、秋はオーストラリアへ語学研修に行きます。入社式には必ず800点台のスコア表を持って参ります。私は御社で、英語なら佐藤春菜に任せようと言われる人材になります。

工夫のポイント
❶ 努力のプロセスを具体的に提示して、努力家であることをアピール
❷ 断定つかみ話法で、面接官に強く印象付けた
● 卒論を書かない場合は、その代わりに頑張ることを言えば全く問題ない

こんなアピール方法もある
▶ **猛烈な研究態度でアピール**
　😊 毎日5時に起きて、実験室に向かい、徹夜することもあります。
▶ **興味深い研究内容でアピール**
　😊 男性と女性の消費行動の違いです。女性に販売する際の3大NGとは…

趣味は何ですか？

質問意図 仕事に対する意識の高さのチェック

　この質問に対して、仕事に対する意識の低い人は、仕事には何の役にも立たない雑談的な話をして、与えられた発言時間をむだに使ってしまう。一方、意識の高い人は、趣味といえども、仕事に役立つことを話し、与えられた発言時間を有効に使うものだ。

　就職試験は相対評価なので、1点でも評価が高いほうに内定が出される。どんな些細な質問でも自己PRで切り返す心構えが大切で、この小さな積み重ねが、面接終了時には大きな差となる。

鉄則 趣味も仕事に役立つ内容にしよう！

　私の趣味は、音楽鑑賞です。中学生のころから洋楽が好きで、特にイギリスのロックバンド○○○の大ファンです。

ここがダメ
- ロックバンド○○○のファンと言っても面接評価は全く上がらない
- 音楽鑑賞は、お見合いの場ならともかく、仕事の面接で言うのは時間のむだ
- もしも音楽鑑賞を趣味として言うならば、仕事に役立つ資質を感じさせる工夫が必須

努力のプロセスを具体的に提示してアピール

　私の趣味は、イギリスのロックです。聞くだけではなく自分で歌います。イギリスに語学留学中もクラスメイトの前で歌い、この結果、世界中に友人を作りました。私は御社の海外事業部に所属したら、英語カラオケ同好会に絶対に入ります。

工夫のポイント
1. 行動力をアピール
2. 外国人に対する社交性をアピール
3. 笑いを取り、場をなごませることで、面接官の気持ちをつかんだ

学生生活 ● 趣味は何ですか？

スポーツの戦績でアピール

パフォーマンス話法

> 😊 趣味はソフトテニスです。（ラケットを振るパフォーマンスをする）
> ①
> 中学から9年間続けていて、現在は大学のテニス同好会に入っています。夏の大会では個人戦でベスト16位、団体戦で準優勝しました。
> ②
> このように、私は目標に向かって一生懸命努力する人間です。御社の営業でも目標をしっかり決めて、一生懸命努力をして頑張ります。
> ③

工夫のポイント

① パフォーマンス話法で、強く印象付けた
② 高い戦績を言って努力する姿勢をアピール
③ 仕事に結び付けて、決意の強さをアピール

楽器の練習で培った能力でアピール

引っぱり落とし話法

> 😊 私の趣味は18年間継続しているあることです。
> ①②
> 3歳からプロの先生につき、厳しい練習を積み重ねました。
> （ここで一呼吸、間をおいてから話を続ける）
> これは実はピアノですが、このピアノで培った一番大きなものは集中力です。一度練習を始めると数時間以上集中して弾き続けることもあります。また、本番ではどんなに難しい曲でも絶対に間違えません。
> ③

工夫のポイント

① 継続的努力をすることをアピール
② 引っぱり落とし話法で、面接官の興味をかき立てた
③ 集中力をアピール

🔍 こんなアピール方法もある

▶ スポーツで健康をアピール
　😊 小学校から水泳をやっていて、クロールで2000メートル泳げます。

▶ パソコンで事務能力をアピール
　😊 趣味はパソコンです。ワード、エクセル、アクセスを使いこなします。

学生生活に関する質問
特技は何ですか？

質問意図 仕事に役立つ小技のチェック

　自己PRや、学生時代に力を入れたことをたずねる質問では仕事に役立つ大技（本格的な資質・能力・コンピテンシー）的なものがチェックされるのに対して、この質問では小技がチェックされる。この質問も仕事に対する意識の高さが大切。この意識が低い人は、全く仕事と関係ないことを答えて時間をむだに使ってしまう。

　例えば「剣玉ができます」「オムレツ作りです」だけでは仕事に役立つ人かどうか全く判断できない。きっちりと仕事に役立つ内容で答えよう。

鉄　則 仕事に役立つ小技的な内容にしよう！

😟 私の特技は、オムレツ作りです。

ここがダメ
- オムレツ作りだけでは面接評価は全く上がらない
- オムレツ作りを、仕事の面接で言うのは場違い
- もしもオムレツ作りを言うならば、仕事に役立つ資質を感じさせる工夫が必須

高い成績でアピール

ビジュアルアタック話法

😊 私の特技は、創作オムレツです。10種類のレパートリーがあります。これをあるコンテストに応募して、店を出したのですが、3日間で500食完売して、売上ナンバー2に輝き、銀メダルを獲得しました。これが、そのとき頂いた銀メダルです。（取り出して面接官に見せる）
①　　　　　　　　　　　　　　　　　　　②
③

工夫のポイント
❶ コンテストに応募したという行動力をアピール
❷ 高い成績を具体的に挙げて、説得力を高めた
❸ ビジュアルアタック話法で、面接官に強く印象付けた

学生生活 ● 特技は何ですか？

スポーツで培ったことでアピール

引っぱり落とし話法

😊 特技は剣道です。現在2段です。地元の道場で鍛えました。
体力には自信があります。①
でも、私が剣道を通して身に付けたのは、体力だけではありません。②
（ここで一呼吸、間をおいてから話を続ける）
剣道の世界は、礼儀の世界です。
諸先輩方から、礼儀作法も厳しく指導されました。③

工夫のポイント
① 体力でまずアピール
② 引っぱり落とし話法で、面接官の興味をかき立てた
③ 仕事でも上司や顧客に対する礼儀が大切なのでアピール

アルバイトで身に付けた能力でアピール

呼びかけ話法

😊 特技は新規開拓です。
広告関係のアルバイトをしていましたが、
新規契約の獲得数は、部内で私が1番の実績でした。①
（ここで一呼吸、間をおいてから話を続ける）
面接官の皆さん！ ぜひこの私を御社の○○○の新規事業に採用してください。②
私はこの足でたくさんの顧客を開拓します。

工夫のポイント
① 新規開拓が得意なことを実績でアピール
② 呼びかけ話法で、面接官の気持ちを強く引き付けた
● アルバイトで身に付けた仕事能力も、特技として言うと効果的

こんなアピール方法もある
▶ 笑顔接客でアピール
　😊 特技は笑顔接客です。私は接客のアルバイトをしておりまして…
▶ 暗記力でアピール
　😊 特技は暗記力です。アルバイトでは、5人分のオーダーも一度に正確に…

第2章 よく出る質問項目と答え方

あなたの短所は何ですか？

質問意図 仕事で必要な能力・スキルなどを研究しているかのチェック

"短所"の解釈が極めて重要。職業意識の高い学生は、短所を"志望企業の仕事を高いレベルで行ううえで足りていない仕事能力や知識、経験、資質、スキル"と解釈する。そして、志望企業で活躍するトップクラスの社員の仕事能力などを研究して、そのレベルに達するための努力を直ちに開始する。よって、回答は高い向上心が感じられる内容となる。

一方、職業意識の低い学生は仕事への意欲・向上心に欠けることから回答も幼稚で、高評価は得られない。

鉄則 仕事研究をして、職業意識の高さと向上心をアピールしよう！

😐 私の短所は、そそっかしいことです。時間や場所を間違えたり、人に言われたことを忘れたりすることが時々あります。

ここがダメ
- 仕事に重大な悪影響を及ぼす短所は、評価がガタ落ちするので危険
- 志望企業の仕事を全く研究しておらず、仕事への意欲が感じられない
- 職業意識、向上心がなく、内容の幼稚さにがっかりされる

知識面の努力でアピール

😊 御社の仕事で人一倍貢献できるようになるには、<u>経済の専門知識がまだまだ足りない</u>ことです。これは御社の法人営業部の伊藤敏子様とお話しさせて頂いた際に感じました。そこで、<u>その日以降、毎朝欠かさず30分早く起きて、新聞の経済面の熟読と主要記事のスクラップを行っています</u>。

工夫のポイント
❶ 仕事研究（仕事内容や必要不可欠な能力などを調べること）に力を入れた
❷ 自分に足りない仕事能力・知識が判明したら、すぐに努力（勉強）を開始した
● 面接で証拠として見せられるように、記事のスクラップ帳はバッグに入れておく

性格・考え方 ● あなたの短所は何ですか？

スキルや体験面の努力でアピール

マイナスつかみ話法

　はい、外国人と英語で話をするときにまだ緊張してしまうことです。私は、学生時代、英語の勉強に打ち込み、TOEIC©のスコアは200点アップさせましたが、実践的な英会話トレーニングは不足していると感じています。御社の客室乗務員として、外国人のお客様の接客もしっかりできるようになりたいと思っているので、先月から大学の留学生支援ボランティアのメンバーとなり、英語を使う機会を増やしました。4年時の秋には海外ボランティアにも参加します。

工夫のポイント
❶ マイナスつかみ話法でより上を目指す目的意識や向上心の高さを感じさせた
❷ 短所を短所のまま放置せず、克服するよう努力した
❸ その努力を就職活動の忙しい中で実践してみせ、熱意と行動力もアピール

資質（意識改革）や行動面の努力でアピール

　御社の山崎哲夫営業部長様の一喝で、私は致命的な短所に気付きました。山崎様は会社説明会で「当社でトップレベルの仕事をする必要条件は、100人の前でも堂々と話せる度胸だ。質問を募っても手を挙げない学生は問題外だ」とおっしゃいましたが、私は猛反省しました。それ以来、会社説明会や面接試験はもちろん、大学の講義、就職課のガイダンスでもまっ先に手を挙げ、発言しています。

工夫のポイント
❶ 志望企業の社員に影響を受けたことを話の軸にして志望の熱意をアピール
● 学生意識と社会人意識の差は、克服すべき短所である
● 意識改革・行動改革はアピールネタになることが多い。積極的に行うこと

こんなアピール方法もある
▶ アルバイトの経験でアピール（プラスに受け取れる話）
　　完璧主義なことです。アルバイトでも完璧を求め、夜通し働いたことも…
▶ 英語力でアピール（ハイレベル短所）
　　英語力です。TOEIC©はまだ830点しかありません。卒業までに900点を…

性格・考え方に関する質問
今までで一番の失敗は何ですか？

質問意図 失敗への対処能力、克服能力のチェック

　失敗への対処は、ビジネスにおいて非常に大切なことだ。「ピンチはチャンス」という格言があるように、どんなピンチ（失敗）でも対処次第でチャンスに変えられる。できるビジネスマンは、失敗時のフォロー能力、克服能力が高く、失敗をプラスに変える力を持っている。このような資質・行動特性を持った人なら、安心して仕事を任せられるものだ。
　失敗質問には、どう失敗したかではなく、どう対処してプラスに変えたかに力点をおいて話すようにしよう。

鉄　則 失敗をプラスに変える力があることを感じさせよう！

　😟 大学受験を失敗したことです。勉強不足であったことと、当日に体調を崩したことで、第一志望に入れませんでした。とても落ち込みました。

ここがダメ
- 学歴コンプレックスと誤解されやすい題材を話す場合には工夫が必須
- 「勉強不足」以下は言い訳がましい。弱気な人と思われる
- マイナスのことばかり述べていて、失敗に対処する力が全く感じられない

失敗をバネにした話でアピール

　😊 第一志望の大学の受験に失敗したことです。
私はこれを教訓にして、同じ失敗を繰り返さないため、大学では、毎日コツコツ努力することを自分に課しました。その結果、1、2年時の専門科目はすべて優を取りました。❶3年時には第一志望のゼミの試験に合格することができました。❷

工夫のポイント
❶ 努力家に生まれ変わったことをアピール
❷ 具体的成果を挙げて、説得力を高めた
● 失敗質問に対しては、明るくハキハキ話して、メンタルの強さを示すことが大切

性格・考え方 ● 今までで一番の失敗は何ですか？

失敗の克服話でアピール
マイナスつかみ話法

😊 アルバイトで店に大損害を与えてしまったことです。
パソコン専門店の○○○で働き始めて3日目のことで、パソコンを80台買いたいという経営者の方を接客しました。
ところが私の知識不足が原因で、他店に流れてしまいました。
私は、絶対に挽回すると誓いを立てて、店の売上ナンバーワン社員の販売術を徹底的に研究し、今では、どんなお客様にも自信を持って接客することができます。私自身も売上ナンバーワン賞を3回取りました。

工夫のポイント
❶ マイナスつかみ話法で、面接官の興味をかき立てた
❷ 負けず嫌いの性格をアピール
❸ 成果の具体例を挙げて、説得力を高めた

ハイレベル失敗でアピール
マイナスつかみ話法

😊 はい、私は大変悔しい思いをしたことがあります。
それは、テニスの地区大会で、優勝を逃したことです。
3年間、優勝することを目標に一生懸命、練習して、ついにつかみかけた優勝トロフィーが、準優勝の盾になってしまいました。このときの悔しさは今でも忘れられないです。

工夫のポイント
❶ マイナスつかみ話法で、面接官の興味をかき立てた
❷ 継続的努力をすることをアピール
❸ 2番では満足せず、常に1番を目指して努力する人をアピール

💡 **こんなアピール方法もある**
▶ 根性でアピール
　😊 マラソンの途中で肉離れしたことです。でも私は最後まで走り抜きました。
▶ 体力とユーモアでアピール
　😊 柔道の試合で頭から落ちたことです。これがなければもっと賢い頭でした。

第2章 よく出る質問項目と答え方

業界・企業・仕事に関する質問
あなたの企業選びの基準は何ですか？

質問意図 社会人として、どんな仕事をしたいかのチェック

面接官は、受験者がどんな仕事をしたいと思っているかを聞いて、それが自社の仕事であれば、自社を本気で志望している人だと判断する。逆に自社の仕事とかけ離れたものだと、本気ではないと判断する。

この質問に答えるうえで根本的に大切なことは、仕事に対する明確な目的意識があるかどうか。目的意識が明確な人はどんな仕事がやりたいかをしっかり述べるが、目的意識が不明確な人は、「私の企業選びの基準は、福利厚生がととのっていることです」などと自己都合を述べてしまう。

鉄則 自己都合ではなく、やりたい仕事を言おう！

😟 私の企業選びの基準は、福利厚生がととのっていることです。なぜなら、休日は、会社が契約している保養施設へ安上がりに旅行をしたいからです。なので、全国に保養施設を完備している企業に入りたいと思っています。

ここがダメ
- すべてが自己都合で、受験者の仕事に役立つ資質・能力は何も感じられない
- 自己都合発言からは、仕事に対する意欲・目的意識や志望企業に対する本気さ・熱意も感じられない

努力のプロセスを具体的に提示してアピール

 断定つかみ話法

😊 一番の基準は、「中国と繊維関係の仕事ができるかどうか」です。私はこの夢を実現するため、大学では中国語の勉強に力を入れました。❶ 中国に語学留学もしました。何が何でも御社の貿易部門で働きたいです。❷ 命がけで頑張ります。❸

工夫のポイント
❶ 具体的にやりたい仕事を挙げ、目的意識の明確さをアピール
❷ 具体例を挙げ、説得力を高めた
❸ 断定つかみ話法で、面接官に強く印象付けた

業界・企業・仕事 ● あなたの企業選びの基準は何ですか？

見学したこと、社員に会ったことでアピール

同意つかみ話法

OK 😊 私の企業選びの基準は"高級不動産のコンサルティング業務"ができるかどうかです。この基準で就職活動をしております。
ところで、御社は、○○区で現在、マンション○○を建設していますよね。
（ここで一呼吸、間をおいてから話を続ける）
この物件を見学していたとき、御社の不動産部門の高橋様に仕事の話をうかがい、自分も社会に出たら、ぜひこのような仕事をしたいと強く思うようになりました。

工夫のポイント
1. 目的意識の明確さをアピール
2. 同意つかみ話法で、面接官の気持ちを強く引き付けた
3. 具体的に行動したことを挙げ、企業に対する本気さをアピール

志望企業に関する印象的な思い出でアピール

ビジュアルアタック話法

OK 空の旅に関わる仕事をすることです。具体的には客室乗務員です。この仕事がしたいと思うようになったのには明確な理由があります。父の仕事の関係で、小学校3年時に国内で一人旅をしました。そのとき、心細そうにしていた私に声をかけ、おもちゃを手渡し、励まして下さったのが御社の客室乗務員の方でした。そのおもちゃは一番の宝物としてずっと大切にしています。実はこれがそのおもちゃです。
（ここで取り出して見せる）

工夫のポイント
1. 話を論理的な構成にして、わかりやすくした
2. 志望企業に対するエピソードで本気さをアピール
3. ビジュアルアタック話法で、面接官に強く印象付けた

> **こんなアピール方法もある**
> ▶ OB・OG訪問でアピール
>   😊 映像制作の仕事をすることです。御社で働くOBの鈴木恵様とお会いして…
> ▶ 店舗見学でアピール
>   😊 シューフィッターの仕事をすることです。御社の渋谷支店を拝見して…

第2章 よく出る質問項目と答え方

業界・企業・仕事に関する質問
10年後の自分は何をやっていると思いますか？

質問意図 仕事の長期ビジョンを持っているかどうかのチェック

　この質問に回答させることで面接官は、①自社を本気で志望しているか ②受験者のライフプランと自社の人材活用プランとのマッチ　を確認する。一般的に、真剣に就職活動している受験者は、自分なりのキャリアビジョンを明確に持っている。逆に、惰性で就職活動している受験者は、ビジョンが極めてあいまいなものだ。面接官は経験上、ビジョンが明確な人は、それを実現するために人の何倍もの努力をする傾向が強いことを知っている。だから、ベテラン面接官ほどこの質問を好んで行う。

鉄則 志望企業の仕事の長期ビジョンを言おう！

NG
10年後ともなると、正直言って、全く予想がつきません。自分が生きているかすらわからないわけですから。ただし、希望としては、結婚して、子どもが1人いたらいいなと思います。

ここがダメ
- 「全く予想が…」→ 予想ではなく、ビジョンを述べることを求められている
- 「結婚して、子どもが…」→ プライベートではなく、仕事のビジョンを求められている
- この返答内容には、仕事上の資質・能力の高さを感じさせるものが全くない

大きな志でアピール

断定つかみ話法

OK 私の10年後の構想は、海外事業部で、御社の商品○○の世界戦略を担当していることです。そして、世界で売上ナンバーワンを必ず達成します。このためにも最初の配属は営業部に、そして、20代後半は、商品企画部にお願いします。

工夫のポイント
❶ ビジョンの明確さをアピール
❷ 断定つかみ話法で、面接官に強く印象付けた
❸ ビジョンの明確さをさらに具体的にアピール

業界・企業・仕事 ● 10年後の自分は何をやっていると思いますか？

企業の長期経営計画と関連させてアピール

 😊 はい、御社のホームページの投資家情報コーナーの長期経営計画にも書かれていますが、御社は、5年後、中国北京にショッピングモールを建設予定ですよね。❶
（ここで一呼吸、間をおいてから話を続ける）❷
私は、10年後は、そのショッピングモールの総責任者になっているように頑張りたいと思っています。就職活動後は北京に語学留学します。❸

工夫のポイント
❶ 企業研究したことを題材にして志望の本気さをアピール
❷ 同意つかみ話法で、面接官の気持ちを強く引き付けた
❸ 志望の本気さを、さらにアピール

OB・OG訪問の話でアピール

引っぱり落とし話法

😊 はい、私の10年後のビジョンは、御社のコンサルティング部でコラボレートマネジメントの仕事に取り組んでいることです。私がこのようなビジョンを持ったのは、あることが理由です。❷
（ここで一呼吸、間をおいてから話を続ける）
それは、私の大学の先輩が御社のコンサルティング部で働いていまして、その方のお話にとても感動したことです。❸

工夫のポイント
❶ ビジョンの明確さをアピール
❷ 引っぱり落とし話法で、面接官の関心を強くかき立てた
❸ OB・OG訪問での話を題材にして、説得力を高めた

こんなアピール方法もある
▶ 店舗見学でアピール
　😊 ○○の仕事に取り組みたいです。理由は御社の○○○店を見学して…
▶ 過去の新聞記事でアピール
　😊 ○○の仕事です。2月4日の○○新聞に出ていた御社の記事を見て…

業界・企業・仕事に関する質問
当社の短所は何だと思いますか？

質問意図 ただのあこがれ受験か真剣な受験かのチェック

　面接官はなぜこのような質問をするのか？　それはどんなに熱意がある（と主張している）受験者でも、それが単に企業名に対する（一面的な）あこがれだけからくるものだと、実際に入社したら、熱が冷め、辞めてしまうことが多いからだ。したがって、面接官としては冷静かつ客観的な企業分析もしっかり行っている受験者でないと安心して採用できない。

　なお、短所を言うときには、必ず客観的データやOB・OGの取材を根拠にすることが大切。

鉄則 短所は、客観的データやOB・OG情報を根拠にして言おう！

NG
> 😕 はい、御社には短所はありません。だからこそ、私は御社で働くことをずっと夢見てきました。ただし、あえて１つ言うとしたら、商品のデザインです。他社と比べて地味なような気がします。若者に売りたいなら、派手じゃないとだめです。

ここがダメ
- 「御社には短所はありません」→ 強い根拠やユニークな落ちがない限りNG
- 「御社で働くことをずっと夢見て…」→ あこがれだけの受験と思われる危険がある
- 「他社と比べて地味だ…」→ 商品戦略を綿密に調べもせずに批判するのはNG

OB・OG訪問で調査したことでアピール

> 😊 はい、御社の商品企画部の鈴木利奈様とお会いしたときにうかがいました。それは、設立以来、高齢者層をターゲットとした商品戦略だったため、若年層が手薄になっていることですね。私は御社で若者向けの別ブランドを立ち上げ、絶対に成功させたいです。
> ①　　　　　　　　　　　　　　　　　　　　　　②　　　　　　　　　　③

工夫のポイント
① 発言の根拠を示して、説得力を高めた
② 仕事に対する意欲をアピール
③ ここで追及質問を誘導し、聞かれたらアイデアをアピールする

業界・企業・仕事 ● 当社の短所は何だと思いますか？

新聞のスクラップと提案書でアピール　ビジュアルアタック話法

OK 😊 はい、それは学生マーケットでの収益性の低下です。私は御社のここ１年の新聞記事をスクラップして研究し、このように思いました。この件で１つお聞きしたいことがあるのですが、よろしいでしょうか。
(面接官がうなずいたので続ける)
ありがとうございます。この問題を解決するために、自分なりにビジネスモデルを考えました。これがその提案書です。(取り出して面接官に渡す)
一言で言うと○○○を行うのですが、いかがでしょうか？

工夫のポイント
❶ 発言の根拠を示して、説得力を高めた
❷ 面接官への質問からアピールにつなげる連続技
❸ ビジュアルアタック話法で仕事に対する積極性をアピール

商品のアンケートを取ったことでアピール　ビジュアルアタック話法

OK 😊 はい、競合商品の○○と比較すると、インターネットによるアップデート機能がないことが一番の短所として挙げられると思います。
これにはちゃんと根拠があります。(ここで一呼吸、間をおいてから話を続ける)
私は、この業界を研究するため、競合商品の機能比較表を作りました。それはこれです。(取り出して面接官に見せる)
そして、大学の友人50人に商品の比較アンケートを取りました。その集計表がこれです。(取り出して面接官に見せる)

工夫のポイント
❶ 競合商品と比較して、強い興味を引いた
❷ 発言の根拠を示して、説得力を高めた
❸ ビジュアルアタック話法で、面接官に強く印象付けた

> 🔍 **こんなアピール方法もある**
> ▶ **大学の授業で学んだことでアピール**
> 　😊 短所は○○○です。大学の○○の授業で学んだのですが…
> ▶ **インターンシップで学んだことでアピール**
> 　😊 それは○○です。その理由は、○○のインターンシップをして…

143

業界・企業・仕事に関する質問
この仕事で大切なことは何だと思いますか？

質問意図 理念の共有ができるかどうかのチェック

理念の共有ができるかどうかとは、要するに企業が考える「何のために仕事をするか（という理念）」と受験者が考える「何のために仕事をするか」が一致しているかということだ。なぜなら、一致していれば組織としてまとまりやすい（チームワークが取りやすい）が、そうでない場合はまとまりにくいからである。よって、経営理念を踏まえた内容を自分の体験に盛り込んで話すことが大切だ。ただし、人事経験の浅い面接官の場合、理念よりも実務的なこと（例：コンピュータスキルがある、仕事でミスをしないなど）を重視するケースも多少見受けられる。

鉄則 企業の理念をしっかりと踏まえて意見しよう！

😟 私が思う大切なことは、自分が楽しみながら働けるかどうかだと思います。その理由は、楽しくなければ、打ち込むことはできないし、長続きもしないと思うからです。

ここがダメ
- 自己都合的な内容で、仕事に役立つ資質・能力が何も感じられない
- この受験者はつらい仕事、きつい仕事だとすぐに辞めてしまう感じがする
- 理念の一致が感じられないので、ぜひ一緒に働きたいという気持ちを生じさせない

アルバイト経験を志望企業の経営理念に結び付けてアピール

🙂 私が思う大切なことは、「お客様のご要望には1秒でも早くお応えすること」だと思います。これは居酒屋でのアルバイトを通して痛感したことです。だから私は、御社の理念のスピードサービスにとても惹かれました。

工夫のポイント
❶ 経営理念を自分の言葉で表現し、アピール
❷ 具体例を挙げ、説得力を高めた
❸ 会社の経営理念と自分の考えの一致をアピール

業界・企業・仕事 ● この仕事で大切なことは何だと思いますか？

店舗調査したことでアピール

ビジュアルアタック話法

OK 😊 はい、お客様が期待する以上のサービスをすることだと思います。御社の経営理念は、"お客様の期待を超越する"とありますが、私は、実際に現場でどのように実行されているか、御社の店舗に調査に行きました。顧客として5店舗まわり、その結果を表にまとめました。この表をご覧ください。**（取り出して面接官に渡す）**
左に期待したこと、右にその期待をどのように上回ったかを書きました。全部で30項目あります。この結果、私自身もこの理念のもとで、ぜひ働きたいと思うようになりました。

工夫のポイント
① 経営理念を自分の言葉で表現し、アピール
② 店舗調査での具体例を挙げ、説得力を高めた
③ ビジュアルアタック話法で、面接官に強く印象付けた

実務的なことを理念と関連させてアピール

感想・意見問いかけ話法

OK 😊 はい、御社の業務で大切なことは、常に専門知識の取得をおこたらないことだと思います。○○の技術は日々進歩していますので、たとえ1日でも勉強を休む人は、プロとは言えないと思います。そして、この姿勢で努力することによって、御社の理念である"最高の技術、最高の安心"が達成できると思います。私はこの仕事で大切なこととは、このように考えるのですがどう思われますか。

工夫のポイント
① 実務的なことをアピール
② 理念をしっかり踏まえていることをアピール
③ 感想・意見問いかけ話法で、面接官の発言を誘導させられる

こんなアピール方法もある
▶ 会社説明会での話と関連させてアピール
　😊 はい、○○○です。これは会社説明会で、御社の営業部の原田美樹様が…
▶ ビジネス雑誌の記事と関連させてアピール
　😊 はい、○○○○です。週刊○○の9月1週号の特集で…

業界・企業・仕事に関する質問
最近、関心のあることは何ですか？

質問意図 志望企業に対する関心の高さのチェック

　面接官はこの質問に対して志望企業と全く関係のないこと（趣味や娯楽、スポーツ、社会情勢一般など）を返答する受験者は、自社に対する関心が低く、本気で志望していないと判断する。逆に、まさに志望企業のことで、しかもかなり調べたことが感じられるような返答をする受験者は、非常に関心が高く、熱心な志望者と判断する。

　なお、面接官の心理的側面から考えても、関心事が自社のことでなかったら、がっかりし、自社のことだったら嬉しいものだ。

鉄則 志望企業ややりたい仕事に関するニュースを題材にしよう！

NG 😟 最近、関心があることは、卒業旅行にどこに行くかです。一生の思い出に残るような旅行をしたいと思っていて、暇さえあれば、旅行のガイドブックを夢中で見ています。

ここがダメ
- 「卒業旅行にどこに行くか…」→ 当社に対する関心が非常に低く感じられる
- 「暇さえあれば、旅行の…」→ 就職活動に対する真剣さを疑われる
- 笑いを取って場をなごませられれば良いが、たいていは幼稚な返答とがっかりされる

店舗のイベントに参加したことでアピール

OK 😊 最近、関心のあることは、御社の車○○○の新機能の一つ、スーパーハンドリングシステムです。従来のパワーハンドルとはどのように違うのかとても興味があり、❶先週の日曜日、フェアに行って、○○○に試乗させて頂いてきました。❷

工夫のポイント
❶ 志望企業の商品を題材にして熱意をアピール
❷ 本気さと行動力をアピール
- この後、試乗して感じたことを題材に、さらにアピールを重ねていく

業界・企業・仕事 ● 最近、関心のあることは何ですか？

志望理由と結び付けてアピール

同意つかみ話法

> 年金問題です。なぜなら、これは国家の未来をかけた重要問題だと思うからです。私は金融のゼミに所属して、年金がテーマの勉強会を毎週開いています。
> ところで、御社には、"スーパー年金プラン"という金融商品がありますが…。
> （ここで一呼吸、間をおいてから話を続ける）
> 我々のゼミでは、これが競合商品の中で最も優れた商品だという結論に達しました。この研究がきっかけで、御社でファイナンシャルアドバイザーとして、世の中のために働きたいと思うようになりました。

工夫のポイント
❶ 志望企業（金融）の商品と関連する題材でアピール
❷ 志望企業の商品を同意つかみ話法で出し、面接官の気持ちを強く引き付けた
❸ 志望理由と結び付けてアピール

自己PRと結び付けてアピール

断定つかみ話法

> 従業員のリストラ失業の問題です。このことに関して調べたところ、御社が地方自治体と共同で行っている雇用セーフティネット事業のことを知りました。これには、加盟企業を集めるための営業力がまだ不足していると、説明会で教えて頂きましたが、私はぜひこの営業の仕事に取り組みたいです。私はマラソンをやってきまして、42.195キロを走り抜く、体力と根性があります。どんな困難にも絶対負けません。

工夫のポイント
❶ 志望企業の事業と関連する題材でアピール
❷ 自己PRと結び付けてアピール
❸ 断定つかみ話法で、力強い決意をアピール

こんなアピール方法もある
▶ 新規事業と関連させてアピール
　御社の新規事業○○に関心があります。
▶ 会社説明会での話と関連させてアピール
　御社の会社説明会で飯田様がおっしゃっていた○○○に関心が…

こんな質問もよく出る

性格・考え方に関する質問（人物像・価値観）

自分を色にたとえると何色ですか？

何色かが重要ではなく、なぜその色なのかという理由付けが大切。面接官の評価を高めるには、理由の部分に「自己PR」や「志望理由」を自然な形で盛り込み、自分のセールスポイントや志望の強さをアピールするのが効果的。

> 😊 初夏の若草のようなグリーンです。理由ですが、グリーンは病院の壁や手術のときに掛けるシートに使われていたりする色です。グリーンは人に安らぎを与える色であり、やはり医療関係に就く者としては、人に安らぎを与えられる人間になりたいと思うからです。

※ ロジカルキーワード話法

自分を一言で表現してください

抽象的なことではなく、具体的なこと、あるいは印象的なキャッチフレーズが良い。そして、理由の部分に「自己PR」や「志望理由」を自然な形で盛り込み、自分のセールスポイントや志望の強さをアピールするとさらに効果的。

> 😊 「打たれ強さ1位」です。所属していたバレーボール部は練習の厳しさ学内一で、毎日あざを作りながら、ボールに食らい付いていました。御社でも、食らい付いて頑張る根性は誰にも負けないつもりです。

今までで一番感動したことは何ですか？

「映画を観て感動した」などの受け身の感動話よりも、スポーツやアルバイトで「必死に努力し、困難を乗り越え、目標を達成した」ような自らの努力で得た感動体験のほうが高評価。なぜなら、仕事にも積極的に努力する人と類推されるからだ。

> 😊 アルバイト先の店がエリア1位になったことです。指定のメニューの販売数を全店で競いましたが、毎日遅くまでどう薦めるかのアイデアを出し合ったり、個人の成績表をつけたりして士気を高めました。

こんな質問もよく出る ● 性格・考え方（人物像・価値観）

今までで一番成功したことは何ですか？

主な質問意図は、困難に挑戦する意欲の高さのチェック。したがって、楽しいことよりも困難なこと、低い目標よりも高い目標に挑戦し、それを努力して達成したという内容だと、仕事でも高い目標に挑戦し、達成する人と類推され、高く評価される。

> 😊 フルマラソンを完走したことです。マラソンを始めたときに3年後のフルマラソンの大会で完走することを目標にして頑張ってきました。最初は5キロ、10キロ走るだけでも苦しかったのに、42キロも走れる体力が付いたのは大きな自信になりました。

あなたの夢は何ですか？

プライベートの夢ではなく、仕事に関する夢で、しかも、その企業の志望理由と結び付くものだと、仕事に対する目的意識の高さ、やる気の強さが感じられ、高く評価される。

> 😊 私の夢は世界中の人々の食生活に貢献できる人になることです。シンガポールを旅行した際、町の小さなスーパーでも御社の○○が売られているのを見ました。私は、御社の素晴らしい調味料を世界中の人々に使って頂けるように、ぜひ○○事業部で働きたいと思っています。

職場の雰囲気と仕事のやりがいのどちらが重要ですか？

一般的には「仕事のやりがい」を重視する発言のほうが高評価。なぜなら、このほうが自ら積極的に働くイメージが与えられるからだ。「雰囲気」重視だと、受身的な感じがしてしまうので、かなり説得力ある理由を言うことが必要不可欠。

> 😊 もちろん仕事のやりがいです。営業の仕事は非常に大変なものだと<u>うかがっております</u>※が、だからこそ私はチャレンジしたいです。それに、皆が一体となって努力し、結果を出していけば、職場の雰囲気は自然と良くなると思います。

※ ❗ 断定つかみ話法

149

社会人と学生の違いは何だと思いますか？

NGは一般論や抽象論。個性も主体性もない（人ごとのような）発言になってしまう。"社会人"とは志望企業の社員、"学生"とは自分のこととととらえ、自分は志望企業でどう働くか、強いやる気を表すと高評価。

> 😊 仕事を通して多くの患者さんの命を救い、社会に貢献できる点です。御社のMRの○○○○様から仕事の話を聞いた際、強く思いました。だから、早く社会人になって、MRの仕事に取り組みたいです。私はこのように考えるのですが、どう思われますか？※

※ ⬇感想・意見問いかけ話法（面接官の発言を誘導）

最近、どんな本を読みましたか？

主に仕事に対する目的意識の高さや仕事観・職業観がチェックされている。したがって、志望企業に何らかの関連がある本、または、仕事観・職業観を形成するうえで参考になった本を挙げ、自分の言葉で説明できるようにすることが大切。

> 😊 はい、大変勉強になる本を読みました。※それは『銀行業界のこれから』という本です。これを読んで、御行の魅力を改めて感じました。私が特に興味を持った部分は、御行のリテール部門と○○銀行のリテール部門の相違点の分析です。

※ ⬆引っぱり落とし話法

あなたに影響を与えた人は誰ですか？

この質問では仕事観・職業観に影響を与えた人、そして、それがどんな影響かがチェックされている。歴史上の人物や両親などでも構わないが、一般論・抽象論になってしまうと高評価は得にくい。仕事に関連した具体論にすることが大切。

> 😊 影響を受けた人はたくさんいますが、最近の一番は、やはりOB訪問でお会いした御社営業部の○○○○様です。人生論を聞かせて頂いたり、堂々と仕事する姿を間近で拝見して、私もぜひ御社で働きたいと思うようになりました。

こんな質問もよく出る ●性格・考え方（人物像・価値観／対人関係）

性格・考え方に関する質問（対人関係）

友人は何人いますか？

この質問に対しては次の2パターンの返答方法がある。①人数の多さで社交性アピール　②たとえ少なくても人数を言った後に、その人たちから自分がどう見られているかを付け加えて、セールスポイントも述べていく（＝次質問「あなたは人からどう見られていますか？」の返答パターン）。

> 😊 友人とはフェイスブックを通じて末永く交流するよう心がけていて、現在登録人数は200人あまりです。そのうち約1割は社会人や海外からの留学生です。これらは私にとって大切な人脈です。社会人になってからもマイネットワークとしてさらに育てます。

あなたは人からどう見られていますか？

人から指摘されたことがあるセールスポイントを述べ、その具体例を挙げられれば高く評価される。指摘した人が友人よりも、アルバイト先やインターンシップ先の社員、大学の担当教授など、社会人のほうが、より説得力が出せる。

> 😊 はい。アルバイト先の店長からは、頼りになる人だとよく言われます。その理由ですが、3年間1度も遅刻したことはありませんし、汚物も率先して掃除しますし、人の話は必ずメモをしているからだと思います。

集団の中であなたはどういう役割ですか？

この質問では組織の中でチームワークを大切にし、責任を持って働く人かどうかがチェックされている。したがって、アルバイト、サークル、ゼミなどで、どんな役割にどのように頑張って取り組んだかを話すと高く評価される。

> 😊 サークルでは渉外を担当しています。主な仕事は他のサークルやOBとの交流会の企画運営です。私が実現した仕事としては、試合相手を新たに3チーム開拓したこと、OBとの勉強会を開催したことです。

業界・企業・仕事に関する質問

当社の株価は？

上場企業を受験する際は、株価は日々確認。志望者ならば知っていて当然の基礎知識を問い、本気で志望しているかどうかをチェックする。これ以外にも社長名、資本金、主力商品、ヒット商品などについて質問されることもある。

> 😊 今朝、株価情報のWEBサイトで見たのですが、昨日の終値は2100円でした。御社の株価は、毎日チェックして手帳に付けていますが、ここ1カ月ほど上昇基調にあります。同業他社の株価動向と比較すると、明らかに御社が業界をリードしていると思いました。

知っている範囲内で、当社の事業内容を説明してください

企業研究をしっかりやっているかがチェックされている質問。事業内容はホームページや会社案内に出ているので、事前にしっかり調べておくべきだ。差別化のポイントは、具体的な数値を盛り込む、自己PRや志望理由に結び付けていくなど。

> 😊 はい、御社の主力事業は○○部門です。これは全売上の40%を占めています。主力商品は○○で、業界内のシェアは35%で1位です。この商品は私も使っていまして、御社に興味を持ったきっかけです。

当社と○○社の違いは何だと思いますか？

企業研究を深めるにはライバル企業との比較が必要不可欠。熱心な受験者はライバル企業との違いもしっかりと分析している。新聞やホームページ、経済誌、店舗見学、OB・OG訪問で見たり聞いたりしたことを根拠に話を組み立てよう。

> 😊 御社の○○○○様を訪問した際にうかがったことですが、最大の相違点は御社が品質重視なのに対して、○○社はスピード重視です。経済誌○○○の業界特集でもこのように分析されていました。私も店舗見学をした際に、3つの点にこれを感じました。

※ ⬆引っぱり落とし話法（「3つの点とは？」との追及質問を誘導）

こんな質問もよく出る ● 業界・企業・仕事

当社の新商品をどう思いますか？

これも企業研究をしっかりやっているかどうかがチェックされている質問。一般的なイメージだけではなく、実際に使ってみた感想や新聞・雑誌での分析データ、旧商品や同業他社の商品との比較など、具体的に答えられると効果的。

> 😊 はい、私も買って飲んでみました。旧商品と比べると苦味の少ない女性にも飲みやすい味になったと感じました。それから、御社のプレスリリースでこの商品の売上や評価のことを読みました。データによると発売半年間の売上は目標の1.5倍なのですね。

当社のCMをどう思いますか？

消費者の立場だけではなく、企業の立場からどう効果を出しているかの分析があると良い。また、その企業のCMだけではなく、同業他社のCMとの比較、その他、志望理由や自己PRと関連させるなどの広がりがある発言が高く評価される。

> 😊 はい、眠い顔の女性が御社の歯磨き粉○○○の爽快感で目が覚めるCMですね。大変インパクトがあると思います。実は私もこのCMに感動して買いました。だから今日は、私も爽快感いっぱいで面接に来ています。

※ ユニークなコメントで落ちを付けた

当社のホームページをどう思いますか？

採用情報のページについての感想。もしくは、株主向けのページなど、普通の受験者が見ないようなページの分析、あるいは、同業他社のホームページとの比較、その他、志望理由や自己PRと関連させるなどの発言が高く評価される。

> 😊 そうですね、私は御社の主力商品○○○のページと同業他社2社の同種の商品のホームページを比較したことがあります。すると、御社のホームページの長所は5つ、短所は2つ見つかりました。それをまとめた表がこれです。

※ 🔲ビジュアルアタック話法（取り出して面接官に見せる）

第2章 よく出る質問項目と答え方

当社の店舗をどう思いますか？（店舗見学をしましたか？）

店舗見学は、面接前に義務付けている企業（特に小売業界やフードレストラン業界に多い）もあるくらい重視され始めた。店舗の工夫のアイデア、同業他社との比較、その他、志望理由や自己PRと関連させるなどの発言が高く評価される。

> 😊 私は都心の1店舗と郊外の1店舗、合計2店舗を見学させて頂きました。この際にチェック項目を20設けて、それぞれ5段階評価をしました。この結果、総合評価では○○店が一番でした。ただし、個別項目、例えばトイレ清掃などは大変興味深い結果が出ました。※

※ ⤵引っぱり落とし話法（「どんな結果？」との追及質問を誘導）

OB・OG訪問はしましたか？

志望度の高い受験者の多くは、OB・OG訪問をしている。企業研究が格段に深まるので、ぜひ行っておきたい。もしもできない場合は、店舗見学や会社説明会で社員に質問などをしておき、この質問にはそのことを答えよう。

> 😊 はい。私は、御社の2名の営業職の方に、仕事についてのお話をうかがいました。お客様のご自宅を一軒一軒訪ねるのは大変な仕事であると思いますが、じかにお客様と接することができる御社の営業に、とても魅力を感じています。

新商品（新サービス）を作るとしたら、どのようなものを作りたいですか？

どうしてもその企業で働きたいと思っている受験者なら、その企業でやってみたいことがあるもの。よって、この質問に対して喜んで語れるはずだ。差別化のポイントは、具体性があるか、売上が期待できるか、複数アイデアを出せるかどうか。

> 😊 はい、私は、高齢者の方でも使いやすいように、操作パネルを見やすく改良したものを出したいです。2月8日の○○産業新聞に掲載されていたデータですが、これと同様な改良が行われた商品○○○は、売上が120％増えたそうです。

こんな質問もよく出る ● 業界・企業・仕事

やってみたい仕事はありますか?

この質問の主な意図は、仕事に対する熱意のチェック。本気でその企業で働きたいと思っている受験者は、この質問をされると目を輝かせて熱く語り出すもの。内容も大切だが、それ以上に目の輝きと熱い語りが大切。

> 🙂 はい、もちろん御社独自のアチーブ・コンサルティング営業です。
> ※
> 御社の○○○○様や○○○○様がおっしゃっていましたが、お客様が
> 目標達成したときは自分のことのように嬉しくなるのですね。早く一
> 人前になるよう一生懸命頑張ります。

※ ❗断定つかみ話法

希望しない部署に配属されたらどうしますか?

一般的に、希望する部署に最初から配属されることは少なく、その人材の資質に最も合った部署、または、教育的な配慮に基づく配置、ローテーションがなされることが多い。よって、希望しない部署への配属にも、長い目で見れば大きなメリットがあるもの。

> 🙂 どんな部署でも一生懸命頑張ります。なぜなら、私が希望する部
> 署で働いている○○○○様も○○○○様も、最初の配属は全く別の部
> 署だったとうかがっているからです。私の力が最大に伸びる配属をし
> てください。そして、いずれは希望の部署に、ぜひお願いします。

転勤や異動が多いですが、大丈夫ですか?

全国転勤があるかどうかは、企業研究をすれば事前にわかる。もしあるなら、最初から覚悟しておくべきだ。転勤により、視野や人脈が広がるなどのメリットもあるからプラス思考で回答できるようにしたいもの。なお、どうしても特定の地域を希望する場合は、説得力のある理由を考えておこう。

> 🙂 はい、大丈夫です。全国各地で働けるのは楽しみでさえあります。
> 私の特技は、すぐに新しい友人を作ることです。それに、父親の仕事も
> 転勤が多かったので、全国をまわるのは幼少のころから慣れています。

第2章 よく出る質問項目と答え方

155

ストレス耐性が試される質問

当社の仕事はハードですが耐えられますか？

志望度の強さがチェックされている質問。差別化には、ハードな仕事に耐えられる理由付けの部分がポイントとなる。スポーツでの厳しいトレーニング経験やアルバイトでのハードな仕事の経験を具体的に盛り込むと高く評価される。

> 😊 はい、もちろんです。大学1年生時から、毎朝5時に起き、アルバイトに責任感をもって取り組み、学業にも真剣に打ち込む、刻苦精励の生活習慣を確立しました。私はハードな仕事でも大丈夫です。

受験した企業に受からなかった原因を分析してください

ネガティブな返答はNG。逆に評価が高くなるのは、落ちたことが結果的に志望企業に対する志望を強める原因になっている場合と、落ちたことから教訓を得て明らかに進歩している場合。

> 😊 原因は、自分がその会社でどんな仕事をしたいかが、きちんと話せなかったことです。就職活動の初期は企業を名前だけでしか見ていませんでした。しかし、今では企業研究、OB訪問を徹底的に行い、仕事の中身で見ています。

あなたは当社に向いていないのではないですか？

この質問では、どんな厳しいことを言われても負けない精神的強さがチェックされている。返答方法は、ピンチ脱出5話法（P.48以降参照）の「肯定受け・自己PR返し話法」か「否定受け・自己PR話法」が特におすすめ。

> 😊 いいえ、そんなことはないです。私はどんなに厳しい仕事でもやりとげる根性があります。私は学生時代、厳しさは学内一と言われ、入部した人の8割は脱落するサッカー部でレギュラーとなり、市大会準優勝を達成したこともあります。

※ ❌否定受け・自己PR返し話法を使ったケース

こんな質問もよく出る ● ストレス耐性

もし不採用だったらどうしますか？

この質問でも主に精神的強さがチェックされている。返答方法は、ピンチ脱出5話法の「肯定受け・自己PR返し話法」か「否定受け・自己PR話法」が特におすすめ。「来年も受けます」だけでは、評価は低い。

> 😊 はい、もちろんがっかりします。しかし、私は学生時代、バスケットボールに打ち込み、体力、粘り強さには自信があります。アルバイトでも店長代理を任されており、責任感も人一倍あります。一生懸命頑張りますので、ぜひよろしくお願い致します。

※ ◎肯定受け・自己PR返し話法を使ったケース

結局、何が言いたいのですか？ 論理的に話してください

この質問でも精神的強さがチェックされている。よって、どんなに論理的に答えても厳しく追及してくる。返答のコツは、たとえ同じ内容でも言葉・表現・順番を替えて、とにかく明るくハキハキ答え続けること。

> 😊 はい、結論は、御社が第一志望ということです。理由は、御社の営業部の松野様にお会いして、大変感銘したからです。感銘した点は、御社のモチベーションエンパワーメントプランのコンサルティング手法です。

※ 🎵ロジカルキーワード話法を使ったケース

教職課程を取っていますが、当社に就職したいと本当に思っているのですか？

本気で志望しているのかどうかがチェックされている質問。返答のコツは、なぜ志望しているのかを、とにかく明るくハキハキ答え続けること。また、「旅行主任者資格を持ってますが、本当は旅行会社を志望しているのではないですか」など、取得している資格と志望業界が合っていない場合に同様の質問がされることがある。

> 😊 はい、もちろんです。学生時代は、幅広く勉強するために教職も取りました。他にも簿記2級の資格、秘書検定準1級の資格も取りましたし、英会話の勉強のため語学留学もしました。これらをすべて生かして、御社でますます頑張ります。

第2章 よく出る質問項目と答え方

就職活動・面接に関する質問

他にどんな企業を受けていますか？（就職活動の初期）

初期段階で1、2社しか受けていないと、視野の狭い就職活動をしている、とマイナス評価されることがある。むしろ、幅広く業界研究・企業研究・受験をして、広い視野を持ち、そのうえでその企業を強く志望しているという発言が高評価。

> 😊 はい、現在、3業界ほど受験しています。例えば、○○社や○○社、○○社などの会社説明会に出席しました。受験している企業に共通して言えるのは、人々の健康に貢献していることです。そして、この意味で、御社の仕事に一番魅力を感じています。

他にどんな企業を受けていますか？（就職活動の中期・後期）

中期以降は、ある程度絞り込まれていないとやりたい仕事が明確になっておらず、その企業に対しても本気度が低いと思われる恐れがある。したがって、受けている企業は、同業界内で同クラスの企業や志望動機が共通する企業が良い。そして、受験先の志望度が高いことを必ず強調する。

> 😊 はい、現在受けているのは、○○証券と○○証券です。私は御社を軸として、証券会社でファイナンシャルアドバイザーになることを目標に就職活動しています。このように強く思うようになったきっかけは、御社の○○○○様にお会いしたことです。

当社の志望順位は？

初期段階の面接ならば、1番と言わなくても落とされることにはならないが、最終面接あたりだと、1番と言わない受験者は内定辞退する恐れが高いとの理由で、面接官によっては、内定を出すのを保留したり落とすこともある。面接官は甘くはない。

> 😊 もちろん1番です。理由は、御社の○○に大変惹かれているからです。
> ※
> ○○の営業というのは御社しかできません。だから、御社がダントツの
> 第一志望です。全身全霊で頑張ります。ぜひよろしくお願い致します。
> ※

※ ⚠断定つかみ話法

158

こんな質問もよく出る ● 就職活動・面接

当社に受かったら就職活動はやめますか？

非常に熱心な志望者は、「やめます」と力強く断言するのが普通なので、ここでやめるかどうか迷ってしまうのは、面接官を非常にがっかりさせることになる。「やめます」と言わないのならば、説得力のある理由を必ず言うこと。

> 😊 もちろんやめます。もちろんです。そして、○○資格の取得に向けた勉強を開始し、来年からの仕事に備えます。この資格は、先日、御社の○○○○様とお話しした際に、仕事で役立つと、取得をすすめて頂いたものです。

※ ❗断定つかみ話法

今日の面接に点数をつけるとしたら100点満点で何点ですか？

どんな点数をつけるかではなく、その点数をつけた理由のほうが大切。NG例は、「80点です。残りの20点は、あがってしまい自分を出せなかったからです」のように、減点理由をネガティブに説明すること。

> 😊 はい、80点です。残りの20点は、水泳で体を鍛えたことを言う機会がなかったからです。私は小学校から中学まで9年間水泳に打ち込みました。得意な泳法はクロールとバタフライです。今でもジムで時々泳ぎます。体力にも大変自信があります。

※ 減点理由をポジティブに説明する方法を使ったケース

最後に何かアピールしておきたいことはありますか？

これは、面接官としては落とすか受からせるか迷っていて、面接評価用紙に書ける新たなセールスポイントを言えば受からせるが、そうでなかったら落とそうと思っている場合の質問。「特にありません」「先ほども申し上げましたとおり…」など発展的でないもの、新規性のないものはNG。

> 😊 はい、まだ言っていないことで、ぜひともアピールしておきたいことがあります。それは、ティッシュ1000個を手渡しした粘り強さです。私はキャンペーンのアルバイトをしていましたが、そこで一番活発に動き回り、手渡し最高記録を作りました。

第2章
よく出る質問項目と答え方

こんなエピソードでも自己PRになる！

● 自己PRの誤解が、内定獲得の障害になっている

多くの学生が自己PRのネタを考えるとき、「人がしていないようなすごい体験」や「トップクラスの成績」「難関の資格」「スポーツの好成績」でなくては高評価が得られないと考えています。しかし、それは全くの誤解です。企業が求めるものを理解せず、誤解したまま就職活動を続けていると、内定が取れないマイナススパイラルに陥ることになりかねません。

● この程度の自己PRネタでも、一流企業に受かっていた！

実は、一流企業の内定者の自己PRを調査すると、「この程度で大丈夫だったのか！」という自己PRネタが珍しくありません。3日間しかやっていないボランティア、中学まででやめた水泳、補欠選手だった卓球部の活動、一度も入賞したことがない吹奏楽部のコンクール、最近始めたばかりの新聞のスクラップ、などです。この程度だったら、見つかりそうな気がしませんか。

● 採用担当者が求めるのは、仕事に役立つ「行動特性・熱意・考え方」

なぜ、ありきたりなエピソードの自己PRでも内定が出るのでしょうか。それは、採用担当者は"すごい体験・成績"を求めているわけではないからです。担当者は仕事に役立つ「行動特性・熱意・考え方」を持っているかどうかを見ています。

どんな些細なことでも、仕事に役立つ「行動特性・熱意・考え方」が感じられるエピソードならば高評価が得られます。次ページから、些細な経験がどのように高評価を受ける自己PRになるかを解説します。

「自分には自己PRできるようなことがない」と悩んでいた人にこそ、ぜひ本項を参考に自信をもてる自己PRを作成してください。

長続きしていないことも受かる自己PRになる！

長期間取り組んだことでないと自己PRにならないと誤解している学生が非常に多いです。しかし、1週間～1カ月程度の短期間のことでも、せいぜい数回程度しか行っていないことでも、高評価を得ることができます。

■短期間の習い事

> 😊 私は、スポーツジムのキックボクシング講座で、プロの先生からみっちりしごかれています。体力と根性をつけるために始めましたが、10連続のパンチ＆キックや3分間のスパーリングなどを繰り返し行い、体中の筋肉が痛くなるほど激しいトレーニングをしています。よろしければ、10連続パンチ＆キックを披露します。

①短期講座でも、真剣に取り組めば受かる自己PRになる
　スポーツジムでは、1週間～3カ月程度の短期講座が行われていることがある。たとえ短期でも真剣に取り組めば、それなりのスキルや知識が得られる。何もやっていない人と比較したら格段の差である。他の学生がやらないような激しいものに挑戦すると、チャレンジ精神や実行力のアピールにもなる。

②面接でやってみせるとリアル感 & インパクト大
　度胸や実行力のPRにもなるので、面接官の前で披露してみましょう。

■短期間のアルバイト

> 😊 私の売りは、8時間労働も余裕でできる体力です。コンサートスタッフのアルバイトをしていたときは、会場設営などの力仕事や、観客誘導・安全管理の頭を使う仕事、数十種類のグッズを笑顔で売る仕事などに取り組み、8時間働いていました。そのため、体力には自信があります。御社の仕事も全力で頑張ります。

●長時間（8時間以上）の仕事を全力で頑張ったPRはインパクト大
　この学生は、8時間「連続労働」ではなく、途中休憩がある8時間の「拘束時間」の仕事を全力で頑張ったことをアピール。長期間続けたアルバイトでなくても、真摯に取り組む姿がイメージされて好感度大。

マネジャー・補欠選手も受かる自己PRになる！

運動部で中心選手として活躍した内容でなくても全く問題ありません。マネジャーや補欠選手として努力したエピソードでも、一流企業の内定が取れます。高評価を得る秘訣は、志望企業の仕事と関連させたPRにすることです。

■マネジャーの自己PR例

> 😃 私は、サッカー部のマネジャーとして、全選手30人の練習の準備と後片付けを3年間行って大会の勝利に貢献しました。選手が来る前にグランドに行って準備、練習中は監督の手伝い、練習後は掃除・洗濯もします。大会で勝ったときは嬉しくて涙が出ました。御社でも全社員のために貢献します。

●志望企業の仕事とダブらせた自己PR内容にする

志望企業で行う仕事内容を研究し、自己PR内容をそれとダブらせて話すと高評価を得られる。マネジャーの場合は、チームのために献身的な行動をとったエピソードを話すと極めて効果的。

■補欠選手の自己PR例

> 😃 私のアピールポイントは、野球部の補欠選手として試合で勝つために大変重要な仕事を任されたことです。地味ですが、グランド整備・球拾い・バッティングピッチャー・大声での盛り上げなどを毎日、チームのために全力で頑張りました。私は、どんな仕事であろうとも、会社のために全力で頑張ります。

①補欠選手 ＝ 低評価は間違い

一流企業の内定者を調査すると、補欠選手だったエピソードを自己PRとして使っている人が非常に多い。たとえレギュラー選手でなかったとしても就職試験においては、全く不利にならない。

②補欠選手の自己PRはチームワーク、献身性を軸にすると高評価

チームワークや献身性を強調した自己PR内容にすると、レギュラー選手よりも高評価が得られる。

自己PR ● マネジャー・補欠選手／大会で惨敗のスポーツ

 大会で惨敗のスポーツも受かる自己PRになる！

大会で優れた成績を残せていなくても、一度も勝利していなくても、トップクラスの高評価が得られる自己PRになります。秘訣は、基礎練習・自主練習・練習試合での「猛努力（面接官を唸らせるほどの努力）」を軸にすることです。

■バレーの猛練習

> 😟 私は、学生時代バレーの練習に打ち込み、コツコツ努力する習慣を身に付けました。例えば、走り込みは毎日5キロ、1カ月で100キロ、1年間で1200キロ、3年間で3600キロ行いました。御社でも毎日コツコツ努力を積み重ねて頑張ります。

●毎回の練習で行っていた走り込みの距離を合算してPR

大会での入賞経験がない場合は、練習での努力をPRの軸にすれば良い。例えば走り込みは、練習期間全体で合算すると極めて大きな数になってインパクトが強くなる。他にも野球やテニス、剣道は素振りや筋トレ、ダッシュの回数、階段トレーニングの段数、バスケットボールはシュート練習の回数などの合算がある。

■テニスの猛特訓

> 😟 私の売りは、苦痛にも負けない根性です。学生時代、テニス部に所属して、厳しい練習で根性を養いました。例えば、夏は40度を超す猛暑のテニスコートの上で、本番を想定した猛特訓を納得いくまで行いました。試合では打撲しても出続け、執念で勝ったこともあります。御社の仕事も根性で頑張ります。

①強い痛みに耐えて頑張った経験は強力なPRになる

打撲の痛み、猛暑や極寒のつらさに耐えて頑張った経験は、強い根性・忍耐力があることを感じさせることができる。

②練習試合も試合の一種としてPRできる

たとえ公式試合でなくても、試合に向けて高い意識を持ち猛特訓したエピソードがあれば自己PRになる。

転校歴・大学編入も受かる自己PRになる！

転校経験で培われた能力・知識は、転勤が多い企業を受ける場合、強力な自己PRになります。大学編入では編入の目的や試験対策の努力も強力な自己PRとしてアピールできます。

■転校歴

> 😊 私は、2回の転校で全国3カ所の方言や習慣を学びました。小学校時に東京・大阪、中学校時代に福岡に住んでいました。その結果、現地の方言や生活習慣を短期間で覚え、人間関係を短期間で作れる適応力が身に付きました。私は入社後、全国各地を飛びまわって現地の人に御社の商品を売り込みます。

①転校の回数の多さ、場所が広域にわたっていることを述べるとインパクト大
　住んだ地域の方言を片言でも良いので披露すると、インパクトがさらに強まる。海外の転校経験がある場合は、海外出張で活躍できることがPRできる。

②転校した地域に、志望企業の支店・店舗があるかチェックしておく
　支店・店舗がある場合は、その地方の方言や生活習慣に詳しいことは、効果的なPRポイントになる。

■大学編入

> 😊 私の売りは、人の2倍勉強して大学編入試験に合格したことです。私は□□の科目を専門的に学ぶため、編入試験を受けました。短大の勉強と四年制大学編入試験の勉強の、2つを同時に行うのは大変でしたが、1日12時間勉強して、目標を達成しました。

①編入試験に合格するために猛勉強したことをPR
　「1日12時間」などと、数字を挙げるとインパクトが強まる。

②編入先の大学での勉強が、志望企業の仕事に役立つ場合はPRできる
　志望企業への熱意を伝えるため、志望企業と関連している学科へ編入をしたことを自己PRにした。その科目で最高評価を取得している場合は、さらに高評価。

通学時間の有効活用も受かる自己PRになる！

通学時間が長い人はもちろん、短い人でも通学時間の有効活用のPRは高評価が得られます。典型例は、資格取得の努力・新聞やビジネス誌の講読・体力増強（長距離の自転車や徒歩・ランニングの通学）をテーマにしたものです。

■通学時間に勉強

> 😊 私のアピールポイントは、通学時間を有効活用して、資格を取得したり、新聞の熟読をしてスクラップブックを作ったりしていることです。資格は、○○2級や△△△を取りました。新聞のスクラップは、現在は御社の□□業界に関する記事を中心に行っています。入社後も隙間時間を有効活用して、仕事のスキルアップをしていきます。

●通学時間に勉強をコツコツ積み重ねたことはPRになる

通学のバスや電車の中で、ただ寝ているだけ、ボーッとしているだけの人と、勉強に力を入れている人では、1、2年の間に大きな差がついていく。面接官は、通学時間を有効に活用している人を高く評価する。新聞やビジネス書の熟読、短期間で取れる資格の勉強なら今からでも間に合う。

■通学時間に体力増強

> 😊 私の売りは、6キロの坂道通学を3年間継続して身に付けた体力と忍耐力です。私は駅から大学までの往復6キロの坂道を教科書やパソコンなど4キロの重い荷物を持って、バスを使わずに徒歩通学しています。大雨や雪の日には1時間かかり、汗びっしょりです。この体力と忍耐力で御社の仕事も頑張ります。

①長い通学距離、悪天候でも徒歩はインパクト大

バスなどの公共機関を使わず、長い通学距離を悪天候でも徒歩で通っていることは、体力や忍耐力のアピールになる。自転車通学でも同様。

②数字・具体例を挙げ大変さをアピール

「6キロの坂道」「4キロの荷物」「1時間」「汗びっしょり」と、大変さが伝わるように話すと効果的。

優の取得率が低くても受かる自己PRになる！

学業についてアピールする場合、優（最高評価）の取得率が低くても大丈夫です。1つでもあれば、その科目における努力を軸にした自己PRで、高評価を得られます。"やればできる人"の印象をもたれます。

■勉強時間・取り組み姿勢

> 😊 私の売りは、○○の科目で最高評価Sを取得したことです。これは授業以外に480時間、自主的に勉強した成果です。私は通学時間や授業前後、授業と授業の間の空き時間をむだにせず図書館などで勉強に打ち込みました。御社の仕事でも時間を有効活用して成果を上げます。

①文頭で、最高評価を取ったことを述べる
担当教授の客観的な評価（高い成績）は、猛努力したことの証拠になる。

②勉強時間の集計を述べるとインパクト大
面接では計算式を述べると良い。1日2時間の自主勉強。1週間に5日間勉強したので週10時間、月40時間、12か月分を合計して年480時間。

■大量の文献と新聞記事の読破・分析

> 😊 私の売りは、○○の講義で最高評価の優を取得したことです。300ページ以上の文献を10冊、合計3000ページ以上読破して、関連する最新の新聞記事も収集分析して理解を深めました。御社の仕事も粘り強く取り組み、最高の成果を上げられるよう頑張ります。

①読破した文献の冊数、ページ数の集計を述べるとインパクト大
ななめ読みでも大丈夫。最高評価取得の実績があれば、きちんと勉強していたことが伝わる。

②関連する新聞記事やビジネス誌なども研究しているとインパクト大
文献以外の資料でも勉強していると、研究心の強さを感じさせる。なお、その科目に関係する場所や組織、人のところに行って取材したエピソードがあるとフットワークの軽さやコミュニケーション力のアピールにもなる。

自己PR ● 優の取得率が低い／短期語学留学・TOEIC®600点台

短期語学留学・TOEIC®600点台も受かる自己PRになる！

留学が1週間〜1カ月程度、TOEIC®のスコアが600点台の場合でも、猛努力の内容、または、実践的能力をアピールの軸にすれば、高評価が得られる自己PRになります。

■外国人とディスカッション形式の授業、親睦会の準備・実行

> 😃 私の売りは、語学留学先で2カ国の外国人と合計20回のディスカッションを重ねて、伝統文化紹介授業や親睦会など、3つのプロジェクトを実行したことです。この経験で実践的な英語力を高めました。世界5ヵ国の仲間とは今でもフェイスブックで毎日情報交換しています。今から英語で自己PRを述べさせて頂いてもよろしいでしょうか。

①**留学先で、外国人とディスカッションや共同作業をしたことをPR**
　たとえ短期の留学でも、それにどう取り組んだかが大事。この学生はディスカッション形式の授業に積極的に参加し、自ら企画の立案・実行に力を入れたことをPR。ディスカッションや企画の回数を挙げて説得力アップ。英語自己PRのアピールもインパクト大。

②**知り合った外国人たちとフェイスブックで交流し続けていることをPR**
　実践的な英語力と積極性があることが伝わって、インパクトが強くなる。

■TOEIC®スコアの大幅アップ

> 😃 私の強みは、TOEIC®スコアを280点アップさせた"やり抜く力"です。大学入学後、社会に出たら英語を使って仕事をしたいと考え起床から就寝まで勉強に打ち込みました。そして、TOEIC®のスコアを400点から680点と、280点アップさせました。現在は、さらに200点アップを目標に努力中です。私は英語の勉強を通して、英語力はもちろん、成果を出すまで"やり抜く力"も培いました。

●**TOEIC®スコアを大幅アップさせたことを軸にする。（努力家のPRになる）**
　スコア自体は特別に高くなくても、アップさせたスコアが大きければインパクト大。この例では、スコア自体は680点と特別高くはないので、英語力ではなく、猛努力をアピールの軸にした。

簡単な資格・小規模コンテストも受かる自己PRになる！

取得が簡単な資格や、アルバイト先や自分たちが自主的に行った小規模なコンテストでも、高評価が得られる自己PRになります。秘訣は、志望企業の仕事に役立つスキルや知識、行動特性をPRの軸にすることです。

■簡単な資格を取得

> 😊 私のアピールポイントは、3年間で6つの資格を取得したことです。コツコツ努力してすべて1回の受験で受かりました。内訳はMOSなどパソコン関係の資格を3つ、Literas論理言語力検定2級などビジネス基礎力の資格を3つです。現在は、御社の仕事に役立つようにとITパスポートと簿記2級取得の勉強をしています。

①資格取得を年間2つ以上のペースで行っていることのPRはインパクト大

ネット上の受験で簡単に取得できる資格や1週間～1カ月程度の勉強で取得できる易しい試験でも大丈夫。志望企業の仕事に役立つ資格を1年に2つ以上のペースで取得していれば、高評価が得られる。

②勉強中の資格を述べると向上心のアピールになる

取得した資格を述べた後、勉強中の資格を述べると向上心のPRになる。

■アルバイト先での自主的なコンテスト

> 😊 私の売りは、アルバイト先で開催された店頭ポップ制作コンテストで1位、お声かけコンテストで1位、ディスプレイコンテストでも1位になったことです。私は食品の小売店で販売のアルバイトをしていますが、従業員の販売スキルを高めるために行われた3つのコンテストで、アルバイトだけではなく社員にも勝って1位になりました。

●アルバイト先で自主的なコンテストを行うとPRネタができる

アルバイトメンバーで、売上向上や顧客満足度向上、仕事のスキル向上などにつながるコンテストを行うと自己PRネタが数多くできる。例えば、週3回行えば、1カ月で12回、3カ月で36回も行える。社員に相談して企画・実行すると良い。実行力・向上心・企画力などのアピールにもなる。

自己PR ● 簡単な資格・小規模コンテスト／友人と作った小さなサークル

 友人と作った小さなサークルも受かる自己PRになる！

大学の公認サークルに所属していなくても大丈夫。友人と結成した少人数のサークル、就職活動を始めてから結成したサークルでも自己PRのネタになります。チャレンジ精神やフットワークの軽さ、実行力のアピールにもなります。

■**文化系サークルの結成**

> 😊 私のセールスポイントは、新商品企画コンテストで1位になったことです。私は学生時代、食品ビジネス研究サークルを結成して、新聞やビジネス誌を使った実践的な勉強会や新商品企画コンテストを開催しました。考案した新商品の案は、レポートにして持参しましたので、ぜひご覧ください。

①**サークルを結成したことは、チャレンジ精神・実行力のPRになる**
この実例は、食品メーカー志望者が結成したサークルでのエピソード。活動期間歴が短くても、人数が少なくても、志望企業に関係した活動を行っていれば自己PRになる。

②**コンテストや勉強会での企画・レポートはPRの武器として使える**
サークル内でコンテストや勉強会を行うとインパクトが強まる。また、企画やレポートを作成し、面接に持参すると良い。

■**スポーツサークルの結成**

> 😊 私は、バドミントンサークルをゼロから立ち上げました。チームのネーミングやコンセプトを考え、練習場所を確保し、宣伝チラシを作り、インターネットで新メンバーを集めました。メンバーは4大学にわたり、社会人もいます。練習会や大会を主催して、体も鍛えています。

●**スポーツが趣味なら、サークルを作ってみよう**
この学生は、中学・高校時代の部活の友人たちに声をかけて、大学生になってからも趣味でバドミントンを行っていた。それにサークル名をつけ、練習場所の確保や新メンバー集めもし、自己PRを作った。このように、今行っていることを友人たちとサークル化するのもおすすめ。

169

小学生時代の習い事も受かる自己PRになる！

小学生時代の習い事でも、志望企業（志望職種）の仕事で役立つ能力が得られていれば高評価が得られます。当時取得した段や級は、実力が維持されていれば自己PRとして使えます。どのような猛努力をしたか、具体的に説明しましょう。

■書道

> 😊 私は、書道5段で、美しい字でお客様の心をつかめます。書道の修業は7歳から始め、15年間継続しています。1日10作品、月に80作品、年に960作品、15年間で約1万4000作品を書き上げました。私は書道を通して、美文字力、正確な漢字知識、努力継続の姿勢、本番でミスしない集中力を培いました。

①高い段位を取得している場合は話の出だしに
段位は幼少時に取得したもので大丈夫。当時、猛努力した証拠となる。

②教室への通学をやめた後も自主的に練習していれば継続期間に含める
大切なのは書道の練習に対する熱意や取り組み方、そこから培った能力。また、修業期間全体で集計すると、継続力をアピールする強い数字になる。その期間で志望している企業で役立つものを培った場合、併せてアピールすると高評価。

■珠算

> 😊 私のアピールポイントは、珠算検定2級を取得し、素早く正確に計算する力があることです。3ケタかける3ケタの計算も瞬間的にできます。問題を出して頂ければ、1秒で正確な答えを出します。

①珠算の段位とともに、志望職種で役立つ能力を述べる
素早く正確な計算力は、事務職をはじめ多くの職種で有効なPRポイント。

②面接で計算をやってみせる
計算能力および度胸のアピールになる。面接官の印象に強く残るため、おすすめです。

自己PR●小学生時代の習い事／小学生時代のスポーツ経験

小学生時代のスポーツも受かる自己PRになる！

小学生時代のことは自己PRにできないと思われがちですが、それは間違いです。今は趣味程度でも、小学生のときに真剣に取り組んでいたのなら大丈夫。ポイントは仕事で生かせる体力・継続力・忍耐力などを軸に自己PRを作ることです。

■小学生時代のスイミングスクール

> 😊 私のアピールポイントは、水泳歴15年で、クロールで2000メートル泳げる体力があることです。私は、小学校1年生から水泳を始めました。一番得意な泳法はクロールですが、バタフライ・平泳ぎ・背泳ぎと何でも泳げます。大学生になってからは、スポーツジムで泳いでいます。

①**小学校のスクールの期間と中学・高校・大学の趣味で行った期間を合算**
この学生が本格的に水泳を習っていたのは小学校の6年間。中学・高校の6年間は学校の授業と趣味で時々、大学3年間もスポーツジムでたまに泳ぐ程度。これらを合算すると15年となり、強い継続力が感じられる。

②**体力があることが伝わるように数字でPRする**
「クロールで2000メートル泳げる」は、一般人よりも強靭な体力がある証明。

■小学生時代のスキースクール

> 😊 私はスキー歴15年で、全身の筋肉を鋼のように鍛えています。切り立った崖のような上級者コースを一日中滑ることもできます。上級者コースは、一瞬の判断ミスが骨折や、時には死亡事故になるので、絶対にミスをしない深い集中力も培うことができました。

①**猛努力した人にしかできない、レベルの高い事例を盛り込む**
「切り立った崖のような上級者コースを一日中滑る」など猛努力したことが伝わるエピソードにすると、今は趣味で行っていることでもインパクト大。

②**志望企業の仕事で役立つ能力や資質、心がけを培ったことをPRする**
たとえ小学生のときのことでも「絶対にミスしない深い集中力」を培ったエピソードは、仕事でも活躍できると類推される。

中学時代の文化系課外活動も受かる自己PRになる！

中学時代に力を入れていた文科系課外活動でも、知識・スキル・体力・習慣・資質・精神など当時に身に付けたことが、志望企業の仕事に役立つことをアピールできれば、強力な自己PRになります。

■吹奏楽部

> 😊 私は学生時代、吹奏楽に打ち込み大会で入賞しました。私はパートリーダーだったため、他のメンバーたちにお手本を見せる役割でした。そこで毎日、全体練習前と後に自主練習を2時間行って実力を付けました。御社の仕事でも、毎日自主努力を始業前と後に積み重ね、他の社員のお手本になるくらいの実力を付けます。

①どんなに小さな大会でも入賞経験がある場合はPRできる

たとえ参加チームが少ない地区大会や小規模な学内大会でも、勝負がかかった場で結果を出したのであれば、努力していたことの証拠にもなる。

②たとえ部分的なことでもリーダー（責任者）を務めたらPRできる

この学生は、多くの人がいたパートリーダーの中の一人にすぎないが、リーダーとして、どんな努力をしたか具体的に述べて高評価を得た。

■合唱部

> 😊 私の強みは学生時代、合唱部の猛特訓に力を入れたことです。例えば、基礎トレーニングの腹筋は毎日50回、月に1000回、年に1万2000回のペースで行い、お腹からしっかり大きな声が出せるように鍛えました。そして、100人から1000人の前で歌うコンサートの舞台も30回経験しましたので、何事にも動じない度胸も培いました。

①毎回の練習で行っていた筋トレなどの回数を合算してPR

練習期間全体で合算すると極めて多くの数になってインパクトが強まる。

②舞台でのパフォーマンス経験は観客数や回数をPRできる

舞台で大人数に対してパフォーマンスをした経験がある人はめったにいないため、印象に残る。度胸や集中力、本番に強いことのアピールになる。

自己PR ● 中学時代の文化系課外活動／中学時代のスポーツ

中学時代のスポーツも受かる自己PRになる！

中学時代に力を入れていたスポーツも、当時鍛えた体力または精神力を今でも何らかの形で（多少とも）生かしていれば、強力な自己PRになります。高校以降は趣味程度しかやっていなくても問題ありません。

■バドミントン

> 😊 私のアピールポイントは、9年間続けているバドミントンで培った体力です。バドミントンのシャトルは、初速度200キロ、手元では60〜100キロです。これを思い通りに打ち返すために1日600回、月に1万2000回、年に14万回のペースでラケットを振る特訓を積み重ねました。

①**中学での部活の期間と高校・大学の趣味的に行っていた期間を合算**
この学生が本格的に練習していたのは中学3年間。高校3年間と大学3年間は友人とたまに集まって練習や試合をしていた程度。スポーツをする習慣があるのは有益である。趣味の期間も合算してアピールしよう。

②**シャトルの速度、練習の総回数を数字で述べる**
大きな数字でPRすると、インパクトが極めて強くなる。

■陸上部

> 😊 私のアピールポイントは、陸上部の800メートル走の練習で培った体力です。私は学生時代に陸上部に所属し、中・長距離、特に800メートル走が得意でした。地区大会での入賞経験もあります。今でも体力維持のために毎日1キロ走っています。

①**どんなに小さな大会でも入賞経験は高評価**
たとえ参加チームが少ない地区大会や小規模な学内大会でも、勝負がかかった試合で結果を出したことに変わりはない。努力したことの証拠になる。

②**今でも何らかの形で継続していることを述べる（程度は低くても構わない）**
「今でも…毎日1キロ走っています」これは家から駅まで通学の際に軽く走っていることにすぎないが、人並み以上の体力があることを感じさせる。

ピアノ（音楽の習い事）も受かる自己PRになる！

多くの学生が経験したことのある音楽の習い事でも、アピールの軸を志望企業で役立つ能力にすると高評価が得られます。求められる能力（スキル・資質・心構えなど）の研究をして、仕事にどう生かすかを具体的に述べましょう。

■ミスをしない集中力

> 😊 私は、15年間で18回のピアノコンサートに出演し、本番でミスをしない集中力を身に付けました。これらのコンサートでは、30人から1000人の観客の前で、ノーミスで演奏しました。御社の仕事でも、培った集中力でミスをしません。

①コンサートでの演奏経験は観客数や回数をPRできる

コンサートで演奏する経験があれば、ただピアノを習っていた学生と差別化できる。また、ミスをしない集中力や本番に強いことのアピールにもなる。

②志望企業の仕事で役立つアピールポイントにする

ピアノの自己PRの場合、継続歴が長いことをアピールする人は非常に多くて埋没してしまう。取り組み姿勢や経験から得たものをアピールの軸にしよう。

■逆境に負けない忍耐力

> 😊 私の売りは、ピアノの厳しい練習で培った、逆境に負けない忍耐力です。私は頭痛・腹痛・風邪・骨折・先生からの厳しい叱責など、どんなにつらいことにも負けずに13年間、練習を休むことなく継続しました。御社の仕事でも、どんなにつらいことがあっても耐え、努力し続けます。

●逆境の具体例を複数挙げてイメージしやすくする

逆境は肉体的な痛みや厳しい指導を受けたことを例に挙げると特にインパクト大。「頭痛、腹痛、風邪、骨折、先生からの厳しい叱責」など、具体的にイメージしてもらえるワードを複数挙げよう。

自己PR●ピアノ（音楽の習い事）／塾講師・家庭教師のアルバイト

塾講師・家庭教師のアルバイトも受かる自己PRになる！

塾講師や家庭教師のアルバイトをしている学生は非常に多く、自己PRのほとんどは生徒を指導したことです。これでは大勢の中に埋没し、かつ採用メリットも感じられず低評価です。評価アップのコツは志望企業の仕事との関連付けです。

■志望企業の顧客の年代層との関連付け

> 😊 私は、塾講師の仕事で30～50代の厳しい保護者の方たちにも感謝されました。塾の費用を出しているのは親であり、親の信頼を得ることが塾の売上アップにつながります。私は親たちに50回以上手紙を書き、電話をかけ、面談をしました。その結果、保護者アンケートでは一番厳しいと言われる親からも感謝の言葉を頂きました。

①志望企業の顧客の年代層に対する努力エピソードを述べる

　この学生は、志望企業の顧客の年代層が塾の生徒の保護者の年代層と同じだったため、保護者に対する努力エピソードをPRの軸にした（面接官は、その年代層に対する仕事能力が高いことを類推して高評価した）。

②売上アップに貢献したエピソードはアピールになる

　何をすれば塾の売上アップにつながるかを考え、実行したエピソードは志望企業での仕事ぶりがイメージされて高評価。

■志望企業で取り組みたい業務との関連付け

> 😊 私の売りは、塾講師の仕事で5タイプの研修を企画・実行したことです。私はリーダーを務め、講師10人の指導をしています。この1年間で、5タイプのスキルアップ研修を企画・実行しました。この結果、生徒アンケートで最高評価が昨年度より2割増えました。

●取り組みたい業務と似た業務における努力エピソードを述べる

　この学生は、志望企業で企画の仕事をしたかったので、塾での企画業務において努力したことをPRの軸にした（面接官は企画業務における仕事能力が高いことを類推して高評価した）。

年に１度の成果・みんなの成果も受かる自己PRになる！

年に１度しか達成していない成果や、自分一人でではなくチームのみんなで達成した結果でも、アピールの軸次第で面接官の高評価が得られます。ポイントは、数字などを使って具体的な成果をアピールすること。

■多い数量の達成

> 😊 私の強みは、仕事をテキパキと行うことです。ジューススタンドの仕事では、１日1000杯以上のジュースを販売しました。大学の新入生歓迎ボランティアでも１時間で1800人分の配布冊子を完成させました。御社でも仕事をテキパキこなして貢献します。

①１年間で１番の売上をアピールネタにするとインパクト大
　この自己PR例の「１日1000杯以上」は、特に多かったクリスマスの日の売上。毎日の成果をアピールしなくても大丈夫。自分の能力が最大に発揮された日のエピソードで高評価を得られる。

②みんなで達成した成果もPRできる
　必ずしも一人で成し遂げたことでなくても良い。「１日1000杯以上」「１時間で1800人分」は、どちらもチームで協力したからこそ。この発言後、チームワークや効率的段取り作成のPRをする。

■多い金額の達成

> 😊 私のセールスポイントは、家電量販店のアルバイトで１カ月2000万円の売上を達成したことです。目標の３割増しの売上で、店の責任者から大変喜ばれました。御社の仕事でも、全力で努力して高い目標を達成します。

●みんなで達成した成果もPRできる
　この自己PRの「１カ月2000万円の売上」は、自分一人ではなく、売場のチームで協力して達成したこと。この発言後、チームワークや効率的段取りを工夫したエピソードを披露する。なお、サッカーや野球、吹奏楽なども同様である。みんなで達成した成果や入賞などでも高評価を得られる。

自己PR ● 年に1度の成果・みんなの成果／厳しい指導を受けたこと

厳しい指導を受けたことも受かる自己PRになる！

部活動や習い事などで、厳しい指導にもめげずに努力し続けたという自己PRは高評価を得ます。なぜなら企業に入社後、上司の厳しい指導や顧客の厳しい叱責にもめげずに努力し続ける（忍耐力・根性のある）人と類推されるからです。

■厳しさに負けない精神力

> 😊 私は、先生が竹刀を持って厳しく指導するクラシックバレエ教室で強靭な精神力を身に付けました。「顎を引きなさい」「膝が曲がってる」と細かく叱られ、完璧にできるまで何度も注意されました。バレエは一見華やかです。しかし、それは、トゥーシューズに血がにじむこともあるくらいの真剣な猛練習をしているからこそのものです。

①**厳しい上司や顧客、仕事、環境にも耐えられることを類推させると高評価**
面接官のチェックポイントの1つに「入社後厳しい上司や顧客などに耐えられる人物か」がある。厳しい指導に耐えたエピソードを話すと、入社後も耐えられると類推されるので高評価が得られる。

②**セリフを盛り込んで厳しさ・つらさがリアルに伝わる**
「顎を引きなさい」などのセリフや「完璧にできるまで」「血がにじむこともあるくらいの」などの状況説明を入れると、厳しさに耐えたことがリアルに伝わる。

■厳しくされてもやめない継続力

> 😊 私は茶道の修行に8年間打ち込んでいます。30～60代の先生に厳しい指導を受け、鍛えられました。正座は2時間くらい平気です。私は日本の伝統文化である茶道を通して、礼儀作法やマナー、姿勢の良さ、おもてなしの精神、厳しさに屈しない忍耐力も身に付けました。

①**入社後の厳しさとダブらせた内容にすると類推してもらいやすくなる**
「30～60代の先生から厳しい指導を受けた」とのエピソードは、30～60代の上司や顧客の厳しさに耐えられることを暗にPRしている。

②**忍耐力が身に付いたことが感じられる話を盛り込む**
「正座は2時間…」。この程度の話でも大丈夫。普通の人は30分もできない。厳しく鍛えられたことを感じさせる。

新聞スクラップ・読書ノートも受かる自己PRになる！

志望企業・志望業界に関連する新聞記事や書籍を読むことは、高評価を得る自己PRになります。秘訣は、スクラップブックや読書ノートを作り、学んでいる証拠を作ることです。短期間でも成果があるので、今から始めても間に合います。

■**新聞記事スクラップブック**

> 😊 私は毎日、新聞を読んで仕事に役立つスクラップブックを作っています。私には御社で〇〇の仕事に取り組みたいという目的があります。そこで、知識を深めアイデアの種を見つけるために、〇〇に関する新聞記事を毎日集めています。スクラップブックは、現在5冊になりました。今日はこのバッグに入れてきています。

①新聞記事のスクラップブックは今から始めても間に合う

　１～２週間行えば多くの記事のスクラップができ、面接で話せる。新聞を読み、スクラップブックを作っている学生は少ないので大変目立つ。図書館の新聞過去記事検索サービスを利用すると、過去から現在までの志望企業・志望業界の記事が何十、何百と収録でき、スクラップブックが容易に作成できる。

②面接に持参して（適切なタイミングがあれば）取り出して見せる

　記事の内容の話題になったら、タイミングよく取り出して見せる。

■**読書ノート**

> 😊 私は毎日、本を読み読書ノートをつけています。御社を志望していますので、最近は△△業界に関する本を読んでいて、現在100冊読破しました。もちろん、御社の社長の〇〇〇〇様が書かれた『□□□□』も読ませて頂きました。この読書ノートは、仕事のアイデアを考えたり自分を戒めたりすることに使っていきます。

●読書ノートは速読式で行えば１週間もあれば完成

　志望業界と関連した本を数多く読むと熱意のPRとなる。この学生は、志望の食品業界に関する本で（飛ばし読みしながら要点だけを）１冊6分ペースで読み、10時間で100冊読破。読みながら作った読書ノート（１冊につき１ページの要点メモ）を面接官に見せ、高評価を得た。

就職活動の努力も受かる自己PRになる！

就職活動の努力は、積み重ねると行動力や熱意、職業意識の高さの自己PRになります。例えば、合同会社説明会の参加は1回あたり5〜10社まわると、10回の参加で50〜100社の社員と話をすることになり、行動力のアピールになります。

■業界研究セミナー、会社説明会、OB訪問、会社見学

> 😊 私は、この就職活動で50社以上の社員に会って、仕事で高い成果を上げるためにやるべきことを伺いました。社会人になってから役立つようにノートにまとめてあります。私は会社説明会の参加やOB訪問、会社見学をスケジュールの可能な限り行いました。その結果、第一志望の会社も見つかりました。それはもちろん御社です。

●説明会でのコミュニケーション力・行動力をアピール

目上の社会人に質問するのは、同年代の友人に質問するよりも格段にレベルの高い行為。それを50人、100人と行っている学生には、高いコミュニケーション力や行動力を感じる。その積み重ねは、高評価のエピソードになる。質問相手の氏名、学んだことはノートに必ずメモしておこう。

■志望企業のWEBサイトや商品、サービスの利用

> 😊 私は、御社のWEBサイトで推奨されている「料理レシピベスト50」のすべての料理に挑戦して作り上げました。これらは、写真に撮ってアルバムにしてあります。私は実際に、御社の商品を使った料理を自分の手で作ってみて、御社の商品の良さを実感しました。世界中の人に御社の商品をおすすめしたいです。

①WEBサイトのコンテンツの活用は熱意の強さのPRになる

WEBサイトの顧客向けのコンテンツに力を入れている企業の場合は、それを徹底的に活用すると志望熱意の強さが伝わる。

②志望企業とライバル企業の商品・サービスの比較研究をアピールする

ライバル企業の商品・サービスと比較し長所や短所を確認すると、さらに高評価。

アルバイト先の商品研究も受かる自己PRになる！

アルバイト先の商品やサービス、販売方針などが志望企業のビジネスに似た部分がある場合は、トップクラスの高評価が得られるPRを作れます。秘訣は、専門家・社員・顧客の3つの立場から分析して、売上向上の提案を考えることです。

■アルバイト先で志望企業の商品を扱っている場合

> 😐 私はコンビニの仕事を勉強の場と考えて、商品の売上を増やすための分析を3年間行いました。コンビニには約3500の売れ筋商品があり、新商品も毎週約100種加わります。私は売れる商品の理由を新聞やビジネス誌で調べ、スーパーバイザーとお客様の意見も聞き、分析しています。この過程で、御社の商品がもっと売れる方法も考えました。

●志望企業の商品を扱っている場合は3つの立場から分析する

1．新聞やビジネス誌、インターネットで検索した専門家の意見　2．社員（店長やスーパーバイザー）の意見　3．顧客の反応や意見　この3つと並行してライバル商品も研究し、新製品案や売り方を面接で提案すると、高評価。

■アルバイト先と志望企業の扱う商品に共通点がある場合

> 😐 私の売りは、200種類のネタを扱う寿司屋のオーナーに厳しく鍛えられたことです。3年間のアルバイトで海産物の種類と鮮度の保ち方、お客様に喜ばれる提供方法を日々指導されました。例えばマグロだけでも、種類・獲れた場所・部位・脂の入り方・季節による違い・仕込みによる違いなど、プロの見方を20通りもたたき込まれました。

●志望企業の扱う商品に共通点がある場合は細かく熟知する

この自己PRの学生は、志望業界が食品業界や流通業界で、海産物を扱う企業のためアルバイト先の寿司屋と共通点があった。そこで、寿司屋のオーナー（板前）から仕事のたびに毎回、海産物の細かな違いを徹底的に教わったエピソードを自己PRに。一般人の知らないことをプロ並みの視点で詳しく語って面接官を驚かせ、猛努力をアピールした。

自己PR ● アルバイト先の商品研究／仕事のスキルを教わった経験

 仕事のスキルを教わった経験も受かる自己PRになる！

アルバイトやインターンシップ先で優秀な社員から仕事の実践的なやり方を教わった経験は、自己PRになります。そのやり方が、志望企業の仕事に役立つことを社員に確認すれば、行動力と熱意の高さのPRにもつながります。

■アルバイト先で優秀な社員から仕事のスキルを教わる

> 😊 私の売りは、営業のアルバイト先の、売上ナンバーワンの社員から「セールストークのスキル」を学び、目標販売数を達成したことです。この経験から営業の仕事の魅力を知ることもできました。その後は、御社を訪問した際、営業の○○○○様にも指導して頂き、セールストークの学びを深めました。

●優秀な社員の仕事スキル & 心構えを実践

志望企業の仕事に応用できるスキルと心構えがあることは売りになる。アルバイト先の優秀な社員から教わると良い。可能なら複数の社員やインターンシップ先、説明会、会社訪問の社員にも教わる。学んだことはノートにまとめ、実践して成果が出たことを面接で話そう。

■ボランティア先でベテラン職員から仕事のスキルを教わる

> 😊 私は障害者支援のボランティアで「気付く能力」を培いました。私は意思表示が困難な障害者の要求に素早く気付けるようになるために、瞬きや目、眉毛の動き、うなずき、嚥下、筋肉の緊張から相手の要求を理解する方法をベテラン職員から教わりました。この能力は御社の仕事にも役立つことを社員の○○○○様から伺いました。

①ベテラン職員の仕事スキルを実践

ボランティア先のベテラン職員は、普通の学生・社会人が知らない特殊なスキルを持っていることも。教わっておくとライバル受験者と差別化になる。

②仕事へどのように生かすかを面接でアピール

志望企業のセミナーや説明会、店舗訪問などで社員と会った際は、教わったスキルを仕事にどう生かせるかを聞いておくと自己PRの説得力が増す。

新商品やチラシの企画も受かる自己PRになる！

志望企業の仕事のアイデア（新商品や新サービス・チラシ・ポスター・ポップ・キャラクターなど）を考えて提案したエピソードは、強力な自己PRになります。企画職、広報職はもちろん、営業職、事務職でも、熱意と能力を高く評価されます。

■新商品の提案

> 😊 私は新しいアイデアを考えることが得意です。本日は御社の新商品の企画案を10例考えてきました。企画を発案するにあたり、国内外の競合商品の動向やこの10年の流行のトレンドを分析して独自性を出すことを目標としました。御社の社員の○○○○様にも一度チェックして頂いております。目を通して頂けますでしょうか。

①企画は10案以上考えると、ライバルと大差をつけられる
　普通の学生は1～3案程度しか考えていない。よって、10案以上考えていると大差がつく。

②高評価の企画案が作成できる4つのコツ
　1. 国内外の競合商品を分析　2. 新聞やビジネス誌で最新動向を分析　3. インターネットで利用者のレビューを分析　4. 考えた企画を志望企業の社員に見せてアドバイスを頂く　この4ステップを行うと高評価が得られる。

■宣伝チラシの提案

> 😊 私の売りは、ポスターやチラシ、ポップの制作が得意なことです。アルバイト先やサークルでも、これらの制作を任されています。本日は、御社の商品の宣伝チラシを10案作成してきました。制作にあたって、国内外の競合商品20種の宣伝物を分析して、その中で一番目立つ内容にすることを目標にアイデアを練りました。ぜひご覧ください。

●面接官が求める人材は"能動的タイプ"を心がける
　採用担当者が求める人材は、自分から積極的に仕事を見つけて働く「能動的タイプ」。アイデアを考えることが得意な人は、上記の4ステップで磨き上げた案を持参して"攻めの面接"を心がけ、積極的に提案すると良い。

自己PR ● 新商品やチラシの企画／経営者目線の働き方

経営者目線の働き方も受かる自己PRになる！

アルバイトのエピソードは、経営者目線を取り入れると評価が大きく高まります。要するにPRの軸を、その会社（店）の売上・利益・客単価・顧客満足度・販売力などの向上、経費やクレームなどの削減に貢献した内容にするのです。

■客単価アップ

> 😊 私は、販売のアルバイトで他の従業員より2割多い客単価を達成しました。これは、来店されたお客様全員に声かけして、相手に合わせた商品提案力を磨いた成果です。声かけした人数は、1日に80人、1年間で11000人、3年間で33000人です。

①**客単価アップはインパクト大**
　客単価（顧客1人当たりの平均売上）は、経営に重要な指標の1つ。これを高めることを目標に働く人には、高い職業意識が感じられる。

②**今からでも経営者目線は身に付く**
　アルバイト先で、売上や利益・客単価・原価・損益分岐点などを聞き、どのように改善するか考えよう。

■トイレ掃除

> 😊 私は、顧客満足度を高めるため、人が嫌がる仕事にも全力で取り組みます。カフェのアルバイトでは年間200回トイレ掃除を行いました。私は店舗のトイレが臭いことにお客様係として責任を感じ、2時間に1回、年間200回以上掃除をしました。その結果、お客様から「トイレがきれいだね」という言葉を頂くようになりました。

①**顧客満足度を高めたことはインパクト大**
　顧客満足度アップは、リピーター獲得のために重大な要素。これを高めることを目標に働いていると、高い職業意識が感じられる。

②**トイレ掃除に力を入れたことは予想外に高評価**
　飲食業界では、トイレ掃除に重きを置いている経営者も多い。この学生のように、実行した回数を具体的に述べると説得力が増す。

面接	変化球の質問

フェルミ推定の質問には こう答える

● 近年増えてきた質問：フェルミ推定

フェルミ推定とは「日本で1日に売れる傘は何本か」といった、実際に調査しても把握しにくい問題を、いくつかの手がかりから論理的に推論し、短時間で概算することです。フェルミ推定の質問は外資企業、コンサルティング、金融、商社、IT系企業で頻出です。

● 答えを導き出す思考プロセスがチェックされる

フェルミ推定の質問では、正しい答えを導くことが求められているわけではありません。面接官もたいてい正しい答えを知りません。答えは非常識なほどの間違いでなければ評価に全く影響しません。面接官は、導かれた答えが正しいかどうかではなく、その答えを導き出すまでの思考プロセスをチェックして、回答者の論理的思考力や問題解決能力を測ります。

● 実際の出題例

① 日本中に電柱は何本あるか推論してください。

② 日本には何人のピアノの調律師がいるか推論してください。

③ 東京で一年間に売れるサッカーボールの数は？

④ 大阪のすべての窓ガラスを洗浄するとして、あなたの請求額は？

⑤ 日本にあるコンビニの数は全部で何店舗か？

⑥ バスにゴルフボールは何個入るか？

⑦ 1日に売れる傘の数は？

⑧ 富士山を動かすにはどうすれば良いか？

● 高評価を得る答え方

面接試験で答える場合は、ダラダラと時間をかけてはダメです。高評価を得るには、質問のレベルが易しければ1分程度、難しくても3分以内。スピーディーに答え頭の回転の速さを印象付けることも大切です。

● 思考フロー

高評価を得る思考フローは以下の3ステップです。

ステップ1：答えを出すための大枠のプロセスを述べる

ステップ2：答えを出すための各要素の数値を仮定する

ステップ3：各要素の数値を基に計算して答えを出す

フェルミ推定や暗算が苦手な人は、手帳とペンを取り出して、数値や計算のメモを（要点だけを素早く）とりながら答えると良いでしょう。

● 内定者の回答例

質問

新幹線の車内販売で1日に売れている、コーヒーの数を推論せよ。

回答

【ステップ1】 まず新幹線1台で売れているコーヒーの数を、次に1日に運行する新幹線の全台数をそれぞれ求め、両方を掛け算して答えを出します。

【ステップ2】 一般的な新幹線の車両は、1列5人分の席があり、平均で約20列あるので、掛け算すると1車両につき100人分の席があります。乗車率8割だとすると、1車両につき80人の乗客がいます。コーヒーを買う乗客が10人に1人だとすると、1車両につきコーヒーは8カップ売れることになります。新幹線の車両は14両ほどなので、新幹線1台で売れているコーヒーの数は、8カップ×14両で、112カップです。一の位を四捨五入して110カップとします。次に、1日に運行する新幹線の台数ですが、1時間に上りと下りを合わせて、10本とし、1日15時間営業とすると10本×15時間で、1日150台が運行していることになります。JR東日本・東海・西日本の3カ所で150台ずつ、併せて450台となります。JR九州では50台ほど運行しているとして、全部で500台となります。

【ステップ3】 以上から、1台あたり110カップ×500台で、合計55000カップが売れていることになります。

📣 ADVICE

　ステップ2での各要素の数値の仮定は、正確さにこだわるよりも計算しやすい概算値にすることが大切です。掛け算を使うことが多いので、掛け算しやすい単純な値にするとミスを防げます。

"4つの志望群" チェックシート

　就活のスタート時に、志望企業を4つの群（グループ）を設定して選ぶことをおすすめします。幅広い視野で業界・企業を比較研究できるので、自分の人生にとって最高の企業を見つけやすくなります。そして、エントリーシート審査や面接試験を受ける実戦的機会が増えるので内定力を短期間で飛躍的に高めることができます。

●第1志望群
ぜひ入社したいと思う企業。現時点では、高望みに思える憧れの企業でもよい。
- _____　・_____
- _____　・_____

●第2志望群
第1志望群のライバル会社、関連会社、子会社。この会社ならば入社してみたいと思える企業。
- _____　・_____
- _____　・_____

●第3志望群
視野を広げるための企業、社会勉強のための企業。BtoB企業（企業間取引をしている企業）、第一志望群・第二志望群とは全く違う業界の企業。
- _____　・_____
- _____　・_____

●第4志望群
第1志望群に受かるための練習や腕試しの企業、ベンチャー企業、中小企業。
- _____　・_____
- _____　・_____

　各志望群につき、3社～5社程度リストアップしましょう。志望企業は受験しながら随時入れ替えていきます。第4志望群の企業でも、研究が深まると第1志望に変わることがあります。どの企業も誠意をもって受けることが大切です。

（書籍：『内定者はこう話した！　面接・自己PR・志望動機 完全版』より抜粋）

第3章

企業別面接再現

この企業ではこう聞かれた・こう答えた。

実際に通った企業での面接を再現。
面接官とどんなやりとりが交わされたかがわかる。

＊各例は、実際の面接を極力忠実に再現して、
その一部を抜粋・掲載しています。

＊面接の中では「御社」よりも
企業名で呼んだほうが、志望度の強さが
伝わります。

金融　三菱UFJ銀行

R大学 文学部 女性

■ 自己PRをお願いします。

😊 私は学生時代にアルバイトに一番力を注いできました。そのアルバイトでは、接客と一般事務で頑張りました。そこで一番身に付いたと思うのが、"スピーディーな仕事"をすることです。それはお客様に対してもそうですし、社員や上司から依頼された仕事においてもそうです。❶

例えば、私は7000部のチラシを作れと言われたことがありました。普通にやったらとても終わらないくらいの量でしたが、他部署の方ともとても仲良くしていたので、その方に頭を下げて機械を使わせて頂き、その日中に終わらせることができました。

お客様相手の仕事は、期限というものが非常に大切です。だから、私は仕事をスピーディーにこなすことを常に心がけてきました。❷

■ どこでアルバイトしていたのですか？

😊 私は語学学校で接客の仕事、また、会計事務所で一般事務の仕事をしてきました。大変勉強になりました。

■ どのように勉強になったのですか？

🙁 はい。語学学校でも会計事務所のほうでも、本当にさまざまな年代のお客様がいらっしゃいました。私と同じぐらいのお客様から年配の方までを相手にしてきたので、一人一人に合った接客をしていくという力が磨かれたと思います。❸

■ あなたの志望理由は何ですか？

🙁 はい。私は御行のビジネス・スペシャリスト職の仕事に大変興味を持っています。ビジネス・スペシャリスト職は、お客様の資産運用をはじめ、ライフプランの相談役でもあ

❶この部分に特に気持ちを込めて話して、印象を強めた

❷「仕事をスピーディーに」の部分をここでも気持ちを込めて話して、計2回強調した。これにより非常に強く印象付けた

❸銀行の仕事でもさまざまな年代の人を接客するので、このことをさりげなくアピールした

り、また、御行の顔としてのプライドを持って仕事ができて、いろいろな意味でやりがいを感じます。

私は自分のライフスタイルであったりキャリアであったり、その部分を考えたときに、自分はジェネラリストよりもプロフェッショナルなスペシャリストになっていきたいとずっと思っていました。この就職活動を通して、さまざまな業界、さまざまな職種を見てきましたが、常に努力を必要とし、自分自身が向上できる仕事である、このビジネス・スペシャリスト職の仕事にぜひとも取り組みたいと強く思いました。

■ では、なぜ金融で、特に銀行を受けているのですか？ ❹銀行での頻出質問

😊 それは深い信頼関係を築く仕事がしたいからです。接客でもさまざまな接客があると思います。例えば航空業界だと流れるような接客です。私がやりたいのはもっと強い絆ができる接客です。それが銀行の接客です。

人生設計であり資産運用という、人の一番話したくない部分、お金の部分を話さなければいけないというところで、本当にその人が心を割れる相手にならなければいけません。ここにすごくやりがいがあると思いました。

また、資格をたくさん取ったり、専門能力を常に磨いたりしていく必要がありますので、自分の知識、能力が大変向上します。

以上が銀行を受けている理由です。

■ 銀行はサービス業になってきているにもかかわらず土日が休みだったりしますが、サービス業としての銀行をどう思いますか？

😊 私は昔の伝統を大切にすることも大切ですが、やはり時代の流れというのはもちろんあるので、今の時代に合った銀行にしていくことも大切だと思います。だから、私た

ちの若い力で、良き伝統と今の時代に必要なことを調和させて、より良い銀行にしていきます。❺

😈 あなたはうちと××銀行の両方の口座を持っているんですね。比較してどう思いますか？

😊 はい。自宅の最寄りの駅には両方あるのでどちらもよく利用しています。

御行は、良い部分は行員の方がプライドを持って仕事をされている感じがすることです。私はまだ金融の勉強が足りないので、顧客の視点からになってしまうので、すごく幅が狭いかもしれないのですが、良い意味でも悪い意味でもプライドが高いと思います。例えば悪い意味では、私が海❻外旅行に備えて、外貨に替える手続きをしようとした際に「当然わかっているだろう」という口調で、難しい専門用語を早口で言われて、理解できなくて困ってしまったという経験がありました。そのときに、私だったらこんな接客はしないのになと思いました。

一方、××銀行のほうは、元気が良すぎてガツガツした感じがします。私は大学で銀行業界を受けている友達と銀行業界の勉強会を開いてまして、そのときに××銀行について調査した結果、このような結論が出てきました。

銀行と一言で言っても、各行でカラーが違うことを、とても感じています。

😈 民間企業である限り利益追求をしなければならない中で、あなたはどうやっていきますか？

😊 私自身、就職活動を通して、やはり学生と社会人の壁はすごく高いことを感じました。特にそう感じたのは、御行の○○支店で働く、大学の先輩の○○○○様を訪問した際です。仕事に関してくわしく聞かせて頂きました

❺ここに特に気持ちを込めて話して、印象付けた

❻ ➖ マイナスつかみ話法
面接官の気持ちを引き付ける効果は高い。しかし、言い方には要注意。しっかりとフォローができることが必要不可欠

企業別再現 ● 金融

が、社会に出て活躍するということは、自分が思っているよりも甘くなくて、大変なことだと再認識しました。常に勉強し向上する姿勢を常に持っていきたいと思います。新入行員の時期は先輩やまわりの方からどんどん吸収して、早く一人前になり、そして、責任を持って企業の利益を上げるよう頑張っていきたいと思います。

🗨 甘くないですよ。

😊 はい。就職活動をしていても、本当に氷山の一角しか見られていないと思います。もっともっと厳しいものと心得て、気を引き締めて頑張ります。

🗨 内定状況、就職活動の進行状況はどうですか？

😊 はい。1社内定を頂いていて結果待ちのところが2社あります。そちらは金融ではなく人材業界であり、接客です。

🗨 すべて内定が出たらどこへ行きますか？

😊 もちろんそれは御行に決まっています。理由は、やはり自分自身のキャリアプランに一番合っているということ、そして、御行のビジネス・スペシャリスト職こそ、一番やりがいを感じる職種だということです。迷わず御行に決めます。

🗨 ありがとうございます。

❼OB・OG訪問のネタを盛り込むと説得力は格段に強まる。フルネームを伝えるのがポイント

❽この業界では特に他社状況がよく質問される

❾❗ 断定つかみ話法

第3章 企業別面接再現

金融 みずほフィナンシャルグループ

M大学 経済学部 男性

あなたはなぜ金融を志望しているんですか？❶

はい、私はさまざまな業界、業種を比較研究した結果、金融を一番に考えています。それは、金融業界は、商品は自分であるということに惹かれたことが理由です。❷
自分の人柄や専門知識・能力が何よりも重要視され、自分を高めないことにはお客様から信頼を得ることはできず、仕事にならないわけで、この部分に大きなやりがいを感じます。

では、なぜ銀行なんですか？

はい、金融の中にも銀行、保険、証券、カード、リースとさまざまありますが垣根が今、非常に低くなっています。将来は完全に撤廃、垣根がなくなって、本当に金融が自由化されていく中で、やはり引っぱっていくのは銀行だと思います。例えば保険が銀行の窓口で販売できる銀行窓販などからもうかがえるように、銀行が中心になって金融を引っぱっていくと感じています。だから銀行を志望しています。

では、なぜその中でもみずほ銀行なんですか？

はい、貴行はメガバンクの中でもとりわけ社会貢献に力を入れているところに非常に魅力を感じました。環境保全に貢献する金融商品やサービス、店舗のバリアフリー化でスロープ、点字ブロック、車椅子対応エレベーターの設置、黄色いワッペン贈呈事業、みずほアジア人材育成基金など、さまざまな形で社会貢献を推進しており、他行にはない魅力を感じます。❸

ゼミの内容を教えてください。

はい、私は日本経済論を専攻しており、昨年度から○

❶金融の面接でよくある質問パターン。「なぜ金融」「なぜ銀行」「なぜ当社（当行）」は、ほぼ必ず聞かれる

❷ここに特に気持ちを込めて話した

❸この返答以外でも「他には？」と追及質問された場合もある。OB訪問の話や店舗見学の話などネタは多く用意しておくこと

企業別再現 ● 金融

○地区景気動向調査というものを始めました。

■ どういった調査ですか？

😊 はい、内閣府が行っているマクロの景気動向調査のミクロ版です。私たちは○○地区という一地域、商店街という小さな場所をターゲットに調査しております。内閣府の景気動向調査というマクロ的データと、○○地区という小さな地域の景気動向調査というミクロ的データをつき合わせて比較検討し、分析できたら面白いと思いまして、始めました。

■ 具体的にはどういうふうにやっているのですか？

😊 まず、その地区の商店50店舗にデータを取らせて頂くことを依頼しました。そして、毎月一度足を運び、20の分析項目の聞き取り調査を行っています。これをまとめていくと、各店と○○地区全体の動向、および問題点がわかってきます。なお、問題解決案を考え、各店に提案することも今、計画しているところです。

50店舗のリストと最新のレポートを持ってまいりました。これがそれです。❹

■ それをやっていて大変なことはありませんか？

😣 先ほど50店舗とお話ししましたが、当初はなかなか受け入れて頂けませんでした。何度も足を運び「お話だけでもお願いします」と懐に飛び込んで、一店一店説得していきました。

50店舗は努力の結晶です。50店舗、協力して頂ける商店を開拓するのは非常に苦労しましたが、大きな達成感もありました。これからまだまだ調査対象を増やせるように、頑張っていきたいと思っています。❺

❹ 📄 ビジュアル
アタック話法

❺銀行の営業の仕事でも頑張る人であることを連想させるように話した

第**3**章

企業別面接再現

193

金融　三菱UFJ信託銀行

G大学 法学部 女性

他にどんな業種を受けていますか？

はい、生保の営業職とカード業界を受けております。金融を中心に就職活動しております。

生保と当行の職種に関係はあるのですか？①

営業ということ、お客様に対して営業するというのは変わりありません。金融と営業という軸で受けております。

では、なぜ金融をまわっているんですか？

はい。金融をまわっている理由は2点あります。

1点目は3年間アルバイトをしていて、150万円お金を貯めることができましたが、利子を見たときに数円しか付いてないのにがくぜんとしたことがきっかけです。それで、自分でどうにかお金を殖やしたいと思ったのですが、知識がないために殖やすことができず、これから自分が何十年生きていくには、自分自身が金融の知識を深める必要があると痛感して、金融に興味を持ったからです。

2点目は、20業界を超える社員の方とお会いして仕事内容を比較させて頂き、金融の仕事に最もやりがいを感じたからです。

では、なぜ都銀ではなく信託銀行なんですか？②

はい。都銀にもエントリーはしておりましたが、自分としては、より信託銀行に行きたいと考えております。都銀だとローンや融資といった自分の担当する専門が決まっているのに対し、信託の場合はすべて自分でやらなくてはいけないと、OG訪問で○○○○様にうかがったからです。③すべて自分でやらなくてはいけないということは、大変なことではあると思いますが、1人のお客様に対して自分が責任を持つこともできますし、私は長い間仕事を続けていきたいと思っております。OGの方は、自分一人で仕事

❶バラバラの業種を受けていることを言うと、このように理由を問われることが多い

❷信託銀行の面接の頻出質問。しっかり準備しておくと差が付く

❸実際に働いている人（OB・OGなど）から聞いた話は、説得力が強い

企業別再現 ● 金融

をきちんとできるようになるには10年間ぐらいかかる、大変な仕事だとおっしゃっていたのですが、働くからにはそのぐらい、やりがいのある仕事がしたいと思ったからです。

🔲 では、なぜ信託銀行の中でも当行なんですか？④

😊 はい。3点あります。

まず、1点目が社風です。○○支店の見学をしたときに、⑤その雰囲気がとても良く感じられました。カウンター、窓口にいる女性の行員の方が、お客様に笑顔で接していて、お客様もとてもリラックスして楽しそうにお話をされていたのを見て、こういう接客がしたく、そういう先輩を見習ってここで働きたいなと感じました。また、この折に私が貴行を志望していることを伝えたら、男性の行員の方がとても親切に案内してくださり、最後に「来年はこの支店で一緒に働けることを楽しみにしていますよ」とおっしゃってくださり、感激しました。⑥アポなしで行ったにもかかわらず、そういうふうに温かく迎えてくださったのがとても嬉しく、素敵な銀行だなと感じました。

2点目が先ほどの都銀と信託銀行の違いでも申しました通り、より幅広い業務に携われるからです。

3点目は貴行の特徴として、勤続年数がとても長いとOG訪問でうかがったことです。長く働ける体制が整っている企業なんだなと感じました。信託というのは、業務上、長い間のお付き合いだと思うのです。例えば遺言信託の「遺心伝心」のように代々に受け継ぐ不動産ですとか個々のお客⑦様の資産状況などをすべて知って長い間お客様と取引させて頂くことが必要となってきます。私はそのような仕事がしたいと思っているので、そういう長く働ける環境が整っているところが良いと思いました。その3点です。

④「なぜこの業界でも当社なのか」という質問は頻出。しっかり準備しておくこと

⑤支店見学（店舗見学）の話は、説得力が強い

第**3**章 企業別面接再現

⑥初対面の人に気に入ってもらえていることから、営業適性が高いことを感じさせるネタ

⑦商品名をさりげなく出すことは、本気で志望していることを感じさせる効果がある

■ あなたはまわりからどんな人と言われていますか？

😊 周りからは、意外性がある、いい意味で期待を裏切ると言われています。一見、弱そうでおとなしそうとか言われるんですけど、実はそんなことはありません。喫茶店では接客のアルバイトをしておりますが、そのアルバイトは女性しかおりませんので、力仕事もすべて私がやっております。大きい段ボール箱を持って200メートルぐらいを行ったり来たり何往復もします。あと、ゴキブリやネズミを捕ったりなんかも平気で、率先してやります。⑧

❽具体例でたたみかけると、説得力が倍増する

■ では、あなたの短所は何ですか？

😊 はい。心配性なところです。例えば大学の試験では、試験範囲をどうしてもヤマをかけることができなくて、1カ月半まともに寝ないぐらい勉強してしまいます。そしてテストを受け終わった後で、こんなに勉強しなくてもよかったんじゃないかと後悔することがある、そのぐらい心配性だということです。

でも良いこともあり、2年と3年で成績はすべて優を取ることができました。⑨

❾プラスの内容で締めくくることによって、プラスの印象を強く残せる

■ 心配性だったら、就職活動で決まらなかったりして不安になることはないんですか？⑩

😊 最初はどういうものかわからずに、漠然とした不安と心配ばかりでしたが、就職活動を始めてから、今まで知らなかった人にたくさん会うことができて楽しくなりました。8月にインターンシップに参加して、それ以降、就職活動を通して100人の方と会っていろいろ話しました。その知り合った方たちとは勉強会を開いております。いろいろな人と出会えるので、就職活動がすごく楽しいです。

❿面接官はわざと意地悪な追及質問をして、精神的な強さやストレス耐性をチェックする。それに対しては前向きに回答していく

企業別再現 ● 金融

金融 日本生命保険相互会社

W大学 商学部 男性

■ **生命保険をどう思いますか？**

🙂 保険という商品は、それに加入したときには喜びは実感されませんが後々、入っていて良かったと家族全員から感謝されるものです。<u>私は父を高校生のときに亡くしていますので、身にしみて感じております。父が保険に入っていなかったら、私は大学に進学できなかったかもしれず、今の自分はありません。</u>❶ 私はかけておいて良かったと思われる保険のサービスや商品を提供して、お客様に心から喜んで頂けるようサポートしていきたいと思っております。

❶一般論だけで回答しても説得力はゼロ。自分の話を入れて説得力を高めた

■ **では、なぜ生命保険業界で働きたいのですか？**

🙂 はい。私は、自分の強みが一番生かせる業界が生命保険にあると思ったからです。それはやはり、人に安心を届けたいですとか、万が一の際に遺児を助けたいですとか、こんな思いが根底にありまして、<u>この思いがかなうならばどんな困難でも、積極果敢に挑みます。</u>❷

❷決意の言葉を熱く語ってアピールした

■ **あなたのセールスポイントは何ですか？**

🙂 はい。私のセールスポイントは<u>行動力</u>です。
(注)

■ **具体的には？**

🙂 はい。学生起業家コンテストで準優勝したことです。自分で商品を考え、企画製作し、宣伝方法、売り方も工夫し、売上を競いました。10日間の総売上で準優勝しました。次は優勝目指して頑張ろうと思っています。

■ **そのセールスポイントを当社でどう生かしますか？**

🙂 はい。営業にぜひ生かしたいです。売上ナンバーワンの営業マンを目指します。ただし、私の目指す営業はお客様に<u>心からこの保険に入っておけば安心なんだと感じて頂ける営業です。</u>❸ そして、お客様の知り合いも次々と紹介して

(注)「○○力」という言い方のセールスポイントは具体性がないので評価は低い。このように具体例を追及質問されればよいが、このまま別の質問に移ると通り一遍の回答になってしまう。質問に対しては始めから具体例を入れて回答すべき

❸特にこの部分に気持ちを込めて話すことで印象付けた

第**3**章 企業別面接再現

197

もらえるような信頼を得ていきたいです。私は、個々の家庭から企業まで足繁く通って、保険の素晴らしさを伝える営業をしていきます。

■ では、どのようにすれば保険の商品が売れると思いますか？

😊 はい。現在、規制緩和でさまざまな保険が出てきておりますので、一般の方には、保険の商品自体がわかりにくいところがあると思います。数が増えればそれだけ個々の商品の特性というのが出てきますので、その商品の違いをよりわかりやすく、どなたにでも理解して頂ける説明を心がける営業をしていきたいと思っております。

■ 浪人しているんですね。

😊 はい。ですがそれを汚点とは考えていません。勉強する姿勢を取り戻すことや、今後の進路を見つめるいい時間になったので、決してむだではなく有効な時間だったと思っております。

■ なるほど。何か浪人時代で得たものはありますか？

😠 はい。目標を掲げ、それに向かった努力をする大切さです。高校時代は3年間、サッカー部のレギュラーとして、全国大会出場に向けて毎日激しい練習をしていたため、受験勉強の時間が非常に不足していました。

そこで、受験勉強を始めた当初は、どのようにすれば能率的にできるかよくわからなかったのですが、いろいろ研究して、苦手教科を模試ごとに10点ずつアップしていくという目標を立てるようにしました。目標が達成できたときには喜びと次の模試に向けて、また努力しようという励みがわいてきて、受験するころには苦手教科が一番点数が取れるようになっていました。そのように目標を掲げることの大切さを実感しました。

❹目標を掲げて努力するタイプであることをさりげなくアピール

❺サッカーをやっていて体力があることなどもさりげなくアピール

金融　損害保険ジャパン

H大学　社会学部　女性

■ あなたはなぜ金融業界を選んだんですか？

😐 まず、今までの人生の中で全然関係ない職種に飛び込んでみたいという思いがありました。

その中でなぜ損害保険かといいますと、世の中の森羅万象すべてに関われる仕事だと、御社のセミナーに参加して感じたからです。その中でどうして損保ジャパンが第一志望かといいますと、やっぱり人柄に引かれたというところが一番にあります。OGの◯◯◯◯様を訪問をしたのですが、皆さん活発で、アソシエイトの方だったのですが、単なるサポートではなくて、一緒に働いて1つのことをやり遂げてるなというふうに感じました。その中で一緒に働きたいという人物像を描くことができて、それで志望しております。

❶会社のセミナーやOB・OG訪問など足を使った情報収集は説得力が高い

■ そのOGの方は何て言ってましたか？

🙁 残業が多くて、いつも大変だとおっしゃってました。❷

■ なるほどね、みんなそう言うでしょう。

😐 そうですよね、大変そうですよね。

❷ 〓 同意つかみ話法
　　― マイナスつかみ話法

■ 何でこんな大変な業界をわざわざ選んだのですか？

😐 私は短大から大学に編入をしました。わざわざ大変な道を選んだねって、まわりの人からは言われたのですが。でも大変だったけれど、自分としてはとてもやりがいを感じた、と編入試験を終えて思いました。大変な仕事に身を置いて自分がやり遂げるということが好きなんです。❸

❸仕事における行動特性をさりげなくアピール

■ 自分の特徴を生かした経験を2つ述べてください。

😐 はい。1つは編入試験で、物事をコツコツと続けられるということです。もう1つはアルバイトで、人と接するときに人に嫌われずに付き合うということを心がけているので、例えば絶対ノーは言わないとか、無理でもできるとこ

ろまで頑張ることです。③

🔳 友人との付き合いで自分の役割ってどんな感じですか？

😊 はい。潤滑油的な役割です。ぎくしゃくしてたら、なるべく間を取り持って、みんながうまくいくように頑張ります。

🔳 あなたの趣味は何ですか？

😊 はい。再現デザート作り④です。それは、買ってきたデザートを自宅で作る、再現することです。

🔳 それは大変そうですね。失敗するんじゃないですか？

😊 たしかに失敗もしますけど、でも試行錯誤して完成したときはとても嬉しく、達成感を感じます。

🔳 大学を選んだ理由は何ですか？

😊 大学を選んだ理由は、短大でお世話になった先生が、その短大からこの大学へ移られまして、いろいろな制度が、例えば留学などの制度が整っていることをうかがったのがきっかけです。夏休みに高校生に交じってキャンパス見学会に行って、そこで、いろいろな授業が取れるといったことも聞きました。自分が専門にしている勉強をもっと続けたい思いがありましたので、選びました。

🔳 その短大と今の大学は何かつながりがあるんですか？

😊 いえ、ありません。試験を受けて入学しました。

🔳 何の試験ですか？

😊 英語の筆記と日本語の面接と英語の面接です。試験前の3カ月間は面接試験に向けて毎日英語のヒアリングとスピーキングを2時間ずつ勉強しました。⑤

❹ユニークな造語（キャッチフレーズ）を作って、面接官の記憶に強く残る受験者になる

❺努力の具体例を付け加えて、仕事でも努力する行動特性があることをさりげなくアピール

企業別再現 ● 金融／情報・通信

情報・通信 ソフトバンクグループ

J大学 法学部 女性

■ ソフトバンクと自分が合うと思った点は何ですか？

😊 はい。私はソフトバンクの説明会に参加したときに、孫社長のお話などをうかがって、とても力強さを感じました。若いからとか新人だからということとは関係なく、最初から責任を負う仕事を任されるという点に、ベンチャーの気質というものを感じ、自分の仕事に対する考え方に合うと思いました。

自分が通信業界でやりたい仕事、考えている構想を実現できるフィールドがあるのがソフトバンクグループです。❶だから、ぜひ御社で働きたいです。

■ そうですね。もとはベンチャーというか、今もベンチャーだし、夢を実現するフィールドはあります。あなたが希望している通り、入ったらとても働かされますよ（笑）。

😊 はい、それは望むところです。

■ あなたが学生時代、一番打ち込んだことは何ですか？

😊 はい、それは資格試験スクールでのアルバイトです。私は司法試験の部署にいて、弁護士や大学教授、その他、さまざまな方とお仕事をさせて頂きました。この仕事を通して、さまざまな年代の方、さまざまな職業の方に対する、好感接客のコツを学ぶことができました。

■ それではあなたも司法関係の仕事に進まれてはいかがですか？

😊 はい、実は就職活動をするにあたって、日本弁護士連合会など司法関係の仕事も調べてみたのですが、結論としては御社が1番です。❷その理由ですが、私は司法試験の部署で働いていたことで、司法制度改革や今の司法の問題に詳しくなり、また、法学部ということもあって、勉強を重

❶面接官の印象に強く刻み、この確認質問を誘導するために、特に気持ちを込めて話した

❷ ロジカルキーワード話法

第3章 企業別面接再現

201

ねていくうちに、司法の問題を解決する仕事がしたいと思うようになりました。例えば、都心部や人口密集地域には弁護士が集まったり、司法が行き渡っているのですが、過疎地域になると、弁護士が本当に村に1人、町に1人、市に1人になってしまうので、このような格差をなくすことですとか。

このようなことを念頭に就職活動をしていた際、ソフトバンクの説明会で八丈島に線を引いたというお話をうかがって、「これだ！」と思ったんです。「通信というフィールドこそ、日本を一番変えていく力になるぞ！」と。❸

今、通信業界の可能性はとても大きいと思います。通信というネットワークを通じて、そのような司法の問題を解決したり、もっと大きく言えば日本の政治的、社会的な問題までも解決できる可能性を秘めていると思います。だから、御社が第一志望です。

🗲 そうですか。でも、それを実現するのには時間がかかるかもしれないですよ。大丈夫ですか？❹

😖 これは自分の志ですので、実現できるまでとことん頑張ります。

🗲 他にどんな業界を志望していますか？

😊 通信業界だけです。それは、先ほども申しましたが自分のやりたいサービスや考えている構想を実現できるのが、通信業界だと思うからです。ただし、通信業界と言っても幅広く見渡しておりまして、携帯電話やパソコンメーカーなどの企業も一通り研究しています。

🗲 では、志望職種は何ですか？

😖 はい。総合職の中の企画営業を志望しています。❺一般職でアソシエイト職というのがありますが、やはりそちら

❸この部分に特に気持ちを込めて話すことで、面接官に印象付けた

❹面接官は精神的な強さや仕事に対する覚悟をチェックしている。この程度のつっ込みにはくじけずに答える

❺やりたい仕事を明言し、目的意識の明確さをアピール

企業別再現 ● 情報・通信

では仕事が限られてしまいますし、また、私は男性と同じ土壌、フィールドで頑張りたいと思っていること、さらに、自分が実現させたいサービスがあること。以上のことより、私はぜひ御社の企画営業をやりたいです。

たしかにあなたは事務より外向きの仕事が合いそうですね。うちに入ったらあなたは営業でしょうね。

仕事をするうえでのあなたの強みは何ですか？

はい。アルバイトを通して、さまざまな年代の方、さまざまな職業の方に対する接客のコツを学んでいること。そして、私はすごく人が好きというのがありまして、初対面の方とも、緊張せず、人見知りせず話せることです。これらが自分の強みです。

第**3**章 企業別面接再現

情報・通信 **NTTドコモ**

K大学 経済学部 女性

自己PRをお願いします。

はい。私は中高6年間、ハンドベルという楽器をやっていたんですけれども、ハンドベルはご存じでしょうか？①

わかりませんね。

ハンドベルというのは、身近なものだとミュージックベルと言うんですが、よく隠し芸や結婚式でやる、手で振って音を出す楽器なんです。

私は、その本格的なものを6年間やっていました。音域が6オクターブぐらいあって、14人から16人ぐらいのチームで、63個のベルを使って演奏するんです。1人2個から多い人は何個も持って。私は一番下の音を担当していたので、大きいベルを6、7個持ってました。

ところで、ベル1つの重さはどれくらいあると思いますか？②

いやー、どのくらいあるんですか？

結構重くて、一番大きいベルは、1つ4キロもあるんです。片手では打てないので全身を使って打っていました。だから自然と体力も付きました。

それから、楽譜上、自分が担当の音はたった5個しかないんですよ。なので、これは、一人で練習できるものではなく、メンバーが替わってもうまくいかないんです。だから、すごくチームワークが大切でした。

5日間泊まり込みで朝から晩まで寝ないようなハードなスケジュールの練習を続けたこともあり、6年目には、世界大会にも2回出場することができました。④

当社でどんなことをやりたいんですか？

はい、モバイルは今とても普及していますが、例えば

① 🔖 Q&A話法

② 🔖 Q&A話法

③ ✍ 呼びかけ話法

④この部分を締めの言葉として、気持ちを込めて話した

企業別再現 ● 情報・通信

自宅のセキュリティー管理の役割をするスマートフォンがあったり、そういったことがどんどん実践されてきていて、携帯電話がないと今後は生きていけないようになっていくと思っています。そういった、便利なものをいろいろ作っていきたいと思っています。

👤 それは具体的にはどんなことですか？

😊 少し前にテレビで、一人暮らしの高齢者がとても多い村の番組を見たのですが、ボランティアの方が毎朝同じ時間に電話をして、「おはようございます、今日はいい天気ですね」⑤のような、簡単ですけど、会話を5分から10分くらいするということを取り上げていました。それを続けていたら高齢者の方がとても生き生きとして、楽しんで生きていけるようになったということでした。⑥それならば携帯電話を使って何かできないかと。人間とは少し違いますが人工知能の機能を持たせて本当に話せるような携帯電話だったり、具合が悪くなったときに、携帯電話のボタン1個押せばすぐにお医者さんが飛んできてくれたりとか、そういう機能を持たせてもいいのではないかな、ということを考えました。高齢者では携帯電話を持っていない方が多いと思いますが、こういった高齢者向けのサービスなどを提供していくことで、よりサービス層を広げたいと思っています。⑦

👤 エントリーシートには高校時代のことが書いてありますが、大学では何をやっていましたか？

😊 私はマーケティングのゼミの研究を頑張ってきました。ゼミのプレゼン大会で2年間連続で優勝できたのが、とても自信になっています。

👤 ゼミではどんな研究をしましたか？

😊 はい、「オヤジ向けのお菓子の研究」というテーマで、

⑤ 🎭 パフォーマンス話法
セリフ部分を生き生きと再現して状況を伝えた

⑥ この部分に特に気持ちを込めて話した

⑦ この部分を締めの言葉として、気持ちを込めて話した

⑧ 🎣 引っぱり落とし話法

第3章

企業別面接再現

毎日朝から晩までひたすら研究しました。[8]

えっ？　何ですか、それは？

はい、要するに、おじさん世代の人が好むお菓子の研究です。担当教授は○○教授です。

おじさん世代はやはり自分たちから遠い存在で、全く何を考えているのかわからなかったので、とにかく意見を聞かなければいけないということで、まずは調査を頑張りました。

ちょうど学園祭の時期だったので、その期間、3日間学校の構内を走りまわって、保護者ですとか一般で来ている方たちに片っ端からアンケートを取りました。「2分で終わるんでお願いします！」とお願いしまくって。この3日間走りまわったことで150枚近く集まり、学生の研究の対象としては、いい数になりました。[9]

そのゼミではどんな役割だったんですか？

新しいアイデアの提案役です。例えばゼミで「オヤジの研究」をやろうと提案したのは私です。その内容はちょっと抵抗があるということもあって、最初なかなかその提案は受け入れられませんでしたが、でも、この研究の意義をアピールして、それを実現しました。また、学園祭でアンケート集めをしたことも私の提案です。

御社でも新しいアイデアをどんどん提案し、実現するよう頑張ります。

[9]行動力があることをさりげなくアピール

企業別再現 ● 情報・通信

 情報・通信 サイバーエージェント

W大学 文学部 女性

■ あなたはなぜ当社を志望しているのですか？

😊 はい。私はWEBサイトを制作し、運営しています。その経験から、サイバーエージェントの仕事に興味を持ち、志望しています。

■ WEBサイトの運営って、どんなことをしているの？

😊 はい。就職支援サイトの運営です。具体的には、学生と、その学生が志望する職種の人をマッチングさせています。就職活動中にOB・OG訪問がしたくても、自分が志望している業界に都合良くOB、OGがいるとは限りませんよね。そのサイトでは、例えば「食品業界」で検索すると、サイトに登録している、食品業界で働く人の一覧が出てくるんです。学生は、その中から気になる人を選び出し、コンタクトを取ることができます。

■ へえ、それは画期的なアイデアですね。プログラミングには詳しかったの？

😊 いいえ、私は文系でプログラミングには詳しくなく、経験も全くありませんでした。そこで、10日スクールに通い、必要な知識を吸収しました。

■ 実際にそのサイトを運営するうえで、苦労したことはありましたか？

😊 はい。サイトは5人で運営していたのですが、実際は私ともう1人の子が中心で動き、あとの3人はあまり深くは関わっていませんでした。その3人はやる気がないのではなく、自分たちがどのように関わって良いのか迷っているようでした。そこで、私は積極的に話し合いの機会を設け、一人一人の役割を明確にしました。役割分担ができたことで、それぞれが責任感を持って関わることができ、より良いサービスになったのだと自負してい

❶大学3年時に挑戦したこと。高い実行力やチャレンジ精神が感じられることなら、就職活動の直前や最中に行ったことでも高評価。

❷初心者でも基本的知識は10日間程度あれば得られる。学ぶ意志と学んだことを生かす発想力さえあれば、他の受験者に差をつけられる。

❸1人だけで実行したことでなくても全く問題ない。リーダーシップまたはチームワークのことを述べれば高評価。

第3章 企業別面接再現

207

ます。

あなたはインターンにも参加していますね。インターンはいかがでしたか？

はい。とてもやりがいがありました。インターンでは、チームで女性向けの料理レシピ検索アプリを作りました。私が心がけたのは、全員がのびのびと意見を出し合える雰囲気作りです。私は全員に話しかけて仲良くなり、意見をどんどん出してもらい、コンテンツの質を高めました。

なるほど、あなたはチームの中でどのような役割を果たしたのですか？

主に2つです。1つは、若い女性に向けたアプリということもあり、実体験をもとに使いやすくなるアイデアを出す役。もう1つは、メンターの○○○○様のアドバイスを伺い、チーム内で共有する役割を果たしていました。❹

あなたはどんな場所では輝けないと思いますか？

野心にあふれている人たちばかりで、ぎすぎすしているところでは輝けないと思います。先日のサイバーエージェントのインターンでは、お互いの良さをわかって、全員で協力しながら、より良いコンテンツを作っていく雰囲気だったので、好成績が得られたのだと思います。

インターンシップや今までの面接を通して、あなたは当社にどんなイメージを持っていますか？

はい。サイバーエージェントの方には、仕事に対して情熱的、というイメージを持っています。インターンでメンターとしてサポートしてくださった○○様は、プレゼンの極意や、メンバーのまとめ方を熱心に教えてくだ

❹フォローに付く社員が内定者候補の選抜をする役割を担っていることも。積極的に話しかけて、仕事内容や仕事で必要なスキルを質問したりすると、志望熱意とコミュニケーション力の高さが認められ、大変有利になる。

208

企業別再現 ● 情報・通信

さいました。また、△△△△様、□□□□様には、サイ
バーエージェントの仕事内容を熱く語ってくださいまし
た。私も御社で情熱的に働きたいと強く思いました。⑤

▨ 当社では、どのようなことをやりたいですか？

😃 世界で通用するサービスを作りたいです。

▨ 例えばどのようなサービスですか？

😃 グーグルマップのような、「利用者の生活を考えた、な
くてはならないサービス」を作りたいです。これは、私
が運営しているサイトのコンセプトでもあります。

▨ 最後に、言い残したことはありませんか？

😃 はい。まだお伝えしていませんでしたが、学生時代ラ
クロスサークルにも所属し、県予選を目指す中でチーム
ワークを学びました。また、アメリカに語学留学した際
は外国人20人の友人を作りましたが、私は文化や習慣が
違う人にも自分から積極的に働きかけるバイタリティー
を持っています。⑥これらを生かして御社でも頑張ります。
どうぞよろしくお願いいたします。

⑤インターンシップで社員に活発に質問しておくと、面接試験で返答のネタとして活用でき、説得力が非常に高くなる。

⑥数字を軸にして話を組み立てると、説得力が極めて高くなる。

第**3**章 企業別面接再現

209

マスコミ　小学館

K大学　文学部　女性

自分で自分の文章をうまいと思いますか？

うまいかどうかはわかりません。でも、面白いとはよく言われます。大学で新聞編集部に所属していて、スポーツに関する記事の編集を担当しているのですが、『○○さんの記事は面白いねぇ』とよく言われるんです。

先日は新聞の1面下のコラム担当になり、身近な人たちの間で起こる笑いについて書いたら、先輩たちの評判が良く、OB会の金賞を取ることができました。まだまだ未熟で改善の余地はたくさんあると思いますが、今度お持ちしますので、ぜひご覧になってみてください。

❶気持ちを込めて生き生きと話すと大変効果的

今までの人生で失敗したことって何ですか？

はい。大学の新聞編集部の仕事に関することですが、初めての取材で大失敗しました。アイスホッケーの試合だったのですが、ルールを全く勉強せずに取材場所に行ってしまい、試合の進行状況もわからず、試合のツボもわからず、選手に何を聞くべきかもわからず、という状態になり記事を書くのに四苦八苦してしまったのです。

でも、このままではいけないと思って、本を買ったりネットで調べたりしてルールを学び、プロの試合もたくさん見て勉強しました。すると、選手たちも心を開いてくれて、『○○さんいつもありがとう』と言われるまでになり、やっと面白い記事が書けるようになりました。

❷失敗談だけで終わらせずに、どのように克服したかを具体的に述べているところが非常に良い

あなたの嫌いな言葉は何ですか？

嫌いな言葉はオンリーワンです。

それはなぜですか？

はい、もっと正確に言うと、ナンバーワンになれなか

❸一般的にはプラス言葉として使われているので、これを嫌いな言葉（マイナス言葉）とすると、意外性があり、追及質問（つっこみ）を誘導できる

210

企業別再現 ● マスコミ

ったときの言い訳に使われるオンリーワンが嫌いなんです。スポーツの取材をしていて感じたことですが、たとえ強くないチームの選手でも、みんな1番を目指して頑張っている。その姿勢に素晴らしいものがあり、大変な魅力を感じました。自分もやるからには、1番を目指して頑張る。御社の仕事でもそうありたいと思っています。

好きなキャラクターは何ですか？

リラックマです。私の新聞部では、なぜかリラックマがとてもはやっているんです。なぜはやっているのかと考えたら、やはりこのクマを見ると癒やされるので、<u>私たちみたいに編集作業に追われる部活に所属していると</u>、みんなが知らず知らずに癒やしを求めて、こういったキャラがはやるのかなと思いました。

❹出版社の仕事に結びつくような内容を、巧みに盛り込んでいる

なぜ小学館を志望するのですか？

学年誌の編集に興味があったから小学館を志望しました。学年誌は、例えば<u>以前は学研さんのほうで何年の科学・学習などが出ていましたが</u>、それは学習に重点が置かれています。それ以外で考えると、学年にターゲットを絞った雑誌は他にないと思い、学年誌を発行している小学館を志望します。

❺他社との比較をさりげなくすると、自然な形で、志望度の強さが伝わる

なぜ学年誌なのですか？

はい、学年誌はターゲットは子どもであっても、世の中のすべてが反映されていることに面白さを感じました。親が読んでもためになるくらいだと思います。今何がはやっているかも押さえられています。例えば、株のブームがあったら子どもにわかりやすく株を教えるコーナーもあります。学年誌は、世の中を映し出した雑誌です。だから、とっても興味を引かれました。

第**3**章

企業別面接再現

211

マスコミ 日本放送協会（NHK）

N大学 法学部 男性

🙁 どんな番組をよく見ますか？
🙂 NHKアーカイブスで歴代の優れた番組をよく見ます。❶

🙁 例えばどの回が印象に残りましたか？
🙂 一番印象に残っているのは、『ボブ・ディランがやって来た』です。それは作家の村上龍さんが、その当時のアングラな演劇にいた方や文化人に、深い話ではなく、表面的なことをインタビューしまくるのですが。本当にどんどんしまくるという感じで、「きみたちにとってボブ・ディランとは何なのか」ということを、語ってもらうという番組です。❷ 特に感動したのが最後で、ある大学の全共闘元理事長の方にされたインタビューです。その方は全共闘が盛り上がっているとき、カリスマと言われるほど人気だったのですが、運動が終わった後に逮捕されました。その番組（放映）時には地方の工場で働いていて、その方にボブ・ディランとは何なのかを、村上さんがインタビューしに行くシーンがあります。村上さん自身も高校で運動をやってて、そういうようなことを相手にぶつけるんです。もうインタビューというより自分の思いをぶつける感覚です。インタビューされた方は、それに対して何も答えられないで、ただ沈黙が続くんです。でもそこで、ただ沈黙で終わらせるのではなくて、画面がパッと切り替わって、夕日を背に2人が立っている映像というのを、ただじーっと何のナレーションも音楽も付かず投げる。そこで2人の思いというのか、そういうのが、映像のほんの一瞬だけでパッとこっちへ伝わってきたので、非常に感動しました。❸

🙁 なぜあなたはそれに感動したんですか？
🙂 1978年ということは、もう熱い時代というのは過ぎている。で、そういう中で、まさしく過ぎ去った時代の重みみたいなものをもう一度検証するというような感じを

---

❶ ライバルが言いそうにない番組名を言えるようにしておくとよい。差別化ができ、印象を残すことができる。

❷ **パフォーマンス話法**
ドキュメンタリーのナレーターになったつもりで生き生きと話し、面接官に印象付けた

❸ **状況描写話法**
巧みな描写で、イメージをわかせ、面接官に印象付けた

企業別再現 ● マスコミ

映像でとらえていたという点です。

■ 何でその時代に興味を持っているのですか？

😅 トレンドをただ追いかけるだけでは今の時代は見えてこないです。私たちは団塊の世代と呼ばれている世代よりもずっと後の世代ですが、上の世代のことがわからないと、今の時代というのは見えてこないと考えているからです。だから、私は特に70年代後半の時代に興味があります。

■ エントリーシートの自己分析の欄に「愚直な人間」と書いていますが、あなたにとって愚直とは何ですか？❹

😅 今、引きこもりですとか、さまざまな社会問題で、人生に投げやりになってしまう人がいると思います。生きるというのは嫌なことがたくさんあるんですけど、私はそれにもめげずに前に進むことが愚直であると思います。

■ では、あなたにとっての悩みって何ですか？ 社会問題みたいなことで答えてください。

😅 バブル時代が終わって、90年代になっていろいろ社会問題が出てきましたが、それはやはりある意味、高度成長時における日本においては表面化しなかった問題だと思うんです。そういう中で、本当にいろいろな人が生き方について悩みっていうのを持ってるなと、私自身もそうですし、まわりの人もそうだと思います。そこで、そんな状況を打開すべく頑張っている人々に焦点を当てて、現代社会の人々に生き方のケースを提示できるような番組を作りたいと思っています。❺

■ では、あなたはどのような番組を作りたいですか？

😅 人に密着したドキュメンタリーというのを作ってみたいと思っています。現在、社会問題が噴出していて、そういう中で、社会問題というのは結局は個人の問題ですから、人に密着することで、何か生き方のモデルケースになるようなものを視聴者の方に提供していきたいと思っています。❺

❹「愚直な人間」は質問トラップ。エントリーシートに質問トラップをしかけておき、自分のアピールしたい方向に質問を誘導した

第3章 企業別面接再現

❺いろんな角度から質問されているが、考え方ややりたい仕事が一貫しているので、説得力が強い

C大学 総合政策学部 男性

■ 自己PRしてください。

😊 はい。私は、地元の中学校のサッカー部でコーチを務め、万年最下位チームを市内ナンバーワンチームにしました。これが私のコーチをしていたチームの写真です。優勝トロフィーを受賞しているところです。

❶ ビジュアルアタック話法

■ 最下位だったチームが、ナンバーワンになったのですか？

😊 はい、まるでテレビの青春ドラマみたいですよね。優勝に向かって、私は2つの努力をしました。まず1つ目は、選手の気持ちに立って指導すること。例えば、選手の気持ちに立って一緒に練習する、一緒にプランを考えること。2つ目は、自分が率先して動くこと。選手にただ命令するのではなく自分が率先して行動し、チームの中に何事も自発的に行う空気を作り出しました。

❷ 同意つかみ話法

■ そこで教えることの難しさとかありましたか？

😊 はい、口で10のことを言っても、そのうちの6しか伝わらないことです。ですから、行動して見せること、10伝えるためには15くらい行動で示しました。

■ いろいろ学ぶこともあったのですね。

😊 はい、精神面の指導の大切さも知りました。私はメンバーにポジティブシンキングを叩き込みました。例えば、試合で失敗したときにもただ怒鳴るのではなくて、「大丈夫だから落ちついていこうな」とポンと肩を叩いてあげたりすると選手は別人のように変わります。

❸ パフォーマンス話法
熱血コーチを演じて話すことで、印象付けた

■ もともとコーチを始めたきっかけは何だったのですか？

😊 これは家庭教師をしていた生徒から「試合見に来て」と言われたのがきっかけでした。そのチームは、技術はある

企業別再現 ●マスコミ

程度あったんですよ。でもメンタルが弱かった。これはもったいないなと思って。「せっかく見に来たのに負けちゃったね。手伝えることはないかい？」って、生徒に言って、③それから監督にお願いして、生徒と父母の推薦も受けて、コーチになったんです。

■ コーチをしている中で、何か壁にぶつかったことはなかったですか？

😊 そうですね、やはり監督と選手の板ばさみ事件ですね。監督の指示を選手に伝える難しさです。最初は監督の言ったことをそのまま選手に伝えていたのですが、選手がわかってくれないことが多かったんですよ。反発心が出ちゃったこともありました。

そこで改善したのですが、「監督はこういう意図があるんだよ」とか、「こういうふうにして、監督を喜ばせてあげようよ」と持っていくようにしました。こうしたら、選手のやる気が高まり、チームもまとまりましたね。

言葉のちょっとした工夫で、伝わり方は全く変わってくることを実感しました。④

❹言葉を工夫する人であることをさりげなくアピール

■ なぜ当社なのですか？

😊 はい。決め手はOB訪問です。これだけですべてわかるほど甘くないとは思っておりますが、実際に御社の先輩にOB訪問をしまして、さらに、△△社にもOB訪問をしたのですが、考え方がぴったり一致したのが御社だったんです。⑤

❺同業他社との比較ができると説得力が増す

■ OBは誰と会いましたか？

😊 ××部の○○○○先輩にお会いしました。

■ 彼にどういう印象を受けましたか？

😊 すごく落ちついていて、紳士のような雰囲気を受けました。それでいて自分の意見をきっちり通して仕事され

るような。落ちついた中にすごく芯の強さを持った方で
あって、ぜひ一緒に仕事をさせて頂きたいと思いました。

**■ では、当社の手がけたもので気に入っているCMは
ありますか？**

😊 ××社のリゾットのCMなどが好きです。あの音楽と人
の動き、人は何もしゃべっていないんですけど、動きだ
けでおいしさが伝わってくるように表現してるのはさす
がだと思いました。
見ている人にそのように商品のイメージ付けをストレート
にできるCMを、私も作ってみたいと思います。

❻志望企業の商品・
作品を研究しておく
ことは必要不可欠

企業別再現 ● マスコミ／建設

建設　三菱地所

T大学 文学部 男性

■ 学生時代に一番力を入れたことは何ですか？

😊 はい。私が学生時代に一番力を入れたことは、3年生の夏に行ったIT企業でのインターンシップです。このインターンシップは問題解決能力発掘インターンシップと銘打たれていて、そこに惹かれて参加しました。内容は、4つの課題が与えられ、それらの解決を、主にプログラミングを用いて行うというものです。これは苦労の連続で、非常につらく苦しいものでした。しかし、その分、やり終わった後には、大変な充実感がありました。❶

■ では、そのインターンシップで一番苦労したことは何ですか？

😣 そうですね、最初の関門が一番苦労しました。最初の関門とは、文系のプログラミングの知識がゼロの人間にとっては、想像以上に大変なものでした。❷私は文系の人間ですのでプログラミング経験は一切なく、プログラミングができる理系の人と対等、あるいは対等以上にやっていくためには、その知識・能力の差をまずは埋めなくてはならなくて苦労しました。プログラミングの知識は企業側が研修してくれるわけではなく、自分でどんどん勉強していかなくてはならなかったのです。しかも時間制限があり、非常に短期間のうちに。

こういったところから、まさに問題解決能力が磨かれると思ったんですけれども。この関門を越えたら、理系の人間にも負けなくなり、4つの課題はどんどんクリアしていくことができました。もちろん、大変なことも多々ありましたが、苦労も楽しみに変わり、夢中になって取り組んでいるうちに、いろんな仕事のコツが身に付き、各方面に協力者も得ることができて、高い成果を挙げることができました。

❶「苦労の連続で、非常に…」と苦労したことを強調して言うことにより、苦労したことに強い興味を持たせ、追及質問を誘導した

❷文系出身の面接官に対しては、プログラミングで苦労した話は、共感を得やすい。コミュニケーションを円滑に行うためには、相手（面接官）の共感が得られやすい話を選ぶことは非常に大切。この受験者は、コミュニケーションの基本をしっかり押さえた会話をしている

第3章　企業別面接再現

最終的には、A評価を頂くこともできたのですが、一番の成果は、『不可能と思える仕事でも必死でやればできる』という自信を得たことだと思います。③

では、あなたの企業選びのポイントは何ですか？

企業選びのポイントは2点あります。まず1点目は、挑戦しがいのある仕事があるかどうかということ。2点目は自分に任される責任が大きいかどうかということです。私の仕事に対する理想は、『男として挑戦しがいのある仕事に、失敗したら切腹、くらいの大きな責任を持って取り組むこと』です。④

御社はディベロッパーということで、挑戦しがいのあるスケールの大きな仕事がそこにあると思いました。また、OB訪問などをして、社員の方と話をしていく中で、自ら仕事をしようという気があればどんどんできるという風土があると感じ、1人に任される責任も重いが裁量権も大きく、非常にやりがいのある仕事ができると感じました。

では、当社で具体的にどんな仕事がしたいですか？

はい。私はソフト推進事業の仕事を特にやりたいと思っております。会社説明会に参加したときに、この部署で仕事をなさっている○○○○様にお話をうかがい、実にやりがいのある仕事がそこにあると思いました。これからのディベロッパーはハードだけではなくて、ソフトの部分にもかなりの力を入れていかなきゃいけないなと強く感じ、御社の中でも今後重要性の高い事業として、大きく伸ばしていくべき仕事だと感じて、興味を持ちました。ぜひ私が貢献します。⑤

---

❸志望企業の仕事にも必死で取り組むというメッセージを込めて言った

❹ パフォーマンス話法
ちょっと大げさに表現して、笑いを取った。この受験者の場合、ここで面接の雰囲気は一気になごみ、面接官が笑顔で質問してくれるようになった

❺一つ前の質問で、笑いを取り、なごやかな雰囲気にしてあることで、このような自己主張の強い表現を使っても、「生意気な学生」とのマイナス評価ではなく、「意欲的な人物」というプラス評価が得られている

企業別再現 ● 建設

■ では、丸の内でどんなものづくりをしてみたいですか？

😊 そうですね。丸ビルであったりオアゾであったり新丸ビルであったり、近代的なものもある一方で、明治生命館であったり三菱の古いビル、そういった昔と今が同居している感じがするのが丸の内だと感じています。そういった中で意外にないと思ったのが、丸の内の歴史についての観光スポットです。丸の内ってただのオフィス街ではなくて、歴史のある街だと思います。東京駅という非常に大きなターミナル駅もあって、外国人のお客さんなどもそこを利用しています。それらの人たちは東京駅、いや丸の内を起点にさまざまな場所に行っているのにもかかわらず、丸の内で降りる人は意外と少ないですよね。

そういった新たな客層を呼び込むために、例えば丸の内の歴史を紹介した博物館や展示場がもしあったとしたら、それを通して丸の内、ひいては日本の良さをアピールできるのではないかと思います。❻

■ それは外国人のためのものですか？

😊 いえ、日本人に対してもです。今までのオフィスだけという概念を取り払って、観光という新たな要素を取り入れることで、そこにいろいろな発展が期待できるのではないかと。新たな客層を取り込み、ニーズではなくてウォンツを創り出していくのが重要ではないかと。そういった仕事をやってみたいと思っています。

❻仕事に関するアイデアは、OB訪問などの際に、社員から感想・改善点を聞いておくことが大切

第**3**章

企業別面接再現

メーカー　サントリーフーズ

N大学 理学部 女性

志望動機をお願いします。

はい。きっかけは、アルバイトでペプシの販売促進キャンペーンの仕事をしたことです。このとき、御社の商品をお客様にすすめるという仕事を実際にやってみて、とてもやりがいを感じました。また、この販促キャンペーンの担当者は、○○部の○○○○様でしたが、○○様の働く姿から受けた影響も大変大きいです。御社の仕事内容も詳しく教えて頂き、ぜひともここで働きたいと思いました。①

何で営業志望なんですか？

私は自分の働く会社のことを深く知りたいと思っています。一番会社のことを知ることができるのが営業だと思います。なぜなら、営業はその会社の商品を人に伝えるのですから、伝えるためにはまず自分が一番知っていなければいけないじゃないですか。ですから、営業を志望します。②

そうですか。では、どんな営業になりたいですか。

絶対1位を目指します。負けず嫌いなんで。③

他の食品メーカーを受けていますか？

受けておりません。

では、なぜサントリーフーズだけ受けたのですか？

はい、私は御社を食品メーカーという理由で受験したのではありません。④DAKARAやBOSSのCMにサントリーフーズの特色が出ていると思いますが、飲み物一つにもここまで面白みや楽しさという付加価値を与えている企業は、食品の中では他にないです。極論を言えば、ライバル企業はむしろ、○○テレビとか××広告、△△ランドあたりではないかと思うくらいです。

① 話をした社員の名前を挙げると、特に説得力が出せる。企業研究を深く行っていると思ってもらえる

② 話し言葉の場合は、相手が納得しやすい部分に特に気持ちを込めて話すと、相手は強い説得力を感じてくれる

③ 断定つかみ話法

④ 否定から入って、興味を引かせるようにしている

企業別再現 ● メーカー

メーカー　ニップン

S大学 理工学部 男性

志望動機をお願いします。

私は、大学で生命工学を専攻しています。そこで、食品の専門知識を深く得ることができました。御社は、業務用の商品、メーカーへの提案営業など、そういうところに力を入れていると思います。そこで、私の専門知識、文系の方にはない専門知識を御社の業務用の、特にメーカーへの提案営業という形でぜひ生かしていきたいと思い❶、御社を志望しました。

例えばどういう仕事をしたいのですか？

はい、例えば御社の取引先である△△パンに、新しいパンの提案をしたりですとか。非常に大きな取引先だと聞いております××ドーナツへの新しいドーナツの提案ですとか、より○○製粉との違いを明確にして❷、提案などをしていけたら、御社の売上に非常に貢献できると思います。

○○製粉がうちの一番のライバルなんだけど、なぜ○○製粉ではなくて、当社なんですか？

はい。御社は、業務用の商品が強いと聞いております。○○製粉はどちらかというと最終消費材。例えば●●のブランドですとか、そういうのが一番先行していて、どちらかというと最終消費材に強いメーカーだと思うんです❸。逆に、御社は業務用の商品ですとかメーカーへの営業で高い信頼を得ていると聞いております。ですから、私の知識が生かせるのは御社だと確信しており、御社を第一志望と考えております。

業界用の営業というのは、そんなに短い期間で成果が出るというものではないと思うんだけど、きみはそのあたりをどう考えていますか？❹

❶ここで「特に」と強調しているのは、その追及質問を誘導する意図がある

❷その企業の取引先をしっかり研究しておくと、発言の説得力を高めることができる

❸ライバル企業もしっかり研究しておくと、比較して、わかったうえで第一志望としているという部分も強調でき、より説得力が出る

❹面接官はわざと意地悪な追及質問をして、精神的な強さや仕事に対する本気さをチェックしている

第3章 企業別面接再現

221

はい。私は、足繁く通うということを第一に考えると思います。取引先にも利益になるような提案ですとか、私の専門知識を生かしていろいろな提案ができると思いますので、ノルマなどあると思うんですけど、必ず達成できる自信はあります。

では、他にどんな企業をまわっていますか？

どちらかというと業務用に強いメーカーを中心にまわっています。他のメーカーは、○○製粉も最終消費材に力を入れている会社ですし、△△社は最終消費材ばかりですし、□□社もどちらかというと冷凍食品、家庭用の冷凍食品に力を入れている会社だと思います。御社は業務用が97％ということですから私の能力・知識を最も生かせるのは御社だと思います。
⑤

❺数値（データ）を盛り込むと非常に説得力が出る

企業別再現 ● メーカー

 メーカー グラクソ・スミスクライン

S大学 経済学部 女性

■ なぜ製薬業界で当社を志望しているのですか？ 端的に答えてください。

😊 はい。私の夢は、世界中の人々の健康に貢献できる人になるということです。それと、御社が「人々が心身ともに健康でより充実して長生きできるよう、生活の質の向上を企業使命としている」ことに大変共感致しました。私は生まれて間もない頃、あと1日熱が下がらなければ死んでしまうというときに、一人の医師の力と薬に助けられ、21年間こうして元気に過ごせるようになりました。ですから、今度は私が、どこよりも製品力の優れた御社の薬で、一人でも多くの患者さんに、1日でもたくさんの思い出を作って頂けるMRになりたいと思って、御社を志望しました。

■ どんな病気だったんですか？

😊 わからなかったんです。病院側もよくわからないとのことでした。自分では記憶にないときですが、薬の力で生命がよみがえるということを体験して、それが、少子高齢化が進む現在、薬で貢献できるMRになりたいというきっかけになりました。

■ なぜグラクソ・スミスクラインなんですか？

😊 はい。やはり御社の企業理念に共感したことと、御社の製品力は世界ナンバーワンだと思いますので、MRをしていくうえで一番自信をもって、患者さんにすすめたいと思った薬は御社しかないと思ったからです。さらに、就職フェアに参加させて頂いた際に、MRの方とお話をさせて頂きました。やはりどこよりも輝いていて、充実感あふれるMRの方の姿を見て、こんな方たちと、私も一緒に成長していきたいと思って、御社を第一志望としております。

❶実体験を盛り込むと、説得力が高まる

❷❗断定つかみ話法

❸会社説明会などでは、社員と積極的に話をしておくとよい。後々、面接で使えるネタとなる

あなたはなぜ外資を志望しているのですか？

はい。私はやはり製品力という点におきまして、これから研究開発力が強みを持ってくると思いました。その中で、世界に通用する御社の薬が一番良いと思いました。

どのようにMRを知ったんですか？

はい。私の親戚がお医者様をしておりますので、小さい頃からMRという言葉をよく聞いておりました。仕事内容を知り、人の命に貢献できるという点に大変魅力を感じまして、就職活動ではMRを中心にまわるようにして、MRというものに就きたいと思うようになりました。

最近、製薬業界で気になっているニュースは何ですか？

はい。今、やはり中国市場というものが魅力的だと思っております。先日の新聞にも載っていたんですけれども、中国にも今後どんどん製薬企業が参入していくということで、そのへんが今後どうなっていくのかというところが、最近関心を持っているニュースです。

そんな新聞記事なんて載ってたんですか？ 私は知らないですよ。❹

はい、○○新聞の○月○日の1面に載っていました。

❹面接前に質問されそうなこと(データ)は、しっかり再確認しておくと、このようなつっ込みをされても落ちついて対処できる

自分を一言で表わすと？

ゴキブリです。❺

それは何でですか？

ゴキブリというのは、大変印象の悪い生物かと思うんですけれども、ゴキブリというのはどこにでも生息できるということで、大変環境変化に強い生物だと思います。私は編入しておりますので、全国転勤とか、どんなところにでもその場でなじめるという点において、環境適応能力があ

❺ マイナスつかみ話法

企業別再現 ● メーカー

るという点が、ゴキブリの強さに似ていると思います。そして、ゴキブリは叩いてもなかなか死なないという打たれ強さがありますが、私もアルバイト経験を通して、つらい中でも負けない打たれ強さということを経験しております。この2つの能力と、さらに、御社に入ってから他社のMRさんにとっても影響力のある…ゴキブリがいるとビックリするように、「あいつが来てしまった！」と思わせるような存在になりたいと思っています。嫌われるということではなく、それぐらいインパクトの与えられるMRになりたいという思いから、ゴキブリにさせて頂きました。

🔲 最近、何か面白い話はありますか？

😊 はい、最近、私が見た一番面白いと思ったCMについてお話しします。それは御社のアクアフレッシュのCMです。私はそれを見て、爽快感ですとか、リフレッシュするということが実にうまく表れているCMだと思いました。即、購入して使っています。実は今朝もリフレッシュして、爽快感いっぱいで来ました。
⑥

🔲 何か質問ありますか？

😊 はい。最後に、もう一度アピールさせて頂いてもよろしいでしょうか？
⑦

😑 どうぞどうぞ。

😊 アルバイト経験で売上ナンバーワンを達成した交渉能力と、ボランティアを通して多くの人々と信頼関係を築き上げてきた人好きする性格、また、編入を通して、現状に満足しない貪欲な向上心。そして、御社に入りたいという思いは、誰にも負けません。よろしくお願い致します。

第3章

企業別面接再現

⑥志望企業の商品はできるだけ使ってみるべき。企業研究にもなるし、面接のネタになることも多い

⑦積極的な姿勢は、営業の仕事に就いてからも非常に大切なもの。したがって、最後まで面接の場を有効的に活用してアピールすると、面接官の評価も非常に高くなる

225

メーカー 資生堂

A大学 文学部 女性

■ エントリーシートに「フルート15年」と書いてありますが、ずいぶん長く続けていますね。

😊 はい。私は6歳のときからフルートをやっています。今は、大学の室内楽団に所属しています。演奏は一人でするものではなく、チームでするものですから、チームワークの大切さですとか、コツコツと実績を積み上げて、みんなの信頼を得ていくことですとか、今後の仕事でも大切なことをフルートを通して学ぶ**①**ことができたと思います。

❶チームワークを大切にすることや実績をコツコツと積み重ねていけることをさりげなくアピール

■ 何で化粧品なんですか？

😊 はい。私が仕事を選ぶとき根本にあったのは、人に喜びとか元気とかを与えられたらいいなということでした。化粧品だったら、私は女性だからすごくわかるんですけど、朝起きて化粧すると気合いが入って、「さあ今日も頑張ろう」といった感じに、すごく前向きな気持ちになるんですね**②**。そういう、化粧をすることによって自分が与えてもらっている元気を、今度は私が与えられたらいいなと思ったからです。

❷ 🎭 パフォーマンス話法
小さくガッツポーズを入れながら、生き生きと話して印象付けた

■ たしかに化粧品はそういうところがありますね。

😊 はい、女性にとって化粧品って、毎日の当たり前なことだけれど、そこに喜びとかワクワク感があります。それをお客様とぜひ共有していきたいと思います。

■ 資生堂に入ってどんなふうになりたいですか？

😊 はい。ナンバーワンの営業マンを目指します。**③**

❸ ⚠ 断定つかみ話法
非常に強く言い切ることで、追及質問を誘導した

■ そうですか。理由は何ですか？

😊 営業だったら数字ではっきり出ますし。私は負けず嫌いなんで、やるからには絶対一番を目指したいです。

226

企業別再現 ● メーカー

👨 その後はどうするんですか？

😀 正直、何も考えていません。ナンバーワンになることしか考えていません。

👨 でもナンバーワンになった後はどうしますか？　役員とか社長とか目指さないんですか？

😀 いや、営業という仕事を頑張ることに興味があったので、そこまでは正直、考えてませんでした。

👨 あなたの長所は何ですか？

😀 はい。一度始めたら絶対に最後まであきらめないことだと思います。フルートは15年間やってるんですけど、他にも書道を12年間、モダンダンス10年間、あとスキーは7年間続けています。

👨 すごいですね。何でそんなに長く続くのですか？

😀 長く続けようと思って続けているんじゃないんです。負けず嫌いなんで、もうちょっとうまくなりたい、もうちょっとうまくなりたいと思っているうちに、気付いたらこれだけ長くやってました。

👨 なるほど。では、短所は何ですか？

😀 一度にいろいろなことに手を出してしまうことです。好奇心はものすごく旺盛なので、やりたいと思ったらやらないと気が済まないんですよ。すごくいろいろ手を出してしまうので、365日スケジュールでびっしりで、自分で自分の首を絞めてるんです。逆に1日とか2日とか休みがあると、何していいかわからない。忙しくて大変なのに忙しくしてしまう自分、それが短所だと思っています。

👨 それは営業向きですね（笑）。

😀 ええ、いろいろなことに手を出してしまうというのは、逆に飽きっぽいと見られると思うんですけど、そこは負けず嫌いな性格で、絶対に一度手を出したら最後までや

第**3**章

企業別面接再現

④ パフォーマンス話法
コミカルなジェスチャーも入れて笑いを取り、場をなごませた

227

ります。短所を長所に変えています。

😠 他に内定している会社はありますか？

😊 はい、4つあります。○○社、××社、△△社、●●
社から内定を頂いています。

😠 業界としてはずいぶんバラバラですね。

😊 はい、先ほどもお話ししましたように、私は仕事で喜
びを与えたいと思っています。それは本当に漠然とした
ものでしたから、それぞれ違う形ではありますが、人に
喜びを与えられる仕事だと思える企業をいろいろと受け
たかったんです。そしてその結果、この4つに内定を頂く
ことができました。だから企業自体に共通点はありませ
んが、でも全部営業職を受けています。

😠 当社に対する入社意志は固まっていますか？　まだ迷
いがあるとしたら、○○までには固めておいてください
ね。

❺受験している企業
や内定している業界
がバラバラだと、そ
の理由が必ず追及さ
れる。何らかの共通
点や、その企業を選
んだ明確な理由を話
せるようにしておく
べき

企業別再現 ● メーカー

メーカー　江崎グリコ

D大学 工学部 男性

📋 自己PRをお願いします。

😊 はい。××電機という家電量販店で売上ナンバーワンに2度なったことが私の自己PRポイントです。私の売り方のコツは、まず相手の話をよく聞き、相手のニーズを把握する、そして相手のニーズに合った商品を提供していく、ということです。あるお客様はこうおっしゃってくださいました。「この商品だから買うのではなくて、あなただから買うんだよ」

このことから、営業の喜びを実感することができました。御社でも、営業ナンバーワンを目指して頑張っていきたいと思っております。よろしくお願い致します。

❶具体的成果そのものを自己PRにするとアピール力が強い

❷お客様からの評価の話は、説得力が高い。また、会話をセリフのように再現して行うと、発言の印象度を高められる

📋 なぜ営業を志望しているのですか？

😊 はい。先ほども申しましたように、××電機のアルバイトで営業の喜びを知りました。そして何より人と接することが好きなので、御社でも営業を志望しております。

📋 では、営業で大切なものは何だと思いますか？

😊 私は3つ大事なものがあると思います。迅速さ、正確さ、そして誠実さだと思います。その中でも誠実さが一番大事だと思います。すべて基本は人間関係だと思っておりますので、もし初めに交渉に行ったときに相手にされなくても、足繁く通って、人間関係を構築し、買って頂けるようにしていきます。

📋 では、志望動機を教えてください。

😊 はい。××大学の工学部で、食品や健康食品の知識を学びました。その知識を江崎グリコの営業で、取引先への提案という形で生かしていきたいと考えましたので、御社で営業の職種を志望しております。

第3章 企業別面接再現

229

🙂 理系なのに、何で研究職ではなく営業なのですか？

😊 はい。理系は実験をたくさんします。ここで身に付いたことが営業の仕事に非常に役立ちます。③

🙂 実験と営業とどんな関係があるのですか？

😊 はい、論理的思考、あるいは戦略的思考というものが身に付きます。例えば、最近よくPDCAサイクルということが世の中で言われていると思うんですけど、つまり、プラン、ドゥ、チェック、アクションという流れですが。工学部の実験では、仮説を立てて、それを実行してみる。それを検証して、また新たに展開していきます。そういう思考の方法が、理系の実験を通して身に付きました。これは営業の仕事にも大いに生かせると思います。

🙂 あなたの座右の銘は何ですか？

😊 はい。私の座右の銘は、逆境また愛すべしです。

私は1年次に単位を5つ落としました。それだけ単位を落としたのは私のクラスでは私1人だけでした。非常につらい経験でした。ですが、この経験を生かして、2年次に落とした単位ですべて優を取るだけでなく、その他の単位にも力を入れ、クラスで2位の成績を修めることができました。サークル活動やアルバイトでもいつもこの精神で臨んできました。リカバリー方法には非常に自信をもっていますので御社の営業で、もし取引先に断られたときでも、逆境また愛すべしというポリシーを生かして、バリバリ商品④を売っていきたいと思います。

🙂 グリコで好きな商品は何ですか？

😊 はい。私は食品研究サークルを立ち上げておりまして、御社の商品や××社、○○社の商品の食べ比べを行ったことがあります。冬のくちどけポッキー、××、○○。こ⑤

③ 異論・新論 つかみ話法

❹仕事の話に結び付けることで、本気さもアピールしている

❺競合商品との比較話は、面接官の興味を強く引き付けることができる

企業別再現 ● メーカー

の3種類をクラスメートに食べ比べてもらい、アンケートを取ってみました。そのとき、御社の冬のくちどけポッキーが非常に好評でした。ですから私は冬のくちどけポッキーに注目しておりますし、これは非常に売りやすい商品だとも考えております。

では、どういうふうに売ればいいと思いますか？

はい。今までは、商品を置くだけというのが売り方の中心だったと思うんですけれど、私は他の食べ方を提案したいと思っています。例えばバレンタインのチョコと一緒に冬のくちどけポッキーを付けて渡したり、ウイスキーと冬のくちどけポッキーは非常に合うと思うので、一緒に並べてもらう販促をかけたりですとか。また、私はシャンパンがとても好きなんですけど、ココア仕上げの冬のくちどけポッキーがシャンパンと非常に合うので、それを組み合わせ酒造会社などと共同で販促をかけていくなどということを、いろいろ提案していきたいと思います。

❻売り方の提案話も、面接官の興味を強く引き付けることができる

社会人として、何が一番重要だと思いますか？

私は応用力だと思います。社会人というのは、誠実さや迅速さなどは、持っていて当たり前だと思うんですね。それのプラスアルファの能力というのが、社会人として一番重要なことだと思います。例えば、提案力ですとか、他にもいろいろな研究の知識ですとか、さまざまな角度からものを見られる、そういうことが一番重要だと思います。

私は社会人として笑いが一番大切だと思うけど、きみはどう思いますか？

私も非常に笑いというのは重要だと思います。関西出身ということもありますので。どちらかというと、関西では笑いを取れないやつはモテないんですよね。私は笑いという切り口からも商品を提案できる自信があります。

❼場の空気を読んで、面接官の話を切り返して笑いを誘うことができれば、場が盛り上がり、良い雰囲気で面接を進めることができる。また、どんな場合でも自己PRに結び付けていけるようにする

第3章 企業別面接再現

231

メーカー　セイコーエプソン

R大学　社会学部　女性

🙁 大学で力を入れたことは何ですか？

🙂 大学で一番力を入れたのは、フランス語の学習です。なぜなら、もともと異文化の人とコミュニケーションを取るのが好きだったのと、英語だけでは交流できない人たちとも交流したいと思ったからです。学校の授業だけでは不十分だと思ったので、フランス人留学生を集めて相互学習をしたり、フランスへの短期留学をしたりしました。

🙁 そうですか。では、**短期留学で一番困ったことは何ですか？**

🙂 韓国から来ている留学生に、靖国問題について聞かれたときに、うまく答えられなかったことです。この問題の概要はわかっていても、それに対して自分の考えを持っていなかったということで、ちゃんとディスカッションすることができなかったんですね。この経験を通して、自分の考えを常にしっかり持つことが大切だと痛感しました。

🙁 **なるほど。それは大切なことですね。**

🙂 はい。日本に帰ってから、とことん研究して自分なりの考えをまとめました。そしてその韓国人留学生に『あのときは言えなかったけど自分はこう思っている』というメールをしました。

🙁 そしたら、どんな反応がありましたか？

🙂 はい、とても嬉しいことがありました。その韓国人留学生は、『これまで自分は日本人は好きではなかったけど、あなたと会ってその感覚が変わったわ』という返信メールをくれたのです。国と国との問題があったとしても、人と人とのコミュニケーションがとても大切なんだなと思いました。

❶力を入れたことは3つあります…などと、あれこれ並べ立てた答え方をすると聞き手は、（話が長くなるだろうなあと、聞く前から）うんざりしてしまうことが多い。むしろ、このように1つに絞り込んで話したほうが、集中して聞いてもらえる

❷この部分を気持ちを込めて話すと非常に効果的

企業別再現 ● メーカー

🔲 あなたの長所は何ですか？

😊 行動力です。この就職活動でも、もっと社会のことを知りたいと思いOBやOGの方20人ほど訪問させて頂いて、自分の将来像や働くということをイメージするのを心がけました。

🔲 どうして20人も会ったのですか？

😊 最初はただ単に会社のお話を聞きたいという理由だったのですが、みなさんとても素晴らしい方ばかりで、こういうふうに活躍している方とお話ができることがとても嬉しく感じられてきて、自分のモチベーションも高くなったんです。気付いたら、20人もお会いさせて頂いていたという感じです。

🔲 では、セイコーエプソンに対する志望動機を教えてください。

😊 はい。企業を選ぶうえで一番重視したのは、日本のブランドを掲げて、日本人として世界にインパクトを与える仕事ができるかということです。御社は海外比率が全体の7割と大きいですし、会社説明会やOB訪問でいろいろ研究し、自分の希望にぴったりの仕事があると感じて、志望させて頂きました。

🔲 最初から海外に行くとは限りませんが、それでもいいの？

😊 はい、もちろん大丈夫です。まだ働いているわけではないので、自分の今の実力が海外で通用するとは正直思っていません。今後どんな仕事に就いたとしても、働いて実力を高め、海外での仕事につながっていくよう努力します。

---

❸大きな数字は興味を引き付ける効果が高いので、この部分は特に気持ちを込めて話すと良い

❹ ❗ 断定つかみ話法

本当に当社で働きたいかという覚悟を試す意味もあって、このような確認質問をしている。よって、力強く言い切る必要がある

第3章 企業別面接再現

233

小売　セブン-イレブン・ジャパン

N大学　文理学部　女性

どんなアルバイトをしていましたか？

はい。3年間、スーパーで働いていました。私の主な仕事は、レジでの接客と売り場での寿司の調理・販売でした。スタッフが少ないときは、一人でレジと売り場を両方同時に任されていました。遅い時間に入るときは、いつも私一人で、レジも売り場も掃除もすべてこなしていました。このアルバイトをしたお陰で、いくつもの仕事に同時に目配りし、並行できるようになりました。❶

❶仕事で必要な資質・能力をさりげなくアピール

OFCとはどのような仕事だと考えていますか？

加盟店を巡回して、オーナーの方に対して経営や売り方に対してアドバイスや提案をします。オーナーの方が気付いてない店舗の問題点などを指摘し、オーナーの方に自発的に動いて頂くための仕事だと思っております。

では、OFCについて自分で調べたことはありますか？

はい、私は『××経済』や『○○ビジネス』など経済雑誌を読みました。

それはセブン-イレブンという会社のことで、OFCという職種についてはあまり説明されてないでしょう？

すみません。次回には発表できるようにしてきます。❷

❷謝ってリカバリープラン話法

体力には自信ありますか？

はい、自信あります。根性にも自信あります。私は山梨の実家から東京の大学まで通っています。通学に2時間半から3時間かかりますが3年間、一度も休みませんでした。1限から5限までびっしり授業がある中でもずっと通い続けましたし、体力と根性には自信があります。❹

❸数字を多数盛り込むと、インパクトが出せる

❹強く言い切ることで、本当に自信があるのだと思ってもらえる

企業別再現 ● 小売

小売　イオン

T大学 文学部 女性

■ 志望動機をお願いします。

😊 はい。御社はグローバル10を目指していて、世界でウォルマートに対抗するためにスーパーを展開していくと同時に地域に密着したスーパーを展開しているという点に惹かれました。そして、御社の5つの店舗を見学して、ぜひとも働きたいと思うようになりました。

❶多数の店舗見学に基づく話は説得力が高い

■ お客様の子どもが売り場でガラスのコップを割ったとします。あなただったらどういう対応をとりますか？

😊 私だったら、まずお子様にケガがないか確認します。その次に、保護者の方にその状況を伝えます。一緒に来られてたら、こういうことがありましたと伝えて、もしいらっしゃらなかったらお電話などで伝えます。さらに、私がその売り場の一番上で働いているとしたら、アルバイトや部下に対して、「こういうことがあったので気を付けてください」と言い、もし自分に上司がいたら状況を報告して、その売り場でもう二度とこのようなことがないようにしていくと伝えると思います。

❷上司や部下の立場での対応を言っているところに、仕事に対する意識の高さが感じられ、高評価が得られる

■ どういう売り場で働きたいですか？

😊 私は食品部門で働きたいです。特に総菜がいいです。

■ 何でまた総菜なのですか？

😊 総菜に大変興味があるからです。私は一人暮らしをしていて、スーパーの総菜をよく活用しているからです。御社の店舗見学をしたときに、総菜の1パックが大きいので、もっと小さいのをどんどん作ったり、肉や魚でも一人暮らし用のが少ないので、そのような、一人暮らしや高齢者の方が利用しやすいものをどんどん作っていきたいです。

❸ 引っぱり落とし話法
ここでなぜ総菜がいいのかを言っていないのは、その理由の追及質問を誘導する意図がある

第**3**章　企業別面接再現

235

■ 学生時代頑張ったことは何ですか？

😊 はい。歯科助手のアルバイトです。人員が不足して、アルバイトの募集をしたのですが、その際に自分が中心となって友達に声をかけたり、大学の学生課に募集を貼りに行ったり、あとタウンワークに広告を出しました。❹

■ 何でアルバイトのあなたがそんなにしたのですか？

😊 私は責任感があるからです。その地区は歯医者の激戦区なので、どうしても勝ちたかったからです。

■ 歯医者に激戦区があるんですか？

😊 あります。それに勝つためにはやっぱり人が一番違う要因になると思いました。より良いサービスを子どもから高齢者の方まで提供していきたいと考えました。あと、私は新人教育もしていたので、他の人にもちゃんとできるようにしたかったからです。

■ ではアルバイトを通して楽しかったことは何ですか？

😊 やはり子どもから高齢者の方までと接することができたことです。長いということもありまして、私が町を歩いていると患者の方から、よくお声をかけて頂けたり、受付で業務をしていると、私にはたくさん話しかけてくださる方が多くて、それがとても嬉しかったです。

■ 逆につらかったことは何ですか？

😊 つらかったことは、新人アルバイトの教育です。

■ どういうことがつらかったのですか？

😊 やはり歯医者なので衛生面を気を付けないといけないんですが、マニキュアを付けていたりですとか、靴下をはかずにナースシューズを履いたりする先輩や後輩がいて、それをどう注意していくかが難しかったです。

■ そうですよね。どういうふうに注意したのですか？

😊 まず、患者の方がいらっしゃる前では言わなかったのですが、いないときなどに、「うちでは衛生上、きれいに

❹具体例を次々と挙げ、責任感や行動力があることをさりげなくアピール

企業別再現 ● 小売

しないといけないので、やめてもらえませんか？」と言い
ました。先輩でも後輩でも言いました。

🔲 でも疎ましがられませんでしたか？　何で先輩が聞い
てくれたのだと思いますか？

😊 それは、たぶん信頼されているからだと思います。

🔲 え？　何でですか？

😊 まず私は、他の人よりも早く来てアルバイトをしてい
ます。あと、全体を見渡して、他の人が足りないところ
を補っていたり、医院長からの信頼も厚いのと、私が一
生懸命頑張っているのを先輩や仲間がわかってくれてい
るからだと思います。

🔲 あなたはそんなに信頼される何を持っているのです
か？

😊 やはり一生懸命物事に取り組むところや、頭ごなしに
人を叱らないで、ほめるときはしっかりほめていること
だと思います。

🔲 他社状況はどうですか？

😊 あまり芳しくありません。⑤

🔲 芳しくないということは落ち続けてるということなん
ですね？　なぜそんなに落ち続けるのか分析してください。

😊 はい。今までは就職活動をやみくもに行ってきており、
軸がありませんでした。しかし最近になって、自分の知識
や技術、経験を生かして就職するという軸ができました。
落ちたことは、自分の人生を真剣に考える良いきっかけと
なりました。だから、御社への志望は心底、本物だと断言
できます。⑥

⑤ ➖ マイナスつかみ話法
心を開き、真剣な顔
で面接官に語りかけ
ることで面接官の気
持ちをつかむことが
できる

⑥ ❗ 断定つかみ話法

小 売 LVMHグループ

R大学 社会学部 女性

■ 自己PRしてください。

😊 清涼飲料××1万本を1日で配りきったこと。これが私がぜひアピールしておきたいことです。去年の夏、××のキャンペーンのアルバイトをしたんですが、より多くのお客様に××のおいしさを伝えるためには、何をしたらいいんだろうと考えました。

そこで、キャンペーンの前に××を研究してみました。××の競合商品○○○と飲み比べて味の特徴を探ってみたり、××にレモンを搾ってみたり、××を凍らせてみたりなどして、商品の特徴をつかみました。そのお陰で、自分の言葉でお客様においしさを伝えることができました。それが1万本を配りきるという成果につながりました。

私はとことん追求し、必ず成果を出す人間です。

❶この部分には、特に気持ちを込めて話して印象付け、その後の確認質問を誘導した

■ その商品の特徴とはどんな特徴ですか？

😊 はい、では1万本配りきったときのワンシーンを今、再現してお見せします。**(ここでそのシーンを生き生きと再現)** ❷

❷ パフォーマンス話法

■ 接客業以外に他業種を受けていますか？

😊 はい、今、アナウンス職を受けています。 ❸

❸追及質問を誘導する答え方をしている

■ アナウンス職と接客業の違いは何ですか？ ❹

😊 私は、その2つに根本的な違いはないと思っています。どちらも、人に喜びや楽しさを与えられたり、それらを共有したりできる仕事です。アナウンス職だったら一対多で、接客職だったら一対一で、人に喜びを与えられると思います。

❹この追及質問から自己PRに結び付けている

■ たしかに喜びを与えるという意味では同じだけれども、やっぱりアナウンサーのほうが人に与えられる影響力は大きいのではないですか？ そこはどう考えていま

すか？

😊 はい、アナウンスは多くの人に影響を与えられるから、そこの部分はとても良いと思っております。ですが、接客だったら一対一で、一人一人のお客様に合わせて、深く関わっていくことができます。しかも、相手の反応がダイレクトに返ってきます。この点に大きな魅力を感じています。

ルイ・ヴィトンならば、例えばお客様がバッグを買うとして、「このバッグを持ってどこへ行こうかな」「このバッグをいつ持とうかな」「どんな服に合わせようかな」という、そういったワクワク感を共有できると思います。このような喜びが共有できるのは、大変素晴らしいことです。

🎭 あなたは接客のアルバイトをしてたんですね。それで嫌だったことは何かありますか？

😊 はい、居酒屋でアルバイトをしていますが、たまに悪酔いしたお客様同士が大騒ぎをすることが嫌でした。

🎭 どうして嫌だったのか、教えてください。

😊 飲み物や料理が床に散乱したり、他の席のお客様たちから激しいクレームがくることがあるからです。

🎭 そのときにあなたはどう対処したんですか？

😊 <u>お客様は仕事で疲れていて、居酒屋に癒やしを求め、疲れを取りにきていらっしゃるわけですよね</u>。それはわかっているので、その楽しんでいる雰囲気を壊すことは絶対にしないようにしながら、対処する方法を編み出しました。それは、グループのリーダー格の人に、みんなの大声を抑えていただけないか平身低頭依頼し、そのことを書いたメモも渡す方法です。これは、まわりのお客様にも見えるように行うのが秘訣です。ただ、この方法でもダメな場合は、店長に任せました。

❺ 同意つかみ話法

◪ なぜLVMHグループなんですか？

😊 はい。私は今、母親が昔使ってたルイ・ヴィトンのバッグを使っていますが、このように、母から娘へと長く代々受け継がれるものを売ることができるのはすごいことだと思います。自分が接客して販売したバッグがお客様の歴史に代々刻まれていくということには、とても重みを感じます。母の思い出とともに、私の思い出もそのバッグに込められるわけじゃないですか。そんなバッグを売ることができる仕事ってすごいなと思ったからです。

◪ なるほど。では、LVMHグループに入って、どんなふうになりたいですか？

😊 私は、ぜひ接客業で頑張りたいと思います。その後は、ノウハウですとか、自分がそれまでで培ってきたものを後輩に教えられるマネジャー的な仕事に就きたいと考えています。

◪ では、接客と販売の違いは何だと思いますか？

😊 売上を達成するという大切な目標が販売にはあると思います。いかに売っていくかという部分の比重が、非常に大きいと思います。そしてさらに、売り場経営や店舗経営なども見据えていく必要性が販売にはあると思います。私もしっかりと、これらのことを心がけます。

❽ここに特に気持ちを込めて話すことで印象付けた

企業別再現 ● 人材・教育・福祉

 人材・教育・福祉 **パーソルキャリア**

C大学 経済学部 女性

■ 自己紹介をお願いします。

はい。○○大学○○学部3年の○○○○と申します。私は今、自分にキャッチコピーを付けていて、それは「人と人との輪を大切にする創楽者」です。というのは、私はまわりの人を楽しませるのが一番好きで、そのためには人と人との輪を大切にし、その輪をどんどん広げていくことに努めているからです。仕事でもお得意様との輪をどんどん広げたいと思います。

■「そうらくしゃ」ってどういう意味ですか？

はい。創る、楽、者、です。同じ漢字でも「楽をする」のではなくて「楽しむ」のほうです。「楽しむ」を創り出すには、それなりの努力が必要です。何をしたら良いかや、そして、今だけではなく、その先も楽しめるには何をしておけば良いのか、そのようなことを行う者ということです。

■ 創楽者にとって一番大切なことは何ですか？

「笑顔の力」を磨くことです。笑顔の力ってすごいと思うんですよね。笑顔でいると良いことがあるし、自分が常に笑顔でいるとまわりの人も笑顔になってくれるんですよね。ただし、作り笑顔でなくて、心の底からの笑顔。常に毎日を笑顔で過ごす。そうすれば自然と人と人の輪も広がっていくんです。

■ ああ、たしかにきみの笑顔はいいですね。では、創楽者としてどんなことをやったりしましたか？

一例を挙げると、サプライズパーティーです。私は高校時代からサプライズパーティーという、友人の誕生日を内緒で祝うということをやっております。初めは何でもないきっかけで友人の誕生日を内緒でお祝いしたら、本人もまわりの人もすごく喜んでくれました。

❶面接官の興味を引くオリジナル造語を作って、タイミングよく使えば、その追及質問を誘導することができる（面接のペースを握れる）

❷面接官が「創楽者」という言葉を覚えて使ってくれているということは、そのイメージを強く印象付けることに成功したといえる

人材・教育・福祉 セコム

Ｙ大学 国際総合学部 男性

何で当社を受けているんですか？

😊 それは、あることがきっかけです。3年前に祖母が亡くなった後、日中、誰も自宅にいなくなる状況に父がとても不安を感じて、セコムと契約しました。このとき『安心というものを売るサービスがあるんだ』と感動を覚えました。『セコムは素晴らしいサービスをしているな』と強く思いました。最近は殺人事件が起こったり、空き巣が増えていたりで物騒な世の中なので、安心というサービスにとても魅力を感じます。市場として大きな将来性も感じます。だからセコムを第一志望として受験させて頂いております。

でも、○○社や××社もこの市場に参入してきています。なかなか厳しいですが、それでもいいんですか？

😊 大学でマーケティングを勉強しており、やはり先発の優位性というのを実感しています。安全安心や防犯だったらセコムだと、セコムのブランドは確立されていると思います。それにココセコムのような位置情報サービスや福祉関係にも業務を広げられていますよね。手が不自由な方が手元で操作するだけで口まで運んでくれる食事支援ロボットのマイスプーン、また、持ち出せない金庫のピタゴラスのような商品もあります。私は「あらゆる不安のない社会へ」という理念を形にしているセコムにとても惹かれています。なので、御社が第一志望です。

では、最初は現場でセキュリティスタッフをやるのに、抵抗はありませんか？　説明会のビデオで警報が鳴ったら行くというのを見て、抵抗はありませんでしたか？

😊 正直言って説明を聞く前は多少ありました。でも今は逆で、最初は絶対に現場をやりたいと思っています。というのは、例えばピタゴラスという商品はセキュリティスタッフ

---

❶ 🔄 引っぱり落とし話法

❷ 📣 パフォーマンス話法
二重括弧の部分は、生き生きと力強く話した

❸ 他社との比較に関する質問に対しては、このように商品やサービスの研究をしっかりしておけば、説得力のある返答ができる

❹ 面接官は志望の強さ、本気さをチェックしているので、ポジティブな口調で強く言い切ることが高評価を得る秘訣

企業別再現 ● 人材・教育・福祉

の方が現場で働いている中から発案されたとうかがって、やはり現場を知らないでものを語るのは嫌だと思ったんです。私は家庭教師のアルバイトをしていましたが、家庭教師も自分が学生として勉強していた経験があるからこそ、さまざまなアイデアが出せてわかりやすく教えられます。それと同じで、現場の経験をしっかりと積み、ピタゴラスのような案を次々と出せるような人材になりたいです。だからセキュリティスタッフをやることには抵抗がないどころか、ぜひやらせて頂きたいと思っているくらいです。

😐 学生時代に力を入れたことは何ですか？⑤

😊 はい。家庭教師のアルバイトに力を入れました。私には、世の中の役に立つ仕事をしたいという気持ちがあり、家庭教師として、今まで自分が勉強してきたことを何かの形で返して、しかもそれで喜んでもらえるのはとても幸せだと感じました。なので、家庭教師を一生懸命やりました。

😐 では、セコムでどんな仕事がやりたいですか？⑤

😊 営業がやりたいです。なぜなら、セコムの営業の仕事と私が学生時代に力を入れた家庭教師の仕事に共通点を見つけたからです。説明しますと、家庭教師では生徒によって求められているものが違います。相手が高校生だったり中学生だったり、そして、得意教科、苦手教科も全く違います。個々の生徒のニーズに合ったものを私が提供することで生徒に喜んでもらえます。セコムの仕事もそれに通じるものがあると感じたんです。個々のお客様に合わせ、そのお客様のニーズに合ったサービスを提供し、その方のために役立つことができる。しかも、提供するのは現代においては一般的な情報や商品よりも、はるかに重要性が高くなっている安全や安心感です。ここに大変なやりがいを感じます。ぜひ私に営業の仕事をさせてください。

⑤この質問と次の質問はつながっている。この質問「学生時代に力を入れたこと」と次の質問「志望企業でやりたい仕事」に、何らかの共通点を挙げることができれば、志望企業の仕事にも力を入れる人物だと推測される

第3章 企業別面接再現

人材・教育・福祉　リクルートキャリア

S大学 文学部 男性

🖼 当社で何をしたいですか？

😊 私は営業がしたいです。私の性格は営業に向いていると思っているからです。目標を立てたらそれに向かって絶対あきらめない。そして、へこんでもあっという間に持ち直します。
営業職に就きたいと思ったきっかけは、あるインターンシップで営業をしていたときに、<u>営業先の社長さんから「きみは営業に向いてるよ」</u>と言われたことです。私はその言葉がすごく嬉しくて、将来は営業の仕事に就こうと思いました。そのインターンシップでは、<u>営業成績はナンバーワン</u>でした。何があってもへこたれない自信があります。よろしくお願い致します。

🖼 営業は考えているものより絶対につらいですよ。

😟 それは重々承知です。私がイメージしていてつらいなどと言うよりも、現実的にはもっとつらいと思います。でもそれを乗り越えるのも自分のためだから、それはつらくてもつらいと感じないと思います。自分の目標があって階段を上っていくうちの一段であるから、そこに向かうまではつらくてもつらくない。身体的に精神的につらくても、目標のことを考えれば頑張れる自分がいるので大丈夫です。

🖼 では、何で営業がやりたいんですか？

😊 いろいろな企業のいろいろな立場の人と接することができるからです。人材関係の会社だと、<u>営業先の人事の方や社長の話がじかに聞けるわけですよね。</u>これは自分にとって非常にプラスになります。今、この就職活動でも各社の社員の方と話して非常にプラスになっています。いろいろな考え方があることがつかめて、視野が広がりました。面接で経営者の方に話をうかがったら、同じ会社なのに社

❶他者（特に社会人）からの評価を挙げることで、信頼度が増す

❷営業適性の高さを、実績からさりげなくアピール

❸ 同意つかみ話法

244

企業別再現 ● 人材・教育・福祉

員と経営者で考え方が全く違うこともあり、驚いたことも
あります。営業の仕事では、毎日、いろいろな会社に飛
び込んでいろいろな人の話が聞けます。特に人材紹介会
社だと、こういうビジョンでこういう人を求人したいと
か、企業にとって重要な話をすることができますから、
ぜひやりたいです。

**■ インターンシップをしようと思ったきっかけは何で
すか？**

😊 せっかくの学生時代の時間を、視野を広げたり、何か
を発見したりなど、自分が成長できることに使いたいと思
ったことがきっかけです。自分にとって、本当に自分にプ
ラスになることをしようと思い、情報を集めていたところ、
就職課でインターンシップガイダンスがあり、それからい
ろんなインターンシップに積極的に参加するようになりま
した。

■ どんなインターンシップをしていたのですか？

😊 いくつも参加しましたが、変わったものでは、あるイン
ターンシップのプロジェクトで、入社3年目の社員の方22
人にインタビューしたというのがあります。

■ 何で3年目の社員だったんですか？

😊 はい、そのプロジェクトのテーマが働く人のモチベー
ションの源泉を探ることでした。詳細も調査方法も自分
たちで考えるのですが、私たちは七五三現象について最
初にスポットライトを当てていきました。なぜ3年で辞め
てしまうのか探ろうと、3年目にターゲットを絞ったんで
す。インタビューして、それを分析して、なぜ辞めてしま
うのかだけではなく、どうしたら辞めないのかについて
考えました。

❹営業職をやりたい
という理由とインタ
ーンシップを頑張っ
た理由に一貫したも
のがある。このよう
に一貫していると、
面接官からの評価は
大変高くなる

❺変わったインター
ンシッププログラム
を例に挙げたのは、
興味を持たせ、追及
質問を誘導するため
（自分の得意な話題
にして、自分のペー
スにした）

第**3**章
企業別面接再現

レジャー・サービス　ANAホールディングス

M大学　現代社会学部　女性

🔲 最初に自己紹介と自己PRを30秒でお願いします。

😊 ○○○○○と申します。私をひと言で表すと「勉強好きなチャレンジャー」です。と言いますのも、私は、ホテルのカフェテリアでアルバイトをしているのですが、ホテルの社員対象のマナー研修や英語研修、介護研修などにも熱烈にお願いして参加させて頂き、接客の幅を広げました。これにより、外国人の接客や高齢者、障害者の接客も私に任されるようになりました。御社の仕事においても、必要とされることはすべて積極的に勉強して、1日も早く、一人前の客室乗務員になれるよう、頑張ります。

❶客室乗務員の仕事でも貢献できることをさりげなくアピールした

🔲 それでは、志望理由を聞かせてください。

😊 私は帰省の際、必ずANAを使わせて頂いているのですが、その中で、ANAスタッフの皆様のお客様への熱い思いを間近で感じることができまして、私も皆様と一緒に働きたいと思い、志望しました。

🔲 お客様への熱い思いは、どのようなときに感じたのですか？

😊 実は、私の席の近くである出来事があったのですが…。

❷ 引っぱり落とし話法
興味を持たせて、追及質問を誘導する。話の展開に面白みが出る

🔲 それは何ですか？

😊 小学生くらいの子どもが、離陸後、具合が悪くなっていたようなのですが、客室乗務員の方が目ざとく発見して介抱し、汚物も素早く処理していました。客室乗務員の皆様は交代で子どもの様子を見に来られ、優しく声をかけ着陸の頃には、子どもはすっかり元気になっていました。私は客室乗務員の皆様のプロ意識と優しさにとても感動しました。

246

企業別再現 ●レジャー・サービス

■ なるほど。では、次の質問です。ホテルのカフェテリアでアルバイトしているそうですが、そこには、いろいろなお客様がいらっしゃるでしょうから、嬉しいことや大変なこともいろいろあるのではないですか？

😊 はい、嬉しいこととしては、お客様に自分の名前を覚えてもらえたことです。一度しか来たことがないお客様なのに、自分の名前を呼んでもらえて、とても嬉しくなりました。

■ それは嬉しいことですね。では、大変なことは？

😟 はい、このカフェテリアでは、夜はアルコールもお出し致します。なので、ごくまれにお酒をたくさんお飲みになって、気分が良くなられたお客様が、スタッフに話しかけてきたりすることがあります。こういった方からのお話を切り上げるのはとても難しく、まわりのお客様にご迷惑をおかけしないようにするのが大変でした。

■ 機内でもお酒を飲まれるお客様がいらっしゃるので、そういった経験が、今後、生かせるといいですね。

😊 はい、ありがとうございます。

■ 最後に何か質問はありますか？

😊 はい。客室乗務員になるための訓練についてお聞かせ頂けますでしょうか？　訓練は非常に厳しいとうかがっていますが、どのような心構えで臨めばよろしいでしょうか？

■ はい、大学の試験では80点という点数が合格点かもしれませんが、客室乗務員の訓練では80点ではダメなんですよ。あとの20点も全部取って頂かないと卒業させるわけにはいかないのです。完璧を求められることを肝に銘じて、頑張ってくださいね。

😊 はい。私は、勉強好きなチャレンジャーです。どんな大変なことにも積極的に挑戦し、一生懸命頑張ります。

❸客室乗務員の仕事でも起こりうることを話題にし、面接官の共感を得られるようにした

❹仕事に対するやる気をさりげなくアピールした

❺冒頭で言った自分のセールスポイントを復唱し、印象を強めた

第3章 企業別面接再現

レジャー・サービス　日本航空（JAL）

R大学　産業社会学部　女性

🔴 自己PRをお願いします。

😊 私は、見た目はスポーツウーマンに見えますが、実は大変な運動オンチでした。小学校のときの体育の成績もいつも2とか3だったんです。そこで、スポーツで何か1つ誇れるものが欲しいと思って高校からスキーを始めました。でも、人と同じ練習では伸びないんですよ。なので、人の倍は練習するのはもちろん、自分が滑っている姿をビデオに録って、プロが滑っている映像と比較したんです。そうすることで、自分の悪いところを自分の目で客観的に見ることができて、そこを重点的に直しました。その結果、スキーの資格を2つ取得することができました。今はインストラクターもやっています。

❶ マイナスつかみ話法

🔴 では、今朝、ここに来て、何を考えましたか？

😊 はい。駅を降りたら、すごく海の香りがしたんですね。風に乗ってきたのでしょうか？！　気付かれましたか？

❷ 感想・意見問いかけ話法
面接官に逆に質問して、面接の流れを自分のペースにした

🔴 えっ、海の香りなんてしたかな？　どうだったかな。

😊 したんですよ。家を出るときにはもちろん海がないので、何も匂いがしなかったのに、駅を降りて海の香りがしたので、とても新鮮な気持ちになってリラックスしました。

🔴 英語で質問しますので、英語で答えてください。

You bought a shirt. When you returned home you found a hole on the sleeve. Please make a complaint on the telephone.

英語面接があるが、難しいテーマは出ない。高校程度の英語力で対処できる。落ちついて、堂々と答えられれば大丈夫

😊 I bought this shirt from your shop yesterday and found a hole on the sleeve. Could you please exchange this for a new one?

企業別再現 ●レジャー・サービス

レジャー・サービス JTB

■ 自己紹介をお願いします。

はい○○大学○○学部○○学科3年の●●です。私が
JTBを強く志望するきっかけとなったことは、カナダへの
留学です。留学中は、寮生活で、東南アジアやヨーロッパ
の国々など、いろいろな国の人と生活を共にしました。そ
こで、他の国を知ることの大切さ、グローバルな視点を身
に付けることの大切さ、行動力の大切さ、その他、さまざ
まなことを学びました。海外旅行は、とても楽しいです。
しかし、それだけではなく、人生観が180度変わるくらい
の大きな学びが得られる機会でもあります。だからこそ、
旅行に携わる仕事に大きな魅力を感じ、ぜひともJTBで働
きたいと思っています。ぜひよろしくお願いします。❶

■ 旅行会社の中で、何でJTBなのですか?

はい、他の旅行会社と比較するにあたって、私は特に店
舗見学に力を入れました。その結果、他社と御社の違いが
よくわかり、御社に対する志望の気持ちがダントツになり
ました。国内旅行、海外旅行、それからインバウンド旅行、❷
すべてにおいて業界をリードしているJTBの店舗で働いて、
私も業界一高いレベルの仕事に挑戦したいと思っています。

■ JTBのどの店舗を見たのですか?

はい。池袋のパルコ支店、東池袋の支店、新宿のJTB
トラベルデザイナー新宿を店舗見学させて頂きました。一
番印象に残ったのは新宿のトラベルデザイナー新宿です。❸

**■ 新宿の店舗を見たということは、その近くにある××
社の支店も見たってことですよね。では、××社の店舗
と当社の店舗の違いを具体的に述べてください。**

はい。トラベルデザイナー新宿を見て、ここは××社さ
んと違うなと確信したことがあります。それは、御社の場

M大学 経済学部 女性

❶自己紹介で、大学
学部学科と氏名しか
言わない人がいるが、
それだけでは、せっ
かくの発言チャンス
がむだになり、もった
いない。このように
志望理由や自己PR
的なことを多少盛り
込んだほうが熱意が
伝わる

第**3**章

企業別面接再現

❷⚠断定つかみ話法
印象を強めている

❸このように強調し
たのは、話題を(自
分が特に研究した)
トラベルデザイナー
のことに誘導するた
め。次の面接官の質
問が新宿店舗のこと
だったので、この誘
導は成功

249

合は店舗に入ってすぐのところに電光掲示板が1番から5番まであって、おすすめ旅行がすぐにわかるようになっています。しかも、これはシーズンごとにこまめに入れ替えていますよね。例えば、5番目にあったリゾート地が1番目に来たり、2番目にあったものが3番目に来たり。その時期のおすすめが、お客様にいち早くわかるようにし、印象に残る工夫がされている。こういった「この道のプロ」としてのサービスがあるかないかが、××社さんと比べた場合の大きな違いだと思います。

🖤 なるほど、では、当社でどんな仕事がしたいですか？

😊 はい。最初にぜひやらせて頂きたいと思うのが、個人旅行のお客様の接客です。というのは、5店舗を訪問してこの仕事のやりがいを感じましたし、個人的にも一人旅をするのが好きで詳しいからです。例えば、キリバスという国はあまり有名ではないですよね。でも、私はここに1年前、1週間ほど一人旅して思ったことがあります。それは、『日本人の旅行客にはあまり有名でなくても素晴らしい国はたくさんある。ぜひともこういった国への旅行も活性化したい』ということです。私はぜひ個人旅行を専門とした店舗で接客の仕事ができたらと思っております。

🖤 でも、もしかしたら希望とは違って、アウトセール、法人営業などをやることになるかもしれないけど、それでもいいですか？

😊 はい、もちろん大丈夫です。一生懸命頑張ります。なぜなら、私は自分の糧になることはすべてやりたいと思っているからです。旅行の仕事を幅広く経験することによって、個人旅行の接客の仕事にも大きなプラス効果があると思います。私はどんな仕事でも積極的に取り組みます。

❹ 🟰 同意つかみ話法

❺ 🟰 同意つかみ話法

❻ 🎭 パフォーマンス話法
このセリフは、特に力を込めて生き生きと言った

❼ ❗ 断定つかみ話法
現実的には、希望通りの仕事に最初から就けるとは限らない。よって、このような確認質問はよくある

250

レジャー・サービス　オリエンタルランド

T大学　文学部　男性

🅠 オリエンタルランドと聞いてどのようなイメージを持ちますか？

🅐 はい。やはり御社は、一般的にはディズニーのイメージが強いと思うんですが、御社を調べていくうちに、ディズニーブランドの確立以外にも、ホテル事業や鉄道関係など、不動産関係にも携われていることも知りました。また、少子高齢化の時代に向けて、さらに新しい分野の開拓もにらんでることを、企業研究を通して知ることができました。私は、大学時代に経験した2度のインターンシップ経験や、環境学部でのゼミ活動を生かして、生涯学習に関する、また環境に優しい新規事業に携わっていきたいと思っています。御社のビジョンと私のビジョンが一致する部分があったので、志望させて頂きました。

❶面接官は、企業研究を深くやっているかどうかチェックしようとしている

🅠 当社では下積みをやっていかなければいけないけれど、そういうことに関して、あなたはどうですか？

🅐 はい。もちろんオリエンタルランドとしてのノウハウの蓄積などをまず学び、自分を生かせる経験と融合した結果、新規事業につなげていきたいと思っております。

❷面接官は、本気さや覚悟をチェックしている

🅠 では、当社の説明会の雰囲気はどう感じましたか？

🅐 はい。オリエンタルランドの説明会と他社とでは違う点が2点ありました。1点目に、説明会においてスタッフコミュニケーション的な質問会の時間が1時間半、別枠で取られていて、貴重な体験をすることができました。2点目に、実際に1つの企画を、グループディスカッションを通してやることができ、他社にはない経験をしました。

❸面接官は、論理的かつ、わかりやすく説明する能力があるかどうかをチェックしている

🅠 他の企業ではどんな説明会でしたか？

🅐 はい。●●社や△△社の説明会など、スタッフコミュニケーション、質問会をして頂く企業は多々ありましたが、

御社のような企画を実際にゲーム感覚で話せるような場はなかったです。とても斬新で良い印象を受けました。

👨 あなたの長所は何ですか？

😊 はい。私の長所としては、1つのことを長く続けることです。具体的には、吹奏楽や5年間継続した水泳、またこれも5年間ですが続けているアルバイトだったり、1つのことを長く続ける、そういう性格だと思います。

❹音楽の素養や体力面についてもさりげなくアピール

👨 履歴書にアルバイトクレームゼロと書いてあるんですが、5年間クレームゼロはすごいですね。そのお店はクレームが結構あるんですか？

😊 はい。やはり1日の来客数が大変多いお店ですので、必然的に1人のお客様へのサービスの提供時間が短くなってしまいます。その中でお客様が要望を満たされない場合、ごくまれにクレームが来ることもありました。しかし私は、常日頃からお客様の要望をメモすることによって、そのクレームを未然に防ぐことをモットーにアルバイトして、その結果、5年間クレームゼロという実績が残りました。

❺メモをしっかりとる習慣があることをさりげなくアピール

👨 では、あなたの短所は何ですか？

😊 はい。私は1つのことを継続することが多いので、そのマイナス面として、視野が狭くなってしまう点が短所だと思います。ですが、そのことに気付き、2つのインターンシップに参加したり、他大学との交流会などに足を運んだり、インターンシップでできた仲間とライブを行ったりなど、積極的に新しいことに挑戦するようにしています。

❻実例を次々に言うことによって、インパクトが高まる

👨 インターンシップはどこへ行ったんですか？

😊 はい。大学2年時に××市役所で、3年時に○○区役所で、インターンシップさせて頂きました。2年時での参加は、大学史上最年少のインターンシップ参加で、とても貴重な経験をしました。大学3年時には、自ら企画を立案するという業務に就いて成功に導くことができました。

252

企業別再現 ● レジャー・サービス

■ その企画で何か苦労したことはありますか？

😖 はい。1回目の企画立案では企画が最後まで通らなかっ
た苦い経験をしました。実際の現場に出て情報収集をする
点がやや不足しており、その経験を生かして一からやり直
しました。まずは現場に出ての再度情報の収集、メンバー
との話し合い、企画の立案。さらに、企画に穴がないかな
どを再確認して、1つずつ穴を埋めて、企画を完璧にして
いきました。その結果、成功に導くことができました。

⑦ ー マイナスつかみ話法

■ どんなことをやったんですか？

😊 はい。生涯学習イベントの一環としまして、廃校にな
った小学校を使い、お化け屋敷や鬼ごっこなどを6時間枠
で企画させて頂きました。その企画は大変好評を博しま
して、継続して参加してくれないかという要望を受けて、
今でも企画立案などで参加させて頂いています。

■ 今はどんな企画を立てているんですか？

😊 新しい企画としては××の街なかで鬼ごっこ、「泥警」
をしようという壮大なものです。××という人混みの中、
どうすれば迷子にならないか、危険を伴わないかという
部分を特に注意して企画を立てている最中です。

■ インターンシップが両方とも自治体ですが、自治体へ
の就職は考えなかったんですか？

😊 はい。考えませんでした。インターンシップの生涯学
習イベントを通じて、お客様の観点からものを考えて、そ
の笑顔を創造する、夢を実現してあげることに喜びを感
じるようになりました。それを最も実現できる場として、
オリエンタルランド、ディズニーブランド、ホテル事業な
どで新しい夢が創造できる御社が第一志望となったから
です。

**⑧ アピールしたこと
に対してこのような
質問でつっ込まれる
ことも多い。きちん
と自己PRで返答で
きるよう準備してお
く**

**⑨ ✕ 否定受け・
自己PR返し話法**

第3章 企業別面接再現

253

COLUMN

こんなときどうする？
～面接トラブルQ&A

Q 電車が遅れて面接時間に間に合いそうにない！

A 遅れそうとわかった時点で、すぐに会社に連絡を取る。謝罪し、何分ぐらい遅れそうかを伝え、時間をずらしてもらえるかなど、確認を取る。5分程度の遅れなら大丈夫、などと安易に考えてはいけない。遅刻はあくまでも遅刻。遅れてしまいそうなら、早めの連絡を心がけるべき。

Q 面接中に携帯電話が鳴ってしまった！

A すぐに携帯電話の電源を切って「申し訳ありません」と謝ること。くどくど言い訳しても、逆効果なだけだ。きっぱり謝って次の質問に集中するようにしよう。こんな事態を引き起こさないように、受付の前に電源を切っておくこと。マナーモードにしておいても音が伝わってしまうことがあるので注意が必要。

Q いくつかの企業で面接時間が重なってしまった！

A 「ゼミの発表で」「卒論研究会のため」など、学校での都合を理由にすれば、変更してもらえることも多いので交渉してみよう。どうしても変更してもらえない場合は優先順位の高い会社を受験する。その後で「先日のゼミ発表はどうでしたか？」などと聞かれても焦らないよう、変更した理由についてもきちんと答えられるようにしておこう。

Q 家を出てから面接当日に提出する書類を忘れたことに気付いた！

A 忘れた書類を取りに戻るか迷うところだろうが、面接時間に遅れないようにすることが第一。面接時間に遅れると、受験のチャンスそのものを失ってしまう。忘れたことは受付などに伝え、きちんと謝ること。書類はなるべく早め（できれば翌日）に持参する旨を伝える。

Q 前の会社の面接が長引いて、次の会社の面接に遅れそう！

A 大切な面接の前後は時間に余裕を持って、が鉄則。だが、どうしても面接が集中してしまう状況も出てくる。次の面接のほうが優先順位が高いなら、「ゼミの発表があるため」などと理由付けて、何とか前の面接を切り上げる方法もある。次の会社には、電車の遅れの場合などと同様に、きちんと連絡しておこう。

Q 面接日時を勘違いしていた！

A 午前中に受けるはずだった面接に午後になってから気付いた、などのうっかりミスには充分注意する。この場合、企業は連絡なしにドタキャンしたととらえているので、基本的にどんな言い訳も通用しないと心得よう。ひたすら謝り、もう一度受験したいとの熱意を伝える。再受験させてもらえることも場合によってはあるので、あきらめずに。

付録

面接前後に役立つマナーと文書

マナーも押さえて万全に。
面接官に好印象を与えられるマナーと
面接前後の手紙・メール文例。

文例に付いているアイコンは、その文例がどの方法に適しているかを表しています。

 Eメール　 手紙　 はがき

面接マナー

　礼儀、服装、発言内容。面接ではさまざまな面が見られています。面接でのマナーもきちんと押さえておきましょう。面接前には家族や社会人の知り合いにもチェックしてもらうぐらいの準備を。

● **入室から着席まで**

❶ ドアをノックし、開ける

ノックを3回程度する。「どうぞ」と面接官の声が返ってきたら、ドアを開けながら「失礼致します！」と大きな声で挨拶する。

集団面接の場合➡自分が先頭のときは1人の場合と同じ。2人目以降のときは前の人に続く。
「どうぞ」と言われない場合➡再度ノックしても返事がない場合、3秒ほど置いてからドアを開ける。

❷ 入室する

背すじを伸ばし、きびきびと入室する。まっすぐ立ち、面接官（数人いる場合は中央の人）に笑顔でアイコンタクトをとる。

集団面接の場合➡先頭の場合は、入り口で長い時間立ち止まらず、後の人が入れるように中ほどにつめていく。2人目以降は続いて入る。
NG うつむきながら入る。身体を揺らしながら入る。

❸ ドアを閉める

斜めの立ち位置でドアを丁寧に閉める。バタン、と乱暴に閉めない。

❹ 一礼する

「よろしくお願い致します！」と大きな声で挨拶し、一礼する。

面接マナー ●入室から着席まで／面接終了から退室まで

❺ 席に向かう

きびきびと座席まで移動する。「お座りください」と言われるまでは、椅子の横に立つ。

椅子の横にスペースがない場合➡椅子の後ろに立つ。

❻ 着席

一礼し、着席。深く腰かけすぎずに姿勢を正して座る。

※自己紹介をしてから座る場合もある。

● 面接終了から退室まで

❶ 面接の終了

面接官の「面接を終わります」の言葉で終了したら、それに対し、「ありがとうございました」とお礼を述べる。

❷ 起立

席を立ち、「失礼致します」と挨拶し、一礼する。

❸ ドアの前

面接官のほうに姿勢を正し、「失礼致します」と、再度挨拶し、一礼する。

❹ 退室

入室時のドア閉めと同様にドアを開けて、去り際には面接官に最後のアイコンタクトをとる。

面接マナー　服装と身だしなみの基本

服装指定は「①スーツ、②私服、③どちらでもよい」があります。②は、Tシャツやジーンズではなく、ビジネスカジュアルが好印象です。③は、スーツがビジネス意識の高さをPRできるので良いです。

〈男性編〉

髪
前髪が額にかからないように。短髪が好ましい。業種によっては髪の色にも注意。

スーツ
黒・グレー・紺系のシングルが基本。肩幅にぴったり合ったものを。

ネクタイ
スーツとの相性を見ながら選ぶ。レジメンタルなど爽やかな柄のものを。

レジメンタル

ドット

無地

ワイシャツ
白が基本だが、スーツと合う薄めの色でも良い。

ノーマル

ボタンダウン

袖丈
ワイシャツの袖口が1cm程度出る長さ。

裾丈
座ったときに長すぎない長さに。かかとから1〜2cm上程度がベストな長さ。短すぎてもNG。ズボンには折り目をきれいにつけて。

かばん
A4判サイズが入る機能的なタイプを。黒が無難。

靴
黒か茶色で。紐付きのシンプルなプレーントゥやUチップなどが良い。

プレーントゥ

Uチップ

靴下
黒・グレー・紺系などスーツに合わせた色で。白はNG。

面接マナー ● 服装と身だしなみの基本

男性女性という分け方だけでなく、多様な人がいますので、基本は1つではありませんが、一例として参考にして下さい。

〈女性編〉

メイク・アクセサリー
口紅やチークは濃くなりすぎないように。眉で表情が変わって見えるので注意。
アクセサリーは小さなピアス程度にとどめる。

髪
髪形は顔にかからないようにすっきりと。髪の長い場合はまとめて。髪の色は明るすぎないように。

シャツ
白が基本だが、スーツと合う薄めのパステルカラーでも良い。

 ノーマル 開襟

スーツ
黒・グレー・紺系が主流。

手もと
マニキュアを塗るなら透明のベージュ系など目立ちすぎないものを。

かばん
A4判が入る機能的なタイプを。黒か茶色が無難。

スカート丈
短すぎないように。座ったときに少し膝が出る程度の長さ。

靴
シンプルな黒のパンプス。3～5センチ程度の高さが無難。

 パンプス ベルト付き

ストッキング
地肌よりほんの少し濃いめを選ぶと良い。予備は必ず持っていくこと。

付録　面接前後に役立つマナーと文書

面接マナー　姿勢・表情のポイント

おじぎのしかた

1. 挨拶をしている間は直立の姿勢。
2. 背すじをきちんと伸ばし約45度の角度で頭を下げる。
3. そのままの姿勢で1秒ほど静止する。
4. ゆっくりと頭を起こす。

座り方のポイント

前3分の2ぐらいまでの位置に背すじを伸ばして、顎を引いて腰かける。深く座りすぎると反りかえってしまう。
男性▶ 足を肩幅程度に開き、軽くこぶしにした手を左右の膝に。
女性▶ 膝を閉じ、手をきちんと重ねる。

表情のポイント

- 視線は面接官に向けて。面接官が複数いる場合は、質問している面接官に視線を合わせる。
- うつむいたり視線を反らしたりしない。
- どんな質問にも、笑顔で。にこやかな表情をくずさない。
- じっと見つめるあまり、にらまないよう注意する。目にも笑みをたたえて。

こんな態度もNG ▶ ●貧乏揺すり　●髪を触る　●手すさび
気が付かないうちに出てしまう癖もあるが、これらはすべて落ちつきのなさ、自信のなさの表れと判断されてしまうので、くれぐれも注意しよう。

面接マナー ● 姿勢・表情のポイント／覚えておきたい敬語表現

面接マナー 覚えておきたい敬語表現

相手には尊敬語、自分には謙譲語を使う

ふだん使わない敬語表現には苦労するものです。ポイントは、相手に対しては尊敬語を、自分については謙譲語（遜る表現）を使う点です。書いた手紙などは、家族や先輩などに一度読んでてもらうと良いでしょう。

● 名詞

自分	私（わたくし）
自分たち	私ども
身内	両親、父、母、兄、姉、弟、妹、祖父、祖母
会社（企業・銀行・団体）	御社、貴社、貴行、貴所
この前	先日
きょう	本日
きのう	昨日（さくじつ）

● 動詞

通常の表現	尊敬語	謙譲語
言う	おっしゃる、言われる	申します、申し上げる
聞く	お聞きになる、聞かれる	うかがう、うけたまわる
見る	ご覧になる、見られる	拝見する、見せていただく
する（行う）	なさる、される	致す、させていただく
居る	いらっしゃる、おいでになる	おる、おります
居ない	いらっしゃらない	おりません
会う	会われる、お会いする	お会いする、お目にかかる
行く	行かれる、お出かけになる	うかがう、参上する
来る	いらっしゃる、おいでになる	参る、参上する
借りる	お借りになる、借りられる	拝借する、お借りする
思う	お思いになる、思われる	存じる、存じ上げる
知らない	ご存じない	わかりかねます
すみません		申し訳ございません

● 電話でよく使う言葉

○○と申します。	よろしくお伝えください。
部長の○○様はいらっしゃいますか。	失礼致します。
担当の○○様をお願い致します。	少々お待ちください。
お電話をさせて頂きました。	はい、○○でございます。

付録 面接前後に役立つマナーと文書

Eメール・手紙の基本

マナーを押さえたEメール・手紙を効果的に活用する

Eメールや手紙をきちんと書くことは、印象をアップする1つの方法です。
特に面接後の手紙は多少の失敗がフォローできる場合もあります。
ここでは、面接前後に役立つ文例を中心に掲載しました。

Eメールの書き方　基本マナー

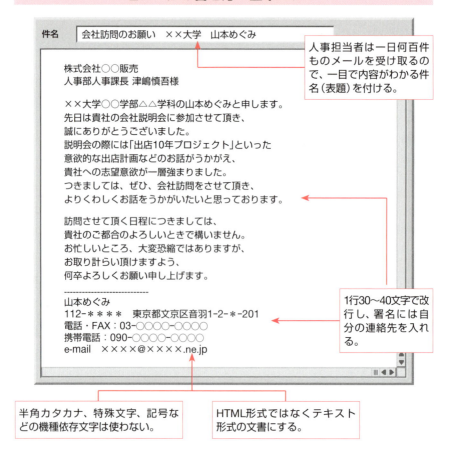

手紙の書き方　基本マナー

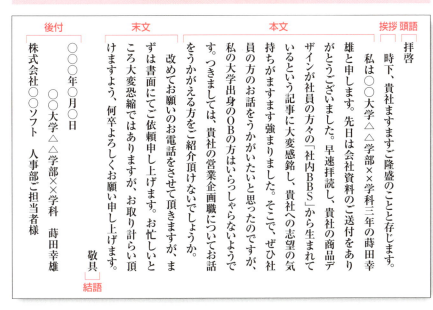

封筒の書き方基本マナー

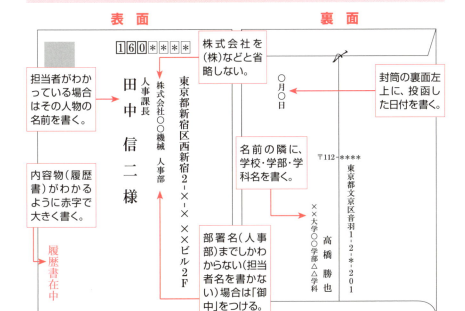

※A4サイズの用紙は折らずに、A3・B4サイズの用紙は二つ折りにして入れる。

| お役立ち文例 | **依頼** |

※件名、宛先、本人住所などは省略しています。

● 電話の前の依頼状が効果的
OB・OG訪問の依頼状（直接依頼する場合）

拝啓
　時下、原田先輩にはますますお元気でご活躍のことと存じます。
　突然のお手紙で失礼致します。この度はOG訪問をお願いしたく、お手紙を差し上げました。私は、△△大学○○学部××学科3年の金子由美と申します。
　現在、就職活動で企業研究を行っており、高い製品開発力と斬新なデザインで事務用品のシェアを急伸している貴社に、大変興味を抱いております。
　大学の卒業名簿で原田先輩のお名前を見つけ、ぜひOG訪問をさせて頂きたいと思いました。
　つきましては、ご多忙のところ大変恐縮ではありますが、原田先輩のご都合の良い時間にお話をうかがわせて頂けませんでしょうか。
　改めてお願いのお電話をさせて頂きますが、まずは書面にてご依頼申し上げます。お取り計らいのほど、何卒よろしくお願い申し上げます。
　　　　　　　　　　　　　　　　　　　　　　　　　　　　　敬具

- この手紙の到着日ぐらいに依頼の電話をし、訪問後はお礼の手紙を出す。※紹介を企業に依頼する場合は、263ページの文章を参照。
- 「○○の仕事について、ぜひおうかがいしたいと思っております」と手紙に具体的に書くか、電話をかけたときに伝えると、どんな意図でOB・OG訪問をしたいのか、相手にも理解してもらえる。もし相手がその仕事内容に詳しくない場合には、別の部署の人を紹介してくれる場合もある。
- せっかくOB・OG訪問をしても、ホームページや会社案内に載っているようなことだけを聞くのでは時間のむだ。その企業のことをきちんと調べていないのは、相手に対しても失礼にあたる。OB・OG訪問前には企業・業界研究を行い、具体的にどんなことを質問したいのか準備しておくべき。

お役立ち文例 ●依頼／お礼

お役立ち文例　お礼

※件名、宛先、本人住所などは省略しています。

●内定の決め手となることも
OB・OG訪問のお礼状

前略
　本日はお忙しい中、お時間を割いて頂き、誠にありがとうございました。説明会だけではわからなかったことや疑問に思っていたことなどにも丁寧にお答え頂き、非常に参考になりました。
　特に黒井先輩の「お客様から資産を任せて頂けるその信頼関係が私の宝物」とのお話に感銘を受け、志望意欲が一層強まりました。
　黒井先輩と同じ職場で働き、そのような信頼関係をお客様と結べるように、精一杯努力したいと思います。また、わからないことなどご相談させて頂けると幸いです。今後ともよろしくお願い申し上げます。
　取り急ぎ、OB訪問のお礼を申し上げます。

草々

●面接から帰ったらまずお礼を
面接後のお礼状

前略
　本日は貴重なお時間を割いてご面談頂き、誠にありがとうございました。
　貴社の考えるお客様へのサービス、そのために行っている人材育成などの一端が、理解できたように思いました。特に「わがままなお客様こそ新サービスの原点」というお言葉には、とても感激致しました。以前より貴社を第一志望としておりましたが、ますます入社の意欲が強まりました。
　ぜひ貴社の一員となり、サービスの現場で貴社とお客様に貢献したいと願っております。よろしくお願い申し上げます。
　取り急ぎ、面接でのお礼を申し上げます。

草々

COMMENT 面接後などには「即お礼状」作戦で印象をアップ。OB・OG訪問では、メールなどでまた質問できるよう次につなげられるようにしておくと良い。

| お役立ち文例 | お詫び |

※件名、宛先、本人住所などは省略しています。

● 電話と手紙の両方で謝意を伝える
面接に遅刻したときのお詫び

急啓
　先日は貴社の面接に、定刻より遅れておうかがいしてしまいました。心よりお詫び申し上げます。
　時間を守るという当然のマナーを、心ならずも破ってしまい、皆様にご迷惑をおかけ致しました。本当に申し訳ありませんでした。当日は満足にお詫びを申し上げることもできませんでしたので、お便りをさせて頂きました。
　今後は二度と同じ過ちを繰り返さず、何事も時間に余裕を持った行動を心がける所存です。ご無理は承知でお願い致しますが、もし次の機会を与えて頂けましたら、これほど嬉しいことはありません。
　まずは書状にて、心よりお詫び申し上げます。

敬具

- 詫び状では、文章が言い訳がましくなっていないかに気を付ける。下手に具体的な理由を入れると、言い訳の部分が強く出てしまう。
- ミスをした場合、まずは電話でお詫びし、その後で手紙を出す。はがきは略式なので使わない。白い便箋に白い二重封筒を使って書き、できるだけすぐに投函できるようにする。
- OB・OG訪問に遅刻したときには、265ページのお礼状の「…誠にありがとうございました。」の後に、「また、その際には、お約束のお時間に遅れておうかがいしてしまいましたこと、心よりお詫び申し上げます。私の非礼にもかかわらず快くご面会くださいましたこと、非常に感謝しております。」のような文章を入れる。このような、お詫びも含めた礼状を出す場合はEメールではなく、手紙のほうが適している。

お役立ち文例　選考途中辞退

※件名、宛先、本人住所などは省略しています。

● **たとえ選考中でも礼儀を忘れずに**
選考途中辞退のお詫び

拝啓
　時下、貴社ますますご隆盛のことと存じます。
　さて、次回面接のご通知を頂きまして、誠にありがとうございました。しかし、一身上の都合により、今後の面接を辞退させて頂きたいと考えております。
　お手数をおかけして選考して頂いているにもかかわらず、大変申し訳ございません。誠に身勝手ではございますが、何卒お許し頂きたく、お願い申し上げます。
　まずは書状にて、心よりお詫び申し上げます。

敬具

- 選考途中で面接を辞退する場合には、理由は詳しく書かなくてもかまわないが、辞退することを決めたら、できるだけ早めに伝えるのが礼儀。連絡せずに面接をドタキャンするのはもってのほか。
- 手紙を速達で送って、届いた翌日くらいに電話をして謝るのがベスト。ただし、面接日まで日数がない場合は、まずは電話で連絡しても可。その場合は後日、辞退したことを手紙でお詫びする。
- 選考が最終段階まで進んでいる場合、その面接が意志確認のためだけに行われる場合もある。その時点での辞退は、企業側の印象にも残りやすい。内定辞退同様、後輩の採用にも影響を与えかねない事態も、状況によっては出てくるので、礼儀を特におこたらないこと。

| お役立ち文例 | **内定辞退** |

※件名、宛先、本人住所などは省略しています。

●くれぐれも細心の注意を払って
内定辞退のお詫び

拝啓
　貴社ますますご隆盛のこととお喜び申し上げます。
　さて、先般は入社内定のご通知を頂きまして、誠にありがとうございました。貴社に選ばれた人材であること、大変光栄に存じます。
　しかし、いろいろと考えました結果、入社を辞退させて頂くことを決心致しました。何度もお手数をおかけし選考して頂いたにもかかわらず、このようなお願いを申し上げるのは、大変申し訳ない気持ちでいっぱいです。
　私の実家は生花店を営んでおりますが、父の具合が悪く、ここ数年は家業を休みがちになりました。主治医と話し合ったのですが、これ以上の無理は禁物との結論となり、私は、父の後を継ぐことを決心致しました。
　誠に身勝手な理由ではございますが、何卒お許し頂きたく、お願い申し上げます。
　まずは書状にて、心よりお詫び申し上げます。
　　　　　　　　　　　　　　　　　　　　　　　　　　敬具

- 内定辞退には細心の注意が必要。悪くすると出身大学からの採用が打ち切られ、後輩に迷惑がかかることもある。まずは、手紙を速達で送る。そして、手紙が着いた次の日くらいに電話をして、ひたすら謝ること。
- 同業他社や取引関係がある他社に入社する場合には、その企業名は絶対に書かないこと。同業他社の場合、内定を辞退した企業が手を回し、入社予定企業の内定を取り消してしまうケースもなくはない。
- 内定辞退の理由は無難な順に、①家族や親族が病気で家業を継ぐ（家事を手伝う）②自分が病気（腰痛で営業ができないなど）③留学や大学院への進学。

お役立ち文例 ●内定辞退／電話のかけ方の基本

電話のかけ方の基本

 顔が見えない分、声の印象が重要

人事担当者は忙しく、何十人もの電話を受ける日もあります。また、電話でのマナーや印象が悪いと、それだけで評価が下がってしまいます。用件を簡潔に伝え、ハキハキと元気に話すよう心がけましょう。

1 大学・学部と氏名を名乗り担当者につないでもらう
「私、××大学○○学部の高橋勝也と申します。人事部新卒採用課の田中様（ご担当の方）をお願い致します」
※直通番号でも、電話に最初に出た人が担当者とは限らない。

2 担当者につながったら氏名を再度伝えて都合を確認する
「私、××大学○○学部の高橋勝也と申します。人事部新卒採用課の田中様（ご担当の方）でいらっしゃいますでしょうか？」
※担当者の都合が悪い場合（不在や電話中も含む）は、「何時頃ならご都合がよろしいでしょうか？」などと、かけ直す時間を尋ねる。

3 本題に入る
「3月15日の面接の件ですが…」
※用件を簡潔に伝える。話す内容をあらかじめメモにまとめておくとよい。

4 お礼を述べ静かに受話器を置く
「お忙しいところお時間を頂きありがとうございました。それでは失礼致します」
※お礼を言った後で受話器はすぐ置かず、相手が切ってから置く。

注意ポイント
- 電話は、なるべく忙しい始業時と終業時にはかけない
- 道路際や喫茶店内など騒がしい場所から電話しない。先方にも失礼。
- 通話状態が悪くなる場合もあるので、携帯電話でかけるときには注意する。
- 依頼や質問の内容はメモをしておき、それを見ながら話すようにする。
- メモ用紙とペンは必ず用意しておく。

こんな場合は電話（メール）が一般的
● 提出書類の確認　● 資料未着などの確認　● 面接日時などの確認

付録 面接前後に役立つマナーと文書

企業名さくいん

第3章 企業別面接再現

金融

三菱UFJ銀行	188
みずほフィナンシャルグループ	192
三菱UFJ信託銀行	194
日本生命保険相互会社	197
損害保険ジャパン	199

情報・通信

ソフトバンクグループ	201
NTTドコモ	204
サイバーエージェント	207

マスコミ

小学館	210
日本放送協会（NHK）	212
博報堂	214

建設

三菱地所	217

メーカー

サントリーフーズ	220
ニップン	221
グラクソ・スミスクライン	223
資生堂	226

江崎グリコ	229
セイコーエプソン	232

小売

セブン−イレブン・ジャパン	234
イオン	235
LVMHグループ	238

人材・教育・福祉

パーソルキャリア	241
セコム	242
リクルートキャリア	244

レジャー・サービス

ANAホールディングス	246
日本航空（JAL）	248
JTB	249
オリエンタルランド	251

本書は下記学生の方による多くの情報提供により制作されました。メンバーの皆様には心よりお礼を申し上げます。

● 就職活動サークル
「U-CAL」「ちゅ～ずでい」「WIC」「商大CTN」「山梨・真剣語り場」「高知・ビタミンG」「愛媛・FSS」「北海道・キャリアアップ」「BIG Circle」

● 就職講座
「東京・劇的就職塾」「早稲田・劇的就職塾」「法政・劇的就職塾」「金大・出版マスコミ塾」「立教マスコミ塾」

おわりに

● 心のブレーキを外せば超パワーアップ

日本人には、自己PRをすることに対し抵抗感のある人が多いそうです。「人は謙虚であらねばならない」「自分をアピールするのは良くないことだ」——こんな思いが、わずかでも心底にあると、自己PRしようとしても前向きになれず、生き生きと話せなくなります。これは車の運転で、アクセルを踏みながら同時にブレーキも踏んでいるようなもので、運転がぎくしゃくしてしまうのと同じです。

でもこれは、謙虚の意味を取り違えているのです。

● わずかな知識・成果にも誇りが持てる

多くの人が謙虚と自己卑下を取り違えています。例えば、訪問先の家でコップに一口分の水を注いで出してくれたとします。謙虚な人なら、一口の水でもありがたいと思い、喜んで頂くでしょう。謙虚とは、わずかなこと、小さなことにも感謝し、喜ぶ精神的態度です。

これは、自分の知識や能力に対しても同様に働きます。謙虚な人なら、わずかな知識でも、小さな成果でも、それを学ぶことや体験することができたことに感謝し、誇りを持ちます。謙虚な人には「こんな自分で大丈夫か」という弱気な気持ちはありません。誇りや自信を持ち、心の中に喜びがあふれています。

だから、一言一言が生き生きとしていて明るく力強いのです。面接官からきつくつっ込まれても揺るがず、自分を、ごまかすことなく、飾ることなく堂々とさらけ出すことができます。本来の謙虚さとはブレーキではなく、自己PRへの最強の推進力となるアクセルなのです。

● 内定への道

謙虚な気持ち、そして、本書の「話法」をもってすれば、必ず内定へとつながっていきます。しかも、身に付いた「話法」は、社会人になってからも役立ちます。車の運転でも前方、バックミラー、ハンドル、アクセル、ブレーキ、その他、さまざまなことに神経を使わなくてはならず、覚えたての頃は大変です。ところが、何回も運転して経験を積むと、すべてを同時に操って、自在に乗りこなせるようになります。

本書の「話法」もこれと同じで、練習受験を積むうちに、誰でも自在に使いこなせるようになります。

さあ、内定への道を突き進んでください。この先には、素晴らしく楽しい未来が広がっていますよ！

坂本直文

著者

坂本直文 さかもと なおふみ

キャリアデザイン研究所代表。大学非常勤講師(就職指導担当)。大学時代から就職コンサルタントを志し、金融、広告、新聞、教育の4業界でビジネススキルを学ぶ。自らの面接官経験と最新の採用情報、広告理論、文章術、コーチング術等を駆使した実践的指導に定評がある。全国の大学や大学生協、新聞社、自治体等と提携し、就職講座を年200回以上開催。立教大学理学部物理学科卒。ツイッターとフェイスブックで内定獲得に役立つ情報を発信している。

〈著書〉『内定者はこう書いた!エントリーシート・履歴書・志望動機・自己PR 完全版』『イッキに内定!面接&エントリーシート[一問一答]』(高橋書店)、『内定者の書き方がわかる!エントリーシート・自己PR・志望動機完全対策』(大和書房)、『就活テクニック大全』(東洋経済新報社)など

[講義実績] 東京大学、京都大学、大阪大学、神戸大学、金沢大学、千葉大学、岡山大学、山口大学、香川大学、広島大学、高知大学、島根大学、滋賀大学、和歌山大学、福島大学、奈良女子大学、一橋大学、早稲田大学、慶應義塾大学、立教大学、法政大学、明治大学、学習院大学、中央大学、日本大学、関西大学、東京工業大学など80大学以上。 ※主催は大学キャリアセンターまたは大学生協

著者ツイッター(就活の最新情報を毎日発信) @SakamotoNaofumi
著者サイト(講義、カウンセリング情報) http://www.gekiteki.net
著者メール(本の感想、講義・取材依頼) sakamoto393939@yahoo.co.jp
著者フェイスブック(内定獲得に役立つコラム、講義) https://www.facebook.com/naofumi.sakamoto.3

編集協力 真壁恵美子、山岸里美(オフィス廿)
イラスト 坂木浩子、スタジオクゥ
DTP・デザイン コミュニケーション・アーツ、株式会社 明昌堂

内定者はこう話した!
面接・自己PR・志望動機 完全版

著 者 坂本直文
発行者 高橋秀雄
発行所 株式会社 高橋書店
　　　 〒170-6014 東京都豊島区東池袋3-1-1 サンシャイン60 14階
　　　 電話 03-5957-7103

©SAKAMOTO Naofumi　Printed in Japan

定価はカバーに表示してあります。
本書および本書の付属物の内容を無断で転載することを禁じます。また、本書および付属物の無断複写(コピー、スキャン、デジタル化等)、複製物の譲渡および配信は著作権法上での例外を除き禁止されています。

【内容についてのご質問は「書名、質問事項(ページ、内容)、お客様のご連絡先」を明記のうえ、郵送、FAX、ホームページお問い合わせフォームから小社へお送りください。
回答にはお時間をいただく場合がございます。また、電話によるお問い合わせ、本書の内容を超えたご質問にはお答えできませんので、ご了承ください。本書に関する正誤等の情報は、小社ホームページもご参照ください。

【内容についての問い合わせ先】
　書　面　〒170-6014 東京都豊島区東池袋3-1-1 サンシャイン60 14階　高橋書店編集部
　FAX　03-5957-7079
　メール　小社ホームページお問い合わせフォームから　(https://www.takahashishoten.co.jp/)

【不良品についての問い合わせ先】
　ページの順序間違い・抜けなど物理的欠陥がございましたら、電話03-5957-7076へお問い合わせください。
　ただし、古書店等で購入・入手された商品の交換には一切応じられません。